Christine Römer
Brigitte Matzke

Der deutsche Wortschatz

Struktur, Regeln und Merkmale

narr
VERLAG

Dr. Christine Römer ist Hochschuldozentin für Sprachtheorie und Lexikologie am Institut für germanistische Sprachwissenschaft der Friedrich-Schiller-Universität Jena.

Dr. Brigitte Matzke lehrte bis 2007 am Institut für germanistische Sprachwissenschaft der Friedrich-Schiller-Universität Jena.

Bibliografische Information der Deutschen Nationalbibliothek

Die Deutsche Nationalbibliothek verzeichnet diese Publikation in der Deutschen National-bibliografie; detaillierte bibliografische Daten sind im Internet über <http://dnb.d-nb.de> abrufbar.

© 2010 · Narr Francke Attempto Verlag GmbH + Co. KG
Dischingerweg 5 · D-72070 Tübingen

Internet: http://www.narr-studienbuecher.de
E-Mail: info@narr.de

Druck: Gulde, Tübingen
Bindung: Nädele, Nehren
Printed in Germany

ISSN 0941-8105
ISBN 978-3-8233-6503-7

Vorbemerkungen

Man kann die Sprache mit einem ungeheuren Gewebe vergleichen, in dem jeder Teil mit dem andren und alle mit dem Ganzen in mehr oder weniger deutlich erkennbarem Zusammenhange stehen. (Wilhelm von Humboldt)

Das Lehrbuch, das auf unserem Studienbuch „Lexikologie des Deutschen. Eine Einführung" basiert (Römer und Matzke, 2005), stellt das komplexe Phänomen ‚deutscher Wortschatz' vor, indem dieses aus verschiedenen inhaltlichen und methodischen Perspektiven betrachtet wird.

Es verdeutlicht auch, dass das Lexikon keine bloße Anhäufung von Fakten, Merkmalen und Idiosynkrasien (Irregularitäten) ist, dass das richtige Verstehen und Bilden sowie die angemessene Verwendung von Wörtern mit Regeln, Konventionen und Restriktionen verknüpft ist.

Das Studienbuch setzt keine speziellen linguistischen Vorkenntnisse voraus. Es versucht, eine Verbindung zwischen den aktuellen wissenschaftlichen Diskussionen zum Wortschatz und dem tatsächlichen Wortwissen im Sprachgebrauch und -lernen herzustellen. Es ist sowohl zum Selbststudium als auch als Grundlage für Lehrveranstaltungen zum Wort und dem deutschen Wortschatz geeignet. Dem Text sind zu jedem Kapitel Tipps auf weiterführende Literatur und Aufgaben zur Anwendung des Dargelegten beigefügt. Die Lösungshinweise sind unter `http://www.personal.uni-jena.de/~xcr/Wortschatz/Loesungen` zu finden. Außerdem ist unser elektronisches Wörterbuch zur Lexikologie als Hilfe vorhanden: `http://www.lexicology.de/`. Mit der Neubearbeitung des Themas ‚Wortschatz' möchten wir zum einen den Veränderungen in der Lehrorganisation an den Hochschulen im deutschsprachigen Raum und zum anderen der wissenschaftlichen Entwicklung Rechnung tragen.

Das Kapitel 5 „Wortstruktur und Regeln der Wortbildung" wurde von Brigitte Matzke verfasst, die anderen Kapitel und der Textsatz (mit $\text{\LaTeX}2_\varepsilon$ und `book.cls`) stammen von Christine Römer.

Zur vertiefenden Beschäftigung mit den grammatischen Wortklassen und Wortformen sei auf das Lehrbuch „Morphologie der deutschen Sprache" (Römer (2006)) verwiesen.

Jena, den 30. November 2009   Christine Römer und Brigitte Matzke

Inhaltsverzeichnis

Kapitel 1

Der deutsche Wortschatz und seine Analysekategorien

1.1 Der Wortschatzumfang

Dass der Umfang des Wortschatzes der deutschen Sprache nur geschätzt werden kann, hat verschiedene Ursachen: Das Lexikon einer Sprache ist ein offenes und instabiles System, in das ständig neue Wörter aufgenommen werden. Gleichzeitig werden Wörter ungebräuchlich. Insgesamt hat die deutsche Sprache, wie andere entwickelte Kultursprachen auch, ihren Umfang im 19. und 20. Jahrhundert stark vergrößert. Bei der Feststellung des genauen Umfangs erhebt sich die Frage, ob alle Wortbildungen, Wortformen und Fachwörter einbezogen werden sollen. Ohne die Fachwörter und morphologischen Wortformen nimmt man 300 000 – 500 000 deutsche Wörter an, mit den Fachwörtern sind es 5 – 10 Millionen. Die Medizin beispielsweise verfügt mindestens über eine halbe Million Fachwörter: 80 000 für Medikamente, 10 000 für Körperteile und Organe und 60 000 für Krankheitsbezeichnungen.

Die Durchschnittssprecher/innen beherrschen aktiv 6 000 – 10 000 Wörter (= produktiver Wortschatz), wie viele es genau sind, hängt von der Ausbildung, dem Beruf und den Interessen ab. Auf jeden Fall ist es immer nur ein kleiner Teil der gesamten Wortmenge. Bei Personen, die ständig mit der Sprache umgehen, liegt die Zahl höher. Für den Schriftsteller Theodor Storm hat man festgestellt, dass er 22 500 Wörter in seinem Gesamtwerk benutzt hat. Für Goethe gibt man 80 000 an. Der Verstehenswortschatz (= rezeptiver oder passiver Wortschatz) umfasst beim Muttersprachler ca. 100 000 Wörter (Bohn, 2000, S. 9).

Wichtiger als die Frage nach der Wortmenge ist die Feststellung der Benutzungshäufigkeit der einzelnen Wörter, weil diese für die Ableitung von Grundwortschätzen relevant ist. Grundwortschätze können verschiedenen Zwecken dienen:

- dem Unterricht im Zweitspracherwerb,
- der Grundschuldidaktik (Orthographie-, Grammatik- und Ausdrucksunterricht),
- der Wörterbucherstellung.

Deshalb sind nicht nur quantitative, sondern auch kommunikativ-pragmatische Faktoren (Schnörch, 2002) – wie Benutzer, Situation, Handlungsmuster, Thema – für die Erstellung lexikalischer Minima relevant.

Es wurden eine ganze Reihe verschiedenartiger statistischer Erhebungen angestellt. Schnörch (2002) stellt sieben von ihnen vor und gewinnt daraus seine „Untersuchungsschnittmenge". Man stellt den Grundwortschatz meist in Teilmodulen vor. Diese sind entweder wortartenspezifisch, wie bei Schnörch, oder wie bei Krohn (1992) in funktionale Wortklassen (Synsemantika, themenunspezifische und themenspezifische Autosemantika) aufgeteilt. Die letztere Aufteilung scheint uns sehr sinnvoll zu sein, weil sie auch der Tatsache Rechnung trägt, dass die am häufigsten verwendeten Wörter die kleine Gruppe der Synsemantika sind und bedeutungsmäßig vage bzw. unspezifische Wörter häufiger benutzt werden. Die Grundwortschatzlexikographie diskutiert auch, ob Wörter, Lexeme (Nennformen) oder Sememe (Lesarten) die Grundeinheiten sein sollten.

Laut Meier (1964) machen die 200 häufigsten Wortformen ca. 54% aller Textwörter aus. Bei den Verben werden die gebeugten Formen der Hilfsverben (*sein, haben, werden*) am häufigsten verwendet. „Die fünfzig häufigsten Wörter der deutschen Gegenwartssprache gehören überwiegend zu den Klassen der Artikel, der Pronomen und Präpositionen; überraschend die hervorragende Stellung einiger Adverbien bzw. Modalpartikeln (*noch, auch, doch, schon*) und die kaum erwartete Häufigkeit der Konjunktionen *und, aber, wenn, denn.*" (Braun, 1979, S. 161) .

1.2 Wortschatzeinheiten als Analysekategorien

1.2.1 Wörter

Zwar wissen alle Sprachbenutzer, was ein Wort ist, dennoch fällt es schwer, es wissenschaftlich exakt zu bestimmen. Wissenschaftliche Wortbeschreibungen möchten definieren, wie sich das Wort von anderen sprachlichen Einheiten unterscheidet. Sie suchen Charakteristika, die ausschließlich auf das Wort zutreffen.

Ausgehend von de Saussure haben die Strukturalisten zwei Ebenen der Sprache unterschieden, die Laut- und die Bedeutungsseite. Martinet (1968, S. 23) hat dies im Jahre 1960 folgendermaßen ausgedrückt:

> Eine Äußerung wie *ich habe Kopfweh* oder ein Teil einer Äußerung, der einen Sinn ergibt, wie *Kopfweh* oder *ich*, heißt ein sprachliches Z e i c h e n. Jedes sprachliche Zeichen hat ein S i g n i f i k a t (signifié): seine Bedeutung (sens) – oder seinen Wert (valeur) [...] und einen S i g n i f i k a n t e n (signifiant), durch den das Zeichen manifestiert wird.

In der Folgezeit wurde diese Vorstellung modifiziert, indem zusätzliche Sprachebenen angenommen wurden. Heute gehen eigentlich alle Grammatikmodelle von Vermittlungsebenen zwischen der Laut- und Bedeutungsseite sprachlicher Gebilde aus. Die *Grundzüge einer deutschen Grammatik* (Heidolph u. a., 1981, S. 35) sehen in der Grammatik die „Gesamtheit von Regeln, die die Einheit von Wirklichkeitsabbildung und lautlicher Form in der Äußerung der Sprache begründen, [die das] widersprüchliche und auf komplizierte Weise vermittelte Verhältnis der beiden Seiten [ausdrückt]".

In dieser Beschreibung wird auch der Tatsache Rechnung getragen, dass es keine eindeutige Verbindung (Isomorphie) zwischen Form und Inhalt in der Sprache gibt. Als Beispiel soll auf die Mehrdeutigkeit verwiesen werden. So steht das Wort *Dame* für verschiedene gedankliche Einheiten (Konzepte):

- für eine weibliche erwachsene Person (*Eine Dame trägt einen Hut.*),
- für eine Spielkarte (*Er legt eine Dame aus.*),
- für einen Spielstein und ein Spiel (Damespiel)
  (*Wollen wir heute Dame oder Mühle spielen?*),
- für eine Spielfigur (im Schachspiel) (*Die Dame schlägt den Springer.*).

Anderseits gibt es für den Begriff „weibliche erwachsene Person" verschiedene Lautkörper in der deutschen Sprache:
Frau, Weib, Dame, Fräulein ...

In den grammatischen Mehrebenenmodellen werden in der Regel fünf Ebenen angenommen, die als relativ selbstständige Grammatikkomponenten mit eigenständigen Regeln und Komponenten zu sehen sind. Schematisch stellt das die Abbildung 1.1 dar.

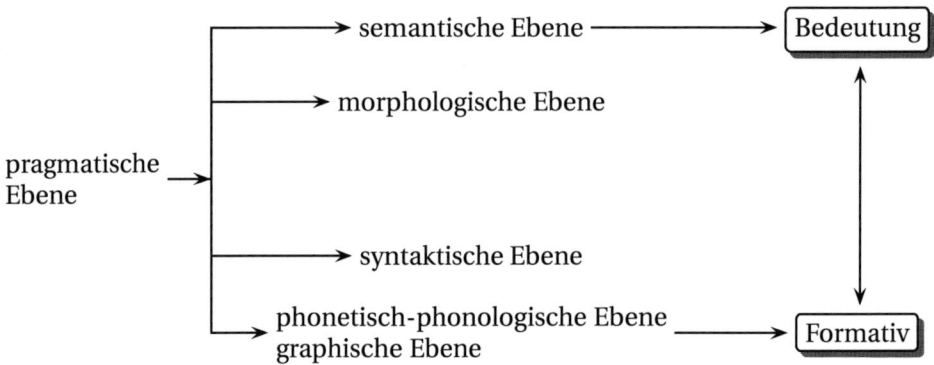

Abbildung 1.1: Mehrebenenmodell

Diese Abbildung soll andeuten, dass die Zuordnung der Form einer Äußerung (Formativ) zur Inhaltsseite (Bedeutung) über die dazwischenliegende morphologische und syntaktische Ebene erfolgt und außerdem bestimmt wird durch die Verwendungseigenschaften, bei denen die syntaktischen von den pragmatischen zu trennen sind. Die pragmatische Ebene nimmt Einfluss auf alle Ebenen. Die syntaktische Komponente regelt die Verknüpfung zu komplexen Zeichen und die pragmatische Komponente die Situationsangemessenheit. Diese Ebenen bestätigen u. a. die von der Norm abweichenden Sätze in (1).

(1.1)   a.   * *Das Auto ging auf der Autobahn spazieren.*

Verstoß auf semantischer Ebene.

b.   * *Unter einer andere Führung könne er . . . .*
(Süddeutsche Zeitung, 4.10.2006, S. 31)

Verstoß auf morphologischer Ebene.

c.   Weltmeister Andreas Breme: „* *Steckt niemals den Sand in den Kopf*".
(Der Spiegel 43/2005 (Hohlspiegel): Aus dem „Badischen Tageblatt")

Verstoß auf syntaktischer Ebene.

d.   * *Chier gann man gut leijben.*

Verstoß auf graphischer Ebene.

   e. * *Im Saal saßen 700 Nasen, die eine mitreißende, unkon-*
     ventionelle teils unbequeme und unterhaltsame Rede hörten.
     (Der Spiegel 46/2006 (Hohlspiegel): Aus dem „Heuberger Bo-
     ten")

   Verstoß auf pragmatischer Ebene.

Beispiel (1 a.) ist semantisch falsch, weil *spazieren gehen* u. a. nicht mit un-
belebten Objekten verbunden werden kann. In (b.) ist *andere* die falsche Fle-
xionsform. In (c.) wurde gegen syntaktische Reihenfolgeregeln verstoßen.
Beispiel (d.) weicht in der Lautung bzw. Schreibung von der Norm ab. Und
(e.) wäre in der privaten Kommunikation im Familienkreis z. B. angebracht,
ist aber in einer offiziellen Situation unangemessen.

Wir gehen ähnlich wie Eisenberg (2006) oder Gallmann (1999) auch beim
Wort von mehreren Ebenen aus und möchten aus linguistischer Sicht sechs
Wörter unterscheiden – das semantische, das morphologische, das syntaktische, das phonetische, das graphische und das pragmatische Wort. Da es
keine Isomorphie zwischen allen Wortebenen geben muss, kommt es vor,
dass eine lexikalische Einheit nicht allen sechs Wortdefinitionen genügt,
kein prototypisches Wort ist. Beispielsweise ist der Artikel *die* in der Wendung *die kalte Küche* ein orthographisches, aber kein semantisches Wort,
weil er, wie nachfolgend noch erklärt wird, nur grammatische Bedeutung
hat. Andererseits ist *kalte Küche* mehrdeutig und stellt in der idiomatisierten (morphologisch-semantisch undurchsichtigen) Wendung ein semantisches Wort, jedoch zwei orthographische und zwei syntaktische Wörter dar.

1.2.1.1   Das phonetisch-phonologische Wort

Mit entwickelten Sprachen können wir uns sowohl in schriftlicher als auch
in mündlicher Form verständigen. Die gesprochenen Wörter können in Laute, Silben und Akzente zerlegt werden. Dabei sind einige Laute (Phoneme)
auf Grund ihrer distinktiven (unterscheidenden) Merkmale für die Bedeutungsdifferenzierung von Relevanz. Sie führen dazu, dass sich verschiedene
Wörter in ihrem Klang unterscheiden. Beispielsweise ist dies bei den Wörtern in (2) der Fall. /H/, /G/, /M/ sind hier bedeutungsdifferenzierend (im
Deutschen gibt es etwa 20 Konsonanten- und 16 Vokalphoneme).

  (1.2) a. Hut /hu:t/

     b. Gut /gu:t/

     c. Mut /mu:t/

Es ist aber nicht so, dass unterschiedliche Bedeutungen immer mit unterschiedlichen Klangbildern verknüpft sind, wie das auch in (3) der Fall ist.

(1.3)   *Bank* /baŋk/ ('Sitzgelegenheit' vs. 'Geldinstitut' vs. ...)

Die Sprachbenutzenden erkennen die Wörter auf Grund der gespeicherten Lautbilder. Dies zeigt sich darin, dass Wörter durch prosodische Mittel, beispielsweise mit einer Akzentsetzung, hervorhebbar sind. In der Regel wird das mündliche Wort als eine prosodische Einheit charakterisiert, wie bei Meibauer (2002, S. 17), der folgendes ausführt: „man benötigt [...] einen Wortbegriff, der sich auch in Bezug auf die gesprochene Sprache bewährt. Dies könnte man dadurch erreichen, dass man Grenzsignale wie Wortakzent oder Sprechpausen zwischen zwei Wörtern in die Definition einbezieht. Man kann dann vom phonologischen Wort sprechen." Das eigentliche Problem besteht aber darin, dass es diese Grenzsignale objektiv nicht gibt und Pausen eher die Ausnahmen sind.

1.2.1.2   Das graphische Wort

Beim Definieren des schriftlichen Wortes spielt die Pause eine wichtige Rolle. Die graphischen Wörter sind daran erkennbar, dass nach jedem Wort im Text eine Lücke folgt, ein Zwischenraum gelassen wird. Wann aber eine Lücke gelassen werden muss, ist häufig unklar. Es sei nur darauf verwiesen, dass eine Hauptquelle für Orthographieverstöße in der deutschen Sprache der Bereich Getrennt- und Zusammenschreibung ist. Das hat neben den historischen Entwicklungsprozessen seine Ursache im Einwirken mehrerer Prinzipien auf die normgerechte Schreibung (vgl. Fuhrhop (2006), Wurzel (2000)):

1) Das Worteinheitsprinzip: Ein Wort bildet eine graphische Einheit und wird deshalb zusammengeschrieben.
2) Das Wortbildungsprinzip: Durch eine Wortbildung zusammengefügte Morpheme und Stämme werden zusammengeschrieben (*Tisch* + *-ler* = *Tischler*; *Tischler* + *Werkstatt* = *Tischlerwerkstatt*; ...).
3) Das Relationsprinzip: Einheiten, die nicht als syntaktische Relation analysierbar sind, werden zusammengeschrieben (vgl. (4)).

(1.4)   a.   Er streicht den Gartenzaun.

b.   *Er streicht den Garten Zaun.

c.   Er streicht den Zaun um den Garten.

d.   *Er streicht den Zaunumgarten.

1.2.1.3 Das morphologische Wort

Wir sehen die **Morpheme** als kleinste bedeutungstragende sprachliche Einheiten an. Sie sind u. E. zwar auch Lexikonbestandteile; sie treten aber nur als „Wortbausteine" auf. Wir klassifizieren sie, wie in Abbildung 1.2 skizziert (ausführlicher im Kapitel 5.1.1). Im Falle der Basismorpheme können sie auch einzeln ein Wort bilden (*dort*). Verben müssen aber beispielsweise im Deutschen immer ein grammatisches Morphem hinzunehmen (*lieg-t, lieg-en*).

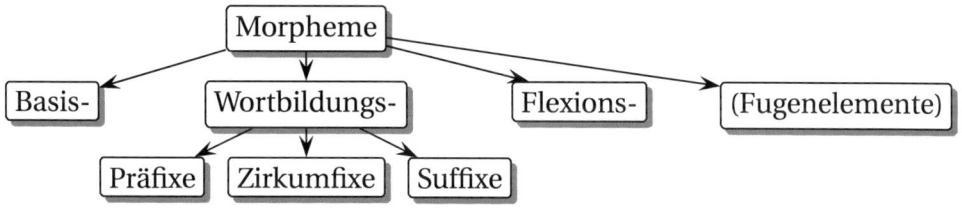

Abbildung 1.2: Morpheme

Das morphologische Wort ist dadurch charakterisiert, dass es mindestens aus einem lexikalischen Morphem besteht. Wörter werden durch die Verbindung von Morphemen gebildet bzw. sie können in Morpheme zerlegt werden. Dies trifft auch auf das Wortungetüm *das Jugendfreiwilligendienstegesetz* (JFDG) zu, das 2008 kreiert wurde. Dabei wird beim Wort wie auch beim Satz davon ausgegangen, dass der linearen phonetisch-orthographischen Struktur eine hierarchische Wortstruktur entspricht. Das ist in Abbildung 1.3 auf der nächsten Seite dargestellt.

Aus morphologischer Sicht gibt es in der deutschen Sprache zwei Gruppen von Wörtern:

- Die 1. Gruppe unterteilt hinsichtlich des Gesichtspunktes, ob die Wörter nur aus einem Morphem bestehen oder Morphemkombinationen sind, in Wurzelwörter und Wortbildungen.
- Die 2. Gruppe gliedert sich in flektierende bzw. nicht flektierende Wörter, also danach, ob die Wörter ihre Form im Satz verändern können oder nicht.

Aus der Wortbildungssicht gibt es also Wörter, die nur aus einem Basismorphem (*Tisch*) bestehen, und solche, die morphologisch komplex sind (*Tischler, Tischlerwerkstatt*). Nach dem zweiten Gesichtspunkt unterscheiden sich die deutschen Wörter nach ihrer Flexionsfähigkeit in flektierbare und nicht flektierbare Wörter. Die flektierbaren bilden in der Verwendung Wortformen, die nicht flektierbaren können keine Wortformen bil-

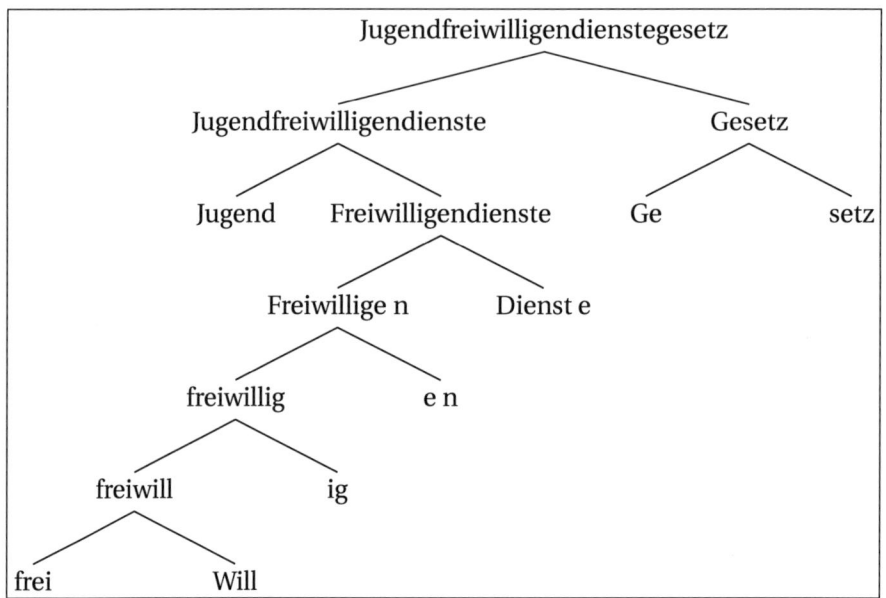

Abbildung 1.3: Wortstruktur

den. Die flektierenden Wörter schaffen Formenparadigmen, die lexikalisch-paradigmatische Einheiten darstellen. So können die meisten Adjektive in unflektierter Form als Prädikative (*Manche mögen's heiß.*) auftreten oder in flektierter Form als Attribute (*ein heißer Tag, ein heißes Eisen, heiße Höschen, …*), außerdem bilden sie Steigerungsformen (*heißer, heißesten*). Die Paradigmen bestehen aus der Zitierform und den Lexemvarianten. Zu der Zitierform *heiß* gehören also mehrere morphologische Wortformen.

Innerhalb der Flexionsparadigmen sind in der deutschen Sprache nicht alle Wortformen mit spezifischen Flexionsmerkmalen versehen. Beispielsweise ist innerhalb des Komparationsparadigmas die erste Stufe, der Positiv, nicht formal markiert.

Hinsichtlich der spezifischen Flexionseigenschaften können im Deutschen fünf Wortklassen (**Morphologische Wortarten**) mittels der morphologischen Merkmale [α dekliniert], [α konjugiert], [α kompariert] und [α genusfest][1] unterschieden werden:

- Verben, die konjugiert werden,
- infinite Verben, die nicht konjugiert werden,
- Substantive,

---

[1]   Während Substantive in der Regel ein festes Genus haben, richtet sich bei den Adjektiven und den Pronomen das Genus nach dem Bezugswort, es ist also variabel.

- Adjektive und
- Pronomen.

Erst in dem jeweiligen Kontext, in dem das Wort (das Textwort) verwendet wird, werden die anderen grammatischen Merkmale (wie Kasus-, Tempus- und Kongruenzmerkmale) ergänzt. Es ist deshalb sehr sinnvoll, zwischen dem **Lexikonwort (Lexem)** und den **syntaktischen Wortformen** zu unterscheiden. So nimmt man beispielsweise bei der syntaktischen Nominalisierung, die kein Wortbildungsphänomen ist, eine diesbezügliche Unterscheidung vor. Im Beispiel (5) sind *Er* und *Sie* syntaktische Substantive, da sie aber als solche keine festen Lexikoneinheiten sind, werden sie als Pronomen im Lexikon, als Lexikonwörter, abgespeichert.

(1.5)   Diese Maus ist keine Sie, sondern ein Er.

In der folgenden Übersicht sehen wir die morphologischen deutschen Wortarten mit ihren hierarchisch angeordneten morphologischen Lexikonmerkmalen (genauer in Römer (2006)).

Die Flektierbaren:

[+ flektierbar]

- Verben (V): (*Sie kocht gern.*) [+ flektierbar], [+ konjugierbar]

- Substantive (N) (mit Artikel (Art)): (*Auf dem Tisch liegt…*)
  [+ flektierbar], [– konjugierbar], [+ deklinierbar],
  [+ artikelfähig]

- Adjektive (A): (*Ein gutes Buch lesen.*)
  [+ flektierbar], [– konjugierbar], [+ deklinierbar],
  [– artikelfähig], [+ komparierbar]

- Pronomen (Pron): (*Seine Tochter…*)
  [+ flektierbar], [– konjugierbar], [+ deklinierbar],
  [– artikelfähig], [– komparierbar]

Die Unflektierbaren:

[– flektierbar]

- Adverbien (Adv): (*Links liegen lassen…*)
  [– flektierend], [+ selbstständig], [+ Prädikatsbezug]

- Partikeln (Part):

  [– flektierend], [– selbstständig], [+ modifizierend]

  – Abtönungspartikeln (*Gab es etwa keinen Mann?*)
    [– flektierend], [– selbstständig],
    [+ Illokution (Äußerungstyp) modifizierend]
  – Gradpartikeln (*Nur eine Frau gab es.*)
    [– flektierend], [– selbstständig], [+ skalierend]
  – Vergleichspartikeln (*Ein Mann wie ein Baum.*)
    [– flektierend], [– selbstständig], [+ vergleichend]
  – Negationspartikeln (*Nicht ein Schüler war krank.*)
    [– flektierend], [– selbstständig], [+ negierend]

Satzwörter:

[– flektierend], [+ selbstständig], [+ Satzbezug]

- Satzadverbien (SAdv): (*Dummerweise hat …*)

  [– flektierend], [+ selbstständig], [+ Satzbezug]

- Reaktive (Reak): (*Ihre Fahrkarte, bitte!*)

  [– flektierend], [+ selbstständig], [+ Satzbezug]

- Interjektionen (Interj): (*Huch, …*)

  [– flektierend], [+ selbstständig], [+ Satzbezug]

Die Fügewörter:

[– flektierend], [– selbstständig], [+ verbindend]

- Konjunktoren (Konj): (*Äpfel und Birnen …*)

  [– flektierend], [– selbstständig], [+ koordinierend verbindend],
  [– kasusfordernd]

- Subjunktoren (Subj): (*Hier, weil es …*)

  [– flektierend], [– selbstständig],
  [+ subordinierend verbindend], [– kasusfordernd]

- Präpositionen (Präp): (*Sie schaute auf den Bildschirm.*)

  [– flektierend], [– selbstständig],
  [+ subordinierend verbindend], [+ kasusfordernd]

1.2.1.4 Das syntaktische Wort

Die Syntax beschäftigt sich mit der Struktur von Sätzen. Für die Erhellung dieser Satzstrukturen gibt es zwei Hauptzugangswege. Zum einen wird nach der logisch-strukturellen Abhängigkeit der Satzbausteine gefragt (Dependenzgrammatiken) und zum anderen wird von den Teil-Ganzes-Relationen ausgegangen (Konstituentengrammatiken). Dem Beispielsatz *Das Haus am See verfällt.* können demnach die zwei vereinfachten Strukturen in der Abbildung 1.4 zugeordnet werden:

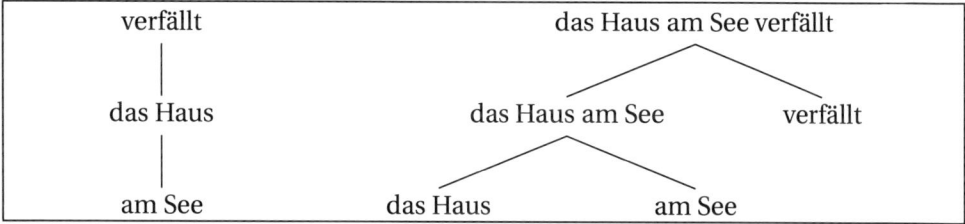

Abbildung 1.4: Satzstruktur

Die Teile, die die Satzstruktur bilden, sind im Normalfall nicht Wörter, sondern Wortgruppen (Phrasen). Nur ein Teil der phonetisch-orthographischen Wörter kann Kern (Kopf) einer lexikalischen Phrase sein. Phrasen sind endozentrisch, das heißt, sie sind Projektionen der jeweiligen Kopfelemente. Diejenigen Wörter, die Kopfelemente sein können, wollen wir syntaktische Wörter nennen, Genaueres zum Begriff des syntaktischen Wortes findet man bei Gallmann (1999, S. 272).

Außerdem gibt es Wörter, die nicht Kopf einer lexikalischen Phrase sein können, dies sind die Artikel (morphologisch eine Teilklasse der Pronomen), die Hilfsverben und die Konjunktionen. Sie sind immer Teil einer lexikalischen Phrase. Die Artikel sind Bestandteile von Substantivphrasen, die Hilfsverben von Verbphrasen und die Konjunktionen von Sätzen oder Phrasen.

Wenn man, wie in der Generativen Grammatik üblich, die funktionalen Köpfe einbezieht, kommt man zu einer weiteren Gruppe von syntaktischen Wörtern. Funktionale Kategorien (z. B. INFL(flection): Flexionsmorphem(e)) liefern die grammatischen Informationen, wie Tempus oder Kongruenz.[2] Nach Abney (1987) stellen funktionale Klassen geschlossene Klassen dar, die zum größten Teil aus morphologisch abhängigen Elementen (wie Affixe) bestehen. Es fehlt ihnen jeglicher deskriptiver Gehalt. Das Einbeziehen der funktionalen Kategorien führt zu Phrasenprojektionen. In die-

---

[2] Dabei korrespondiert mit „der ihnen entsprechenden Merkmalkombination nicht notwendigerweise eine im Lexikon enthaltene Klasse von Elementen" (Haider, 1993, S. 49).

sen funktionalen Projektionen treten die oben genannten Wörter, die keine Köpfe von lexikalischen Phrasen sein können, als Köpfe von funktionalen Phrasen auf und sind deshalb auch als syntaktische Wörter anzusehen. So tritt beispielsweise der Artikel (gehört zu den Determinierern) als Kopf der Determiniererphrase auf, die der Sitz der grammatischen Merkmale der Nominalphrase ist. Die Determiniererphrase ist somit eine funktionale Erweiterung der Nominalphrase. Die funktionalen Kategorien enthalten nur grammatische Merkmale; der Artikel ist deshalb ein syntaktisches Wort, aber kein eigenständiges semantisches, weil es keinen deskriptiven Gehalt, keine Intension, hat.

1.2.1.5   Das semantische Wort

Das semantische Wort ist der kleinste selbstständige Bedeutungsträger, d. h. die Sprachbenutzer können mit ihm einen Inhalt verbinden. So bezeichnet das Lexem *Tisch* 'einen konkreten Gegenstand', *Liebe* 'ein Gefühl', *grün* 'eine Farbeigenschaft', *oder* 'eine logische Beziehung' und *tauchen* 'eine Tätigkeit'.

Wörter können zu komplexen Wörtern zusammengeschlossen werden und nehmen dann oftmals eine Bedeutung an, die nicht einfach eine Summe aus den Teilbedeutungen darstellt, weil ein **Idiomatisierungsprozess** (Verlust der semantisch-morphologischen Durchsichtigkeit des Wortes) eintritt, wie in *Bleistift* oder *Weichei*.

Eine in der Sprachwissenschaft umstrittene Frage ist die, ob es eine **Wortartenbedeutung** gibt. Wir stimmen jenen zu, die es als nicht sinnvoll ansehen, diese anzunehmen, weil es keine direkte Zuordnung von grammatischen und semantischen Wortklassen gibt. So sind nicht alle Substantive „Dingwörter" (beispielsweise *Essen* in (6)).

(1.6)   Das Essen dauert lange.

Das Essen verbalisiert hier einen Vorgang. Oder: Nicht alle Wörter, die Eigenschaften bezeichnen, sind Adjektive (wie 7).

(1.7)   Schönheit erfreut.

Als sinnvoll sehen wir es jedoch an, fünf **semantische Hauptklassen von Wörtern** zu unterscheiden:

- Wörter, die auch ohne Satzkontext eine relativ abgeschlossene Bedeutung haben.

    (1.8)   *Eva* (Eigenname[3]), *Apfel* (Gattungsbezeichnung)

---

[3]   Eigennamen wird in der Regel nur eine Extension, aber keine Intension zugesprochen, weil man mit ihnen zwar auf ein Denotat referieren kann, aber wenig Inhalt vermittelt wird (bei *Eva* nur, dass es eine weibliche Person mit Namen Eva ist).

- Wörter mit relationaler Bedeutung, die eine Rektion haben und Partner für die Entfaltung ihrer Bedeutung benötigen.

  (1.9)   *sparsam* ist jemand
  jemand *spart* etwas
  Mißtrauen hat man gegenüber jemandem oder etwas

- Wörter mit „zeigender" Bedeutung (Deixis).

  (1.10)   *dort* steht *sie*

- Wörter, die keine lexikalische Bedeutung haben. Dies sind phonetisch-orthographische Wörter, die keine selbstständigen Bedeutungsträger sind, die anstelle von morphologischen Affixen die Formenbildung übernehmen und grammatische Bedeutungselemente einbringen. Innerhalb des Verbparadigmas sind das die Hilfsverben und innerhalb des Substantivparadigmas die Artikel. Hilfsverben und Artikelwörter sind zwar phonetisch-orthographische Wörter, in dem oben erläuterten Sinn auch syntaktische, aber keine semantischen Wörter. Diese Wörter werden oft auch als Synsemantika („Leerwörter") bezeichnet und die bedeutungstragenden als Autosemantika. Nicht geteilt wird die vorkommende Auffassung, dass Präpositionen und Konjunktionen Synsemantika seien, weil sie in der Regel wichtige Bedeutungselemente einbringen. Beispielsweise macht es einen wichtigen Unterschied, ob man *Katze* und *Sofa* mit *auf* oder *unter* verbindet oder ob man beim Fleischer *Bratwürste* und *Rostbrätchen* mit *und* oder *oder* verbindet. Auf die Einzelfälle von weitgehend bedeutungsleeren Präpositionen und Konjunktionen kann hier nicht eingegangen werden (vgl. *Er versprach*, dass *er anruft. Sie wartete vergebens* auf *den Anruf.*).

- Wörter, die Teil einer lexikalischen Phrase sind und keine isolierbare Bedeutung innerhalb der Phrase haben. Es handelt sich bei dieser Gruppe um Phraseologismenbestandteile (vgl. Kapitel 1.2.4), die stabile, im Langzeitgedächtnis fest verankerte, idiomatische Wortgruppen sind.

  (1.11)   *mit dem Klammersack gepudert sein* = 'dumm sein'

1.2.1.6   Das pragmatische Wort

Aus der Sicht der Zeichenbenutzer können semantische Wörter Unterschiedliches in eine kommunikative Handlung einbringen. Sie können etwas bezeichnen (z. B. einen Gegenstand oder einen Vorgang) und/oder Emotionen bzw. Wertungen ausdrücken (z. B. eine Abneigung) und/oder eine Absicht artikulieren. Dies hatte schon der berühmte Sprachpsychologe K. Bühler

1934 mit seiner Unterscheidung der Darstellungs-, Ausdrucks- und Appellfunktion der sprachlichen Zeichen hervorgehoben und in seinem Zeichenmodell veranschaulicht (vgl. Abbildung 1.5).

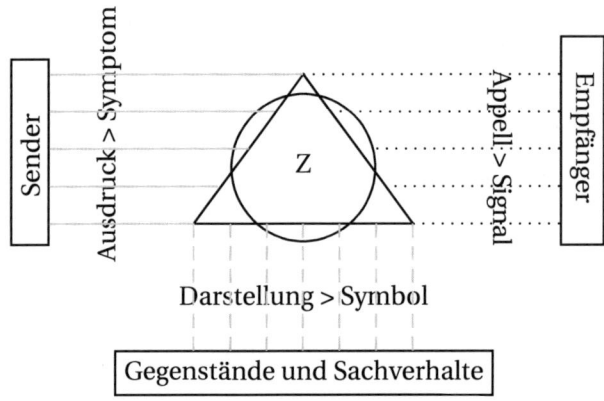

Abbildung 1.5: Bühlersches Zeichenmodell

- Mit **der <u>Darstellungsfunktion</u>** von sprachlichen Zeichen ist gemeint,
  dass mit ihnen auf Anwesendes und Nichtanwesendes Bezug genommen werden kann.
  So benennen in dem geflügelten Wort „*Alles besiegt die Liebe*" die Wörter
  Unterschiedliches. Sie stellen Unterschiedliches dar:
  Alles 'die Gesamtheit des Möglichen',
  besiegen 'ein Ereignis, bei dem jemand über etwas den Sieg davon trägt',
  die Liebe 'ein starkes Gefühl der Zuneigung zu einer Person'.

- **Die <u>Ausdrucksfunktion</u>** beinhaltet, dass Wörter emotive Befindlichkei-
  ten der Sprechenden anzeigen können. Die emotive Funktion der Sprache ist von der Linguistik lange vernachlässigt worden.
  Nach Schwarz-Friesel (2007, S. 57) sind Emotionen psychische Zustände der Menschen, die auf drei Ebenen, die meist interagieren, wahrnehmbar sind: im nonverbalen Ausdruck als Mimik und Gestik (z. B. Lachen oder Weinen), in körperlichen Zuständen (Rotwerden etc.) und als
  sprachliche Äußerungen.

Das sogenannte Circumplexmodell (in Abbildung 1.6 auf der nächsten
Seite wiedergegeben) der Emotionen siedelt die Emotionen zwischen
den Polen Erregung vs. Ruhe und Unlust vs. Lust an.

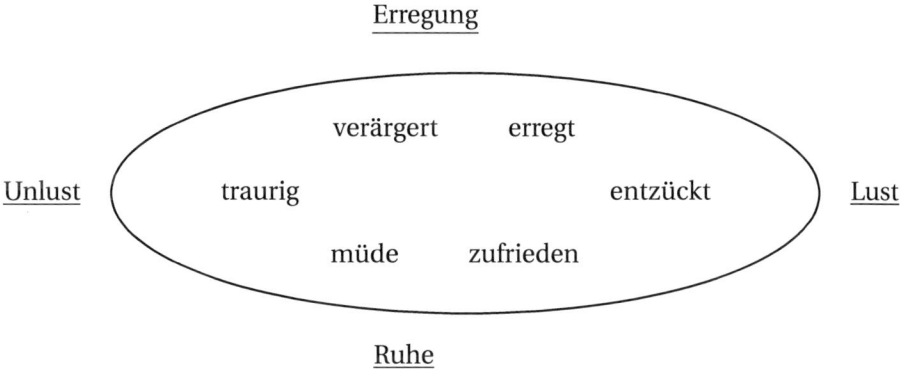

Abbildung 1.6: Circumplexmodell

In der Psychologie wird beim Auslösen von Emotionen eine Geschehensfolge angenommen:

Ereignis ↦ Informationsverarbeitung ↦ Bewertung ↦ Emotion.

Beispielsweise könnten wir am karibischen Strand unerwartet ein Hochaus vorfinden (so wie in Abbildung 1.7).

Abbildung 1.7: Emotionsverbalisierung

Dieses unerwartete Ereignis (Informationsverarbeitung) veranlasst zu einer negativen oder positiven Bewertung, zum Auslösen von Emotionen, Erregung oder Lust bzw. Ruhe oder Unlust, die physisch (Tränen, erblassen, weglaufen oder lächeln, erröten, näherkommen) und/oder verbal ausgedrückt werden können, so mit *Juchhe!* (Freude), *Nanu!* (Verwunderung) oder *Mist!* (Verärgertsein).

Aus linguistischer Sicht können u. E. drei Gruppen von Wörtern mit emotiven Funktionen unterschieden werden: Gefühlswörter, Affektwörter und Bewertungswörter (Herrmanns, 1995):

- *Gefühlswörter*: Wörter zur Benennung und Deskription von Emotionen und Affekten (Stimmungen und Erregungen), ohne selbst expressiv zu sein. Da sie die Funktion der Diagnose bzw. der Distanzschaffung haben können, sind sie auch psychologische Vokabeln: *Liebe, Hass, Trauer, Eifersucht, …*
- *Affektwörter*: Wörter und Wendungen zum Ausdrücken von Gefühlen und Affekten. Dies können sein:
  - Psychologische Vokabeln, die Gefühle und Gemütszustände benennen: *Ich hasse dich!, Das freut mich aber!, Das tut mir aber leid! …*
  - Empfindungswörter, Kosenamen, Schimpfwörter: *Oh, Mausi, …*
  - Affektive Adjektive, Substantive und Verben: (*Ist das aber*) *gemein!*, (*Dieser*) *Lügner!*, (*Er*) *säuft! …*
- *Bewertungswörter*: Wörter, die das Benannte zugleich bewerten: *Köter, verrecken, Klassefrau.*

Wörter, die Emotionen und Affekte anzeigen, sind oft mehrdeutig. Der Kontext hebt dies dann allerdings auf (vgl. (12)).

(1.12)   Ach! (?)
           Ach, du Armer! (Bedauern, Mitleid)
           Ach, wenn es doch wieder so wäre! (Sehnsucht)

Fries (2000, S. 14) betont die pragmatische Komponente von emotiven Wörtern, wenn er u. a. hervorhebt, dass der Ausdruck und das Verstehen von Gefühlen maßgeblichen Einfluss auf den Erfolg kommunikativer Bemühungen habe. Außerdem kann nach ihm (Fries, 2000, S. 33) ein Wort wie *Trauer* auf drei unterschiedliche Phänomenbereiche verweisen:

- Auf einen internen, introspektiv wahrnehmbaren Zustand = subjektiv-psychologischer Aspekt: Ein Beispiel für diese Verwendung von *Trauer*: *Laßt uns einfach unsre Trauer leben, denn damit verarbeiten wir das ganze.* (Katrin Zilch, url: http://www.lichterkette.net.ms 25.3. 2004)
- Auf einen chemisch und physikalisch nachweisbaren Prozess (z. B. Tränen und Schlaflosigkeit) = physiologischer Aspekt: *Trauerarbeit* […] *Trauernde können bei ihrer Arbeit auch scheitern, krank werden, daran zerbrechen, weil sie ihr Leben nicht mehr leben können.* (url: http://www.lichterkette.net.ms 25.3. 2004)
- auf Gegenstände und/oder Sachverhalte, die als gefühlsauslösend betrachtet werden = sozialer Aspekt: *Wenn die Gondeln Trauer tragen* (deutscher Titel eines Films).

Zur Ausdrucksfunktion kann auch das Anzeigen der Beziehungsrelation im „Nachrichtenquadrat" (von Thun, 1981) gerechnet werden. Als Psychologe hat von Thun, der sich speziell mit Kommunikationsstörungen befasst, das dreiseitige Zeichenmodell um eine vierte Komponente erweitert. Eine Nachricht überbringt danach mehrere Botschaften gleichzeitig (vgl. Abbildung 1.8, die es aus der Sendersicht formalisiert).

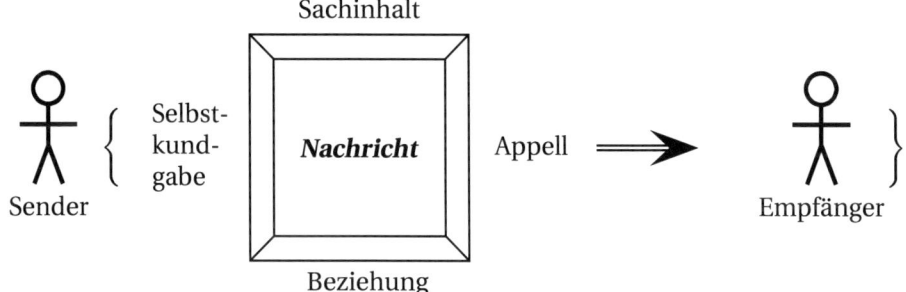

Abbildung 1.8: „Nachrichten"-Funktionen nach v. Thun

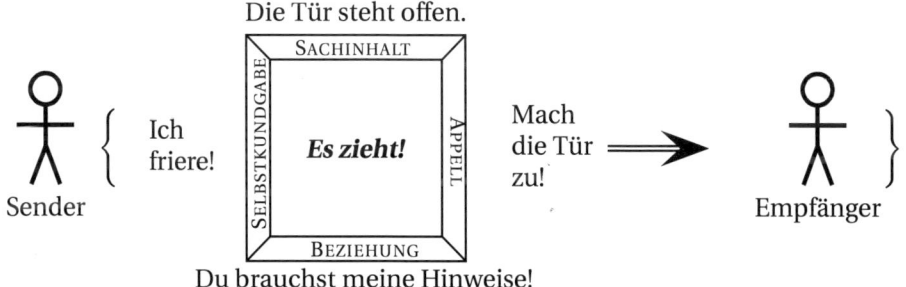

Abbildung 1.9: „Nachrichten"-Funktionen für *Es zieht!*

Mit einer Äußerung könnten danach in spezifischen Kontexten mehrere Funktionen realisiert werden. Beispielsweise sagt Jemand (= Sender) zu Jemandem (= Empfänger) nachdrücklich: *Es zieht!*. Damit wird erstmal eine Sachinformation gegeben. Gleichzeig wird deutlich, dass die deutschsprachige Person friert (= Selbstoffenbarung) und deshalb den Angesprochenen veranlassen möchte, die offene Tür zu schließen (= Appell). Dass er dies als möglich ansieht, resultiert aus seiner Einschätzung des Angesprochenen (= Beziehung). Möglicherweise ist der Angesprochene ihm sozial unterstellt. Dieser wird den barschen Befehlston sicher seinerseits als einen Vorwurf verstehen (vgl. Abbildung 1.9).

Auch an der Wortwahl kann der Stand der Beziehung zwischen Kommunikationspartnern abgelesen werden. Wenn z. B. ein Mann seine Freundin *Prinzessin* nennt, kann dies heißen, dass er sie verehrt, sie anhimmelt, und ausdrücken will, dass er ihr untertan ist. Es kann aber auch gemeint sein, dass sie verwöhnt ist.

- Mit der explizit markierten **Appellfunktion** werden Absichten an den Hörenden mitgeteilt. Im Wort sind diese häufig mit einer Bewertungskomponente verbunden. Dies ist der Fall, wenn z. B. jemand als *Jammerlappen* (*Heinz ist ein richtiger Jammerlappen!*) bezeichnet wird. Es wird dann eine negative Bewertung einer männlichen, ängstlichen Person vorgenommen, die auch beinhaltet, dass die/der Hörende diesen Heinz ablehnen soll. Wenn ein Tier als *ausgehungert* charakterisiert wird, kann dies implizieren, dass es gefüttert werden soll.

1.2.1.7   Die Definition des prototypischen Wortes

Ein prototypisches Wort trägt auf allen Sprachsystemebenen Wortcharakter. Es ist, zusammenfassend dargestellt, gekennzeichnet durch

1. seine Isolierbarkeit in Rede und Schrift,
2. seinen selbstständigen Bedeutungscharakter,
3. seine Morphemstruktur,
4. seine Fähigkeit, Phrasenkern sein zu können, und
5. seinen kommunikativen Charakter, etwas darzustellen und/oder Gefühle auszudrücken und/oder eine Intention zu transportieren.

1.2.2   Lexeme

Alltaggssprachlich wird *Lexem* häufig synonym zu *Wort* verwendet. Manche Linguisten definieren es (wie beispielsweise Conrad (1985, S. 140)) als „Wort oder Wortstamm als Einheit des Wörterbuchs, d. h. als abstrakte Einheit, die Träger einer lexikalischen Bedeutung ist." Danach sind sowohl die Wortformen, die bei der Flexion abgeleitet werden, als auch die Hilfswörter, die keine lexikalische Bedeutung haben, keine Lexeme. Innerhalb des Syntagmas *Das Haus hat gebrannt.* ist demnach nur *Haus* ein Wort mit Lexemstatus; *das* und *hat* haben diesen Status nicht, weil sie grammatische Hilfswörter sind und *gebrannt* ist keins, weil es eine Wortform zu dem Lexem *brennen* ist. Öfters werden auch Phraseologismen als Lexeme aufgefasst, weil sie eine konzeptuelle Einheit vertreten (*dumm wie Bohnenstroh* = 'sehr dumm'). Man spricht dann von Mehrwortlexemen.

1.2.3   Listeme

Das Fachwort *Listem* wurde in der Psycholinguistik als Oberbegriff für alle Lexikoneinheiten eingeführt, die im Gedächtnis gespeichert, „gelistet" sind. Damit umfasst er nicht nur die mentalen Wörter und Wendungen, sondern auch die Wortbildungsmorpheme, Flexive und die Wortformen.

1.2.4   Phraseologismen

1.2.4.1   Merkmale von Phraseologismen

Als Merkmale von Phraseologismen führt Fleischer (1983, S. 307) folgende Charakteristika an:

> Ihr besonderer Charakter als *feste* Wortverbindungen ergibt sich vor allem aus ihrer (semantischen) *Idiomatizität* und ihrer (semantisch-syntaktischen) *Stabilität.* Damit zusammen hängt ihre *Speicherung* (Lexikalisierung) als lexikalische Einheit, die bei der Textgestaltung *reproduziert* wird.

Burger (2007) hebt Polylexikalität, Festigkeit und Idiomatizität hervor und Nunberg, Sag und Wasow (1994) betonen „conventionality, inflexibility, figuration, proverbiality and affect". Donalies (2009) nimmt analog zu den Zitierten für „Phraseme die Eigenheiten" Polylexikalität, syntaktische Wiederholbarkeit / Reproduzierbarkeit und die Möglichkeit der Idiomatizität an.

Aus grammatischer Sicht sind Phraseologismen also Wortverbindungen, die den Sprecher/innen des Deutschen bekannt sind und Standardverwendungen repräsentieren (Konventionalität). Sie sind wie Wörter feste Bestandteile des Lexikons (Festigkeit) und haben obligatorisch die grammatischen Merkmale der Polylexikalität und Lexikalisierung. Eine größere Gruppe trägt außerdem das Merkmal der Metakommunikativität. Phraseologismen im engeren Sinne sind häufig bildhaft und haben bewertenden Charakter. Sie werden deshalb besonders in der mündlichen Sprache verwendet.

● **Phonetisch-graphisches Merkmal der Polylexikalität**

Phraseologismen umfassen mehrere Wörter, mindestens zwei und maximal einen Satz. Es werden deshalb Phraseologismen mit Wortgruppen- (13a) und Satzstruktur (13b) unterschieden.

(1.13) a. Wie ein geprellter Frosch (daliegen)

b. Sei kein Frosch!

Ausgeschlossen werden so durch den orthographischen Usus Einwortidiome wie (14).

(1.14) Gernegroß, sich großtun, Damoklesschwert

Da der orthographische Usus nach Meinung mancher mehr zufälliger Natur ist, nehmen sie idiomatische Wortbildungskonstruktionen mit in das Phraseolexikon auf. Nicht alle Autor/innen sind sich darüber einig, ob Phraseologismen mindestens ein Autosemantikon beinhalten müssen. Diejenigen, die das annehmen (z. B. W. Fleischer), schließen deshalb Verbindungen, die nur aus Synsemantika bestehen (wie in (15)), aus. Wir folgen Fleischer in diesem Punkt nicht.

(1.15) entweder … oder, so dass, ohne dass, als ob

● **Semantisches Merkmal der Lexikalisierung**

Die Bedeutung eines Phraseologismus bildet eine feste Einheit, die durch eine Bedeutungsvereinigung der Wörter, aus denen er besteht, entstanden ist. Dabei kann die Bedeutungsverschmelzung der Komponenten lose oder fest, idiomatisch, teilidiomatisch oder wörtlich sein. Sowohl die Bedeutungsverschmelzung als auch die Idiomatizität ist eine graduelle Erscheinung.

Lose Verschmelzungen der Komponenten kommen durch usuellen Gebrauch, die häufige gemeinsame Verwendung zu Stande. Die Wörter dieser losen Wortverbindungen sind aber nur in geringem Maße zu einer Bedeutungseinheit geworden. Dass eine gewisse Verschmelzung vorhanden ist, zeigt sich in der Aufhebung der Mehrdeutigkeit der einzelnen Konstituenten. Ein spezielles Semem wird durch die Kontextpartner in der Konstruktion fixiert. Beispielsweise wird in den Wendungen mit *zivil* in (16) ein Semem mit positiver Wertungskomponente fixiert, das sich von dem Semem 'gesittet' bei *zivilisiert* ableitet. Das Semem 'modern' von *zivilisiert* wird unterdrückt.

(1.16) ziviler Ungehorsam, zivile Preise

Bei den losen Verschmelzungen lässt sich aber die Gesamtbedeutung noch kompositionell aus den Gliedern erschließen.

Feste Verschmelzungen liegen vor, wenn keine kompositionelle Bedeutungserschließung erfolgen kann. Dies haben wir besonders auffällig bei bildhaften Wendungen wie in (17a) oder bei Konstruktionen mit unikalen Komponenten[4] wie in (17b).

(1.17) a. unter dem Pantoffel stehen

b. Maulaffen feilhalten

Nicht idiomatische Phraseologismen sind u. a. die strukturellen Phraseologismen wie (18), die Relationen zwischen Größen anzeigen.

(1.18) in Bezug auf, sowohl … als auch

Auch die Kollokationen in (19) gehören zu dieser Gruppe.

(1.19) Wäsche waschen, einen Vertrag abschließen

Idiomatische Phraseologismen sind Wortverbindungen, bei denen die Gesamtbedeutungen nicht direkt aus den Bedeutungen der Einzelelemente ableitbar sind. So ist für die umgangssprachliche Wortverbindung (20) die Gesamtbedeutung 'vor Überraschung einfältig aussehen' nicht kompositionell aus den Wortbedeutungen der Komponenten herstellbar.

(1.20) dumm aus der Wäsche gucken

Auch bei der Idiomatizität muss betont werden, dass es sich um ein graduelles Phänomen handelt. So können die Idiome noch durchsichtig sein, d. h. sie können noch motiviert werden, wie in (21).

(1.21) Dabei ist Johannes B. Kerner fast so nett wie ein Schaulustiger, der vorbeikommt, wenn Brandstifter einem das Haus angezündet haben, Öl ins Feuer gießt, einem dann anteilnehmend auf die Schulter klopft und kopfschüttelnd fragt, was für Leute so was nur machen.
(Frankfurter Allgemeine Sonntagszeitung, 08.12. 2002, S. 27)

Der Journalist St. Niggemeier spielt hier mit der Wendung *Öl ins Feuer gießen*. Hier gehört zum Weltwissen, dass man ein Feuer intensivieren kann, wenn man brennbare Flüssigkeiten hineingießt. Analog kann ein Streit intensiviert werden, wenn weitere streitbare Argumente eingeführt werden.

Der andere Pol der Idiomatizität ist die Undurchsichtigkeit, die Muttersprachler/innen können keine Motivierung mehr herstellen wie in (22).

(1.22) den Advocatus Diaboli spielen

Dieser Phraseologismus bedeutet soviel wie 'mit Argumenten der Gegenseite helfen, ohne ihr anzugehören'. *Advocatus Diaboli* hat die fachsprachli-

---

[4] Zu Phraseologismen mit unikalen Bestandteilen vgl. Soehn (2003).

che Markierung [+ aus dem katholischen Kirchenrecht], die den wenigsten Sprachteilnehmer/innen bekannt ist.

Als *teilidiomatische Phraseologismen* werden Konstruktionen bezeichnet, bei denen nur ein Teil der Konstruktion umgedeutet ist, wie in (23).

>   (1.23)   ein bunter ['abwechslungsreicher'] Abend

Bei *den idiomatischen Phraseologismen* handelt es sich um Wendungen, bei denen alle Komponenten umgedeutet sind. Es sind meist „bildhafte", metaphorische oder metonymische Ausdrücke, die durch einen Vergleich motiviert sind.

>   (1.24)   (jmdm.) das Wort im Munde herumdrehen = 'Die Aussage ins
>   Gegenteil verkehren'

In (24) besteht zwischen *Wort* und 'Aussage' eine logische (metonymische) Beziehung, ein Teil (*das Wort*) wird für das Ganze ('die Aussage') gesetzt. Zwischen *herumdrehen* und *verkehren* besteht eine metaphorische Beziehung. Ein abstrakter Vorgang wird mit einem konkreten veranschaulicht.

In die Semantik der Phraseologismen geht auch ein, dass zwischen ihnen **Sinnrelationen** bestehen. Wie unter 4.1 näher ausgeführt wird, gibt es im Lexikon verschiedene Arten von semantischen Relationen. Diese bestehen auch im Phraseolexikon.

Die *Gleichheitsrelation* (Synonymie) im strengen Sinne kommt bei Phraseologismen kaum vor. Sie ist bei dem Nebeneinanderstehen von entlehnten und entsprechenden muttersprachlichen Wendungen annehmbar (25):

>   (1.25)   up to date sein – aktuell sein
>   E(lectronic) Mail – elektronische Post
>   world wide web – weltweites Netz
>   ad hoc – eigens für diesen Zweck

Die *Ähnlichkeitsrelation* (Feldverbindung) tritt dagegen häufig auf. Palm (1997), Dobrovol'skij (1995), Hessky und Ettinger (1997) und andere haben Felder von Phraseologismen ermittelt und zusammengestellt. Als ein Beispiel soll hier ein kleines Feld von bedeutungsähnlichen Phraseologismen mit dem begrifflichen Bedeutungskern 'unangemessen gekleidet sein' aufgeführt werden:

overdressed sein	[+ zu elegant]
wie eine Vogelscheuche herumlaufen	[+ unattraktiv]
wie ein Pfingstochse herausgeputzt	[+ auffallend + geschmacklos]
wie ein Pfingstochse geschmückt sein	[+ auffallend + geschmacklos]
wie ein Lackaffe herumlaufen	[+ zu auffallend]
aufgetakelt wie eine Fregatte sein	[+ zu sehr herausgeputzt]

Die *Andersseinrelation* kommt auch vor: *Kontradiktion (bipolarer Gegensatz)* wird beispielsweise durch den Austausch einer Komponente angezeigt:

auf dem aufsteigenden Ast sein	auf dem absteigenden Ast sein
ums Leben kommen	das Leben geben
auf der Bildfläche erscheinen	von der Bildfläche verschwinden

Antonymie (skalare Bedeutungsabgrenzung) ist ebenfalls feststellbar. So nimmt bei den nachfolgenden Beispielen das Betrunkensein bzw. das Alter immer mehr zu.

'betrunken sein'	'älter werden'
einen Schwips haben	den Kinderschuhen entwachsen
einen intus haben	in die Jahre kommen
einen Affen sitzen haben	aus den besten Jahren heraus sein
Schlagseite haben	Moos ansetzen
voll wie eine Strandhaubitze sein	grau werden

Die Bedeutungen der Phraseologismen stehen auch in der *Allgemeiner-spezieller-Relation*:

| sich in Bewegung setzen | in See stechen | (Hyperonymie) |
| den Schleier nehmen | ins Kloster gehen | (Hyponymie) |

Bei der semantischen Charakterisierung der Phraseologismen muss hervorgehoben werden, dass sie wie Einwortlexeme semantisch unbestimmt sein können, die **semantische Unbestimmtheit** ist bei ihnen sogar der Normalfall. Dies resultiert vor allem aus der besonders ausgeprägten *Kontextabhängigkeit* der festen Wortverbindungen, die ihrerseits aus der soziolinguistischen Markiertheit folgt, wie auch das folgende Beispiel (26) zeigt:

(1.26)   Asylsuchende in Deutschland [...] Ihre Lebenssituation *spottet jeder Beschreibung* und allen menschenrechtlichen Mindeststandards.
(TCZ Jena.Thüringische Campzeitung, 12.–19.07. 2002, S. 3[5])

Ob der Phraseologismus (27) im positiven oder negativen Sinn gebraucht wird, wird erst durch den Kontext klar.

(1.27)   spottet jeder Beschreibung (bedeutet soviel wie 'jedes Maß überschreiten')

Phraseologismen können aber auch *vage* in ihrer Bedeutung sein. Dies trifft besonders auf die große Gruppe zu, die vorrangig bewertenden Charakter hat, die Einstellungen verbalisiert. Hier ist der Bezeichnungsaspekt sekundär, beispielsweise bei Phraseologismen zum Ausdruck von 'Nachsicht' (28):

(1.28)   a.   Gnade vor Recht ergehen lassen

b.   Nachsicht üben

c.   durch die Finger sehen

d.   weiche Welle

e.   Engelsgeduld haben

f.   auf (jmdn.) nichts kommen lassen

Außerdem tritt *Mehrdeutigkeit* auf (siehe Schippan (2002)). Von *Homonymie* kann in den Fällen gesprochen werden, wenn es von dem gleichen Formativ eine phraseologische und eine nicht phraseologische Lesart gibt, wie in (29).

(1.29)   etwas über Bord werfen

a.   Man wirft keine Bananenschalen über Bord.

b.   Er wollte seine eisernen Grundsätze nicht über Bord werfen.

Polysemie liegt dann vor, wenn es mehrere phraseologische Sememe (feste Lesarten) gibt, wie in (30).

(1.30)   passen wie die Faust aufs Auge

a.   Semem 1: 'nicht angemessen sein'

b.   Semem 2: 'sehr angemessen sein'

---

[5]   Kursivierungen zur Hervorhebung sind bei allen Beispielen von uns vorgenommen. An diesem Beleg ist auch die Mischung von Genitiv und Dativ interessant. Sie zeigt, dass das Genitivobjekt des Phraseologismus nicht mehr als solches verstanden wird.

Die Eigenschaft der Mehrdeutigkeit von Phraseologismen nutzen auch der Witz und die Werbung aus (31).

(1.31)   a.   „Wie kommt man am schnellsten zu einem großen Vermögen?" „Ehrlich währt am längsten".

b.   Verbesserungen erreicht man nicht mit links.
(Wahlwerbung der CDU in Thüringen 2009)

c.

Werbung für ein Linuxforum
(Zeitschrift easylinux, Ausgabe 03/2009)

Auch die Transparenz, **die Motiviertheit** der Phraseologismen ist ein graduelles Phänomen. Die Phraseologismen können wie in (32) *morphologisch motiviert* sein:

(1.32)   Guten Tag!

oder *semantisch-metaphorisch motiviert* sein (wie in (33)):

(1.33)   (jmd.) hängen lassen

oder *semantisch-metonymisch motiviert* (wie in (34)) sein:

(1.34)   (etwas) von der Stange kaufen = im Bekleidungsgeschäft kaufen / nicht maßgeschneidert

Zwischen der gewählten und gemeinten Bezeichnung besteht ein sachlicher Zusammenhang: „Die Stange, auf der Bekleidung hängt" ist ein Teil des Bekleidungsgeschäfts.

Bildlichkeit kann bei der Bezeichnung zum einen durch anschauliche Wortwahl, vor allem durch konkrete Bezeichnungen, und durch Vergleiche, z. B. Abstraktes mit Konkretem (wie in (35)), entstehen. Mit den gewählten Bezeichnungen werden bekannte Vorstellungen aufgerufen.

(1.35)   Noch ist Polen nicht verloren (Polen = Freiheit).

Speziell bei den Idiomen spielt Bildlichkeit eine große Rolle, in vielen sind Metaphern eingefroren. Im Sinne von Lakoff und Johnson (1980), Baldauf

(1997) und anderen Vertretern der kognitiven Metapherntheorie nehmen wir an, dass wir in dem eingefrorenen Bild ein Ausgangskonzept haben, das zur Veranschaulichung eines konzeptuellen Zielbereiches dient.

mit (jmdm.) auf Kriegsfuß stehen	=	STREIT HABEN
Ausgangskonzept		Zielkonzept
	→ STREIT ist KRIEG	

Wie bei den lexikalisierten Wortmetaphern können wir auch bei den Idiomen verschiedene **Arten von konzeptualisierten Metaphern** unterscheiden. So treten auf:

- Attributsmetaphern (der Zielbereich erhält eine zusätzliche metaphorische Eigenschaft, wie in (36))

    (1.36)   Drei MP3-Player mit =gg-Vobis-Support im Test: *Spritziges Trio*
    (easylinux, Ausgabe 03/2009, S. 108)

- ontologische Metaphern (gut bekannte, konkrete Objekte oder Substanzen werden zur Konzeptualiserung von vagen und/oder abstrakten Vorstellungen benutzt, wie in (37))

    (1.37)   Als sie zum zweiten Mal ins Irrenhaus kam, *nahm* der Elfjährige, der nicht ins Armenhaus zurück wollte, *sein Schicksal selbst in die Hand.*
    (Mannheimer Morgen, 30.03. 1989)

- Bildschematische Metaphern (gestalthafte Strukturen werden auf vage, unstrukturierte Zielbereiche übertragen, wie in (38))

    (1.38)   … aus Schmerz über den Selbstmord des Schlagersängers und Komponisten Luigi Tenco (27) ist die Hausfrau Maria Celesca (36) ebenfalls freiwillig *aus dem Leben geschieden.*
    (Bildzeitung, 09.03. 1967)

    In diesem Beispiel wird das Leben als „Behälter", als ein abgeschlossenes Objekt, aus dem man rein- und herausgelangt, konzeptualisiert.

- Konstellationsmetaphern (komplexe (Alltags)situationen (Szenarien) bilden die Ausgangsbereiche für Vergleiche, wie in (39), eine Personalentscheidung wird hier mit einem Spiel verglichen)

    (1.39)   Sender-Poker
    Moderator Jörg Pilawa gibt ZDF den Zuschlag
    Er sollte beim ZDF unterschreiben, *brachte* die ARD, seinen bisherigen Arbeitgeber, wieder *ins Spiel* – und alle waren verwirrt.
    (spiegel.de/kultur/, 03.09. 2009)

Konnotationen sind nach Eco (1972, S. 111) die Summe „aller kulturellen
Einheiten, die das Signifikans dem Empfänger institutionell ins Gedächtnis rufen kann". Obwohl sie ein umstrittener Begriff sind (vgl. Kapitel 4.2.2),
wird in allen Überblicken zur Phraseologie mit Recht betont, dass viele Phraseologismen und alle Idiome **konnotative Bedeutungselemente** tragen. Eine genauere Beschreibung fehlt jedoch noch. Der konnotative Mehrwert
der Phraseologismen betrifft u. a.:

- die Stilschichten (40),

  (1.40) a. homerisches Gelächter (gehoben)

  b. einen in der Krone haben (umgangssprachlich-salopp)

  c. zum Kotzen sein (derb)

- die Stilfärbungen (41),

  (1.41) a. der Esel hat (jemanden) im Galopp verloren (scherzhaft)

  b. über den Jordan gehen (verhüllend)

- die Textsortenrestriktionen (42),

  (1.42) a. einen Diebstahl begehen (amtlich)

  b. mausen (alltagssprachlich)

- die ausgedrückten Emotionen (43),

  (1.43) a. Dafür lege ich meine Hand ins Feuer.

  b. Scher dich zum Teufel!

- die ausgedrückten Bewertungen (44),

  (1.44) a. hässlich wie die Nacht

  b. schön wie der junge Morgen

- die Soziolekte (45)

  (1.45) a. Südtiroler Apfelstrudel (Kochrezept)

  b. Ermittlungen führen (Rechtssprache)

• Syntaktisches Merkmal der Festigkeit

In syntaktischer Hinsicht unterliegen die Wörter in den fest geprägten Phraseologismen Restriktionen. Sie sind nur eingeschränkt abwandelbar. Das
heißt, ihre grammatische Struktur und morphologische Form ist nur gering
oder gar nicht veränderbar. In Anlehnung an Burger (2002) kann zwischen

mentaler, syntaktischer und pragmatischer Festigkeit unterschieden werden. Die **mentale Festigkeit** betrifft die Tatsache, dass Phraseologismen im
Langzeitgedächtnis als Einheiten abgespeichert und somit abgerufen und
reproduziert werden können. Die **grammatische Festigkeit** betrifft eine Reihe von systemhaften Teilcharakteristika: Die Eingeschränktheit bei Transformationen, Expansionen und Reduktionen zeigt den Grad der **syntaktischen Festigkeit** an. Gar nicht fest sind die freien (nicht phraseologischen)
Wortverbindungen, weniger fest die nicht idiomatischen phraseologischen
Konstruktionen, am festesten die idiomatischen Phraseologismen.

Die Festigkeit hängt auch davon ab, wie häufig die verbundenen Wörter gemeinsam verwendet werden und wie groß die Auswahl an potentiellen Ver-
knüpfungspartnern im Lexikon ist.

> (1.46)   a.   Lorbeeren ernten = 'Erfolg haben' (idiomatischer Phraseo-
>   logismus)
>
>   b.   Äpfel ernten (freie Wortverbindung)

Wenn wir (47a) und (47b) vergleichen, so fällt auf, dass die Passivierung
(47b) nur bei (46b), bei der freien Wortverbindung, möglich ist, aber nicht
beim Phraseologismus (46a), weil dieser bei der Umformung seine idiomatische Bedeutung verliert (vgl. 47):

> (1.47)   a.   *Lorbeeren wurden geerntet.
>
>   b.   Äpfel wurden geerntet.
>
>   c.   ?Mit dieser Arbeit können Lorbeeren nicht geerntet wer-
>   den.

Analoge Befunde haben wir bei der Relativsatz- und Nominalisierungstrans-
formation. Auch hier geht bei den Transformationen die idiomatisierte
Phraseologismusbedeutung verloren (48):

> (1.48)   a.   *die Lorbeeren, die er geerntet hat vs.
>   die Äpfel, die er geerntet hat.
>
>   b.   *das Lorbeerenpflücken vs. das Äpfelpflücken.

Expansionen durch Attribute sind genauso wenig möglich wie Reduktionen
(49):

> (1.49)   a.   *Große, glänzende Lorbeeren pflücken. vs.
>
>   b.   Einen großen, saftigen Apfel pflücken.

Andererseits kann man das Idiom (50a) sehr wohl grammatisch modifizieren (beispielsweise passivieren (50b)), ohne dass die idiomatische Bedeutung verloren geht:

(1.50)   a.   das Fell über die Ohren ziehen

       b.   Ihm wurde das Fell über die Ohren gezogen.

Bezüglich der grammatischen Einschränkungen, denen Phraseologismen unterliegen, gibt es noch viele Unklarheiten und einigen Forschungsbedarf. Im Rahmen der Head-Driven Phrase Structure Grammar hat Soehn (2006) zu den Idiomen ohne freie Lesart eine tiefgründige, beispielgebende Analyse vorgelegt. Dobrovol'skij (1999) hat sich näher mit der Frage beschäftigt, ob es Regeln für die Passivierung deutscher Idiome gibt, und ist dabei zu der Erkenntnis gelangt, dass die Bedingungen, die die Idiompassivierung ermöglichen, komplexer Natur sind und es keine einheitliche Regel gibt, die die Passivtransformation erklären kann. So wurde u. a. die semantische Teilbarkeit der Idiomstruktur als Voraussetzung angenommen, d. h., wenn eine entsprechende semantisch autonome Nominalphrase vorhanden ist, die referentiellen Status bekommen könnte, dann ist das Idiom passivierbar (51).

(1.51)   a.   zwei Fliegen mit einer Klappe schlagen

       b.   Mit einer Klappe werden zwei Fliegen geschlagen.

Andererseits ist aber die Passivierung z. T. auch dann möglich, wenn keine autonome Konstituente vorhanden ist (52).

(1.52)   a.   Der Sven macht den Fliegen den Garaus.

       b.   Den Fliegen wird der Garaus gemacht.

Eine freie Modifizierung bei den *morphologischen Kategorien* liegt auch nicht vor. So ist der idiomatische Phraseologismus (53a) z. B. im Tempus und Modus nicht veränderbar (53b).

(1.53)   a.   wissen, wo der Frosch die Locken hat

       b.   *wusste / wüsste, wo der Frosch die Locken hat

Es tritt auch fester Numerus auf, wie (54) zeigt.

(1.54)   a.   Karl ist gänzlich auf den Hund gekommen.

       b.   Karl ist vor die Hunde gegangen.

Da ein großer Teil der Phraseologismen aus Zeiten mit anderen Sprachverhältnissen stammt, können diese Sprachverhältnisse auch in ihnen eingefroren sein; so haben wir in (55a) ein unflektiertes Attribut oder in (55b) einen vorangestellten Genitiv.

(1.55)   a.   auf gut Glück

       b.   des Pudels Kern

Die nicht idiomatischen Kollokationen (56) können zwar syntaktisch und morphologisch abgewandelt werden, unterliegen aber auch grammatischen Restriktionen. So wirkt beispielsweise der Austausch durch im deutschen Sprachsystem vorhandene Synonyme ungewöhnlich.

(1.56)   a.   Die Frösche quaken.

b.   Einen Frosch fangen.

c.   *Die Frösche rufen.

d.   *Einen Frosch fischen.

Auch hinsichtlich der *Textualität* können die Phraseologismen Restriktionen unterliegen. So müssen die Grußformeln an ganz bestimmten Stellen im Text stehen. Idiome befinden sich bei journalistischen Texten oft in der Überschrift (57).

(1.57)   Die Rezession reißt tiefe Löcher in die Kassen.
(Der Spiegel, Nr. 32/3.8. 09, S. 60)

Der Grad der Festigkeit kann auch an der *Valenz* der prädikativen/verbhaltigen Wortverbindungen abgelesen werden. Es kommt bei idiomatischen Phraseologismen häufig zu Unterschieden zwischen externer und interner Valenz. Als wendungsexterne (konstruktionsexterne) Valenz wird das Fordern von Ergänzungen vom ganzen Phraseologismus verstanden. Wendungsinterne bzw. konstruktionsinterne Valenz geht nur vom Verb des Phraseologismus aus und meint die von ihm geforderten Ergänzungen, die fester Bestandteil des Phraseologismus sind. So hat der Phraseologismus (58a) eine interne Valenzstelle (*seinen Mann*), die fest geprägt und nicht veränderbar ist, und eine externe, die morphologisch (Nominalphrase im Nominativ) und semantisch ('Agens') festgelegt ist, aber lexikalische Variabilität aufweist.

(1.58)   a.   seinen Mann stehen

b.   Peter steht seinen Mann.

c.   Hans steht seinen Mann.

Bei dem idiomatischen Phraseologismus (59a) haben wir intern kein Argument und extern das Agens-Argument. Bei der nicht phraseologischen Verwendung (59c) von *aufblasen* ist sowohl das Agensargument als auch ein Patiensargument subkategorisiert. Es kommt also beim Phraseologismus zu einer *Argumentreduzierung*. Nach Torzova (1983) ist das der häufigste Fall.

(1.59)   a.   (jmd.) bläst sich auf

b.   Hans bläst sich auf = 'tut sich wichtig'

c.   Hans bläst den Luftballon auf.

Es gibt aber auch Fälle der *Argumenterhöhung*: ((60a) *schlafen*) ist einwertig und ((60b) *schlafen schicken*) zweiwertig.

(1.60)   a.   schlafen (Hans schläft.)

b.   (jmd.) schlafen schicken (Ottke schickte bereits in der zweiten Runde seinen Gegner schlafen.)

Extern können Phraseologismen einwertig (61a), zweiwertig (61b) und dreiwertig (61c) sein.

(1.61)   a.   (jmdm.) läuft es kalt den Rücken herunter

b.   (jmd.) macht sich (bei jmdm.) lieb Kind

c.   (jmd.) schiebt (jmdm.) (etwas) in die Schuhe

Bei differenzierterer Betrachtung können auch bei den verbhaltigen Phraseologismen verschiedene *Valenzarten* unterschieden werden, zwischen denen keine Isomorphie bestehen muss, wie am folgenden Beispiel sichtbar wird.

- Logische Valenz (betrifft die Prädikat-Argument-Struktur):
  Es regnet Bindfäden.: P (extern nullwertig).
- Semantisch-begriffliche Valenz (betrifft die inhaltliche Selektion der Argumente):
  Das beim Beispiel *Es regnet Bindfäden.* vorhandene syntaktische Argument ist inhaltsleer, *es* besetzt nur die Subjektsposition.
- Syntaktische Valenz (betrifft die Üblichkeit, d. h. das Obligatorisch- oder Fakultativ-Sein bei der Leerstellenbesetzung):
  Es regnet Bindfäden.: syntaktisch ein externes Argument obligatorisch.
- Morphologische Valenz (betrifft die morphosyntaktische Charakteristik der Argumente):
  Es regnet Bindfäden.: P (es/das [Nominativ]).
- Pragmatische Valenz (betrifft die kontextabhängige lexikalische Auswahl der Argumente):
  Es regnet Bindfäden. vs. *Es regnet Schusterjungen.* vs. …

Mit *pragmatischer Festigkeit* ist die Vorgeprägtheit eines Teils der Phraseologismen auf bestimmte kommunikative Funktionen gemeint. Darauf soll im folgenden Abschnitt eingegangen werden.

• Pragmatisches Merkmal der Metakommunikativität

Dieses Merkmal trifft nicht auf alle Phraseologismen zu, betrifft aber zwei große Gruppen: die Gruß- und Routineformeln und die Sprichwörter. Gemeinsam ist ihnen, dass sie pragmatische Funktionen übernehmen. Es handelt sich um die Funktion der

- Gesprächssteuerung (62)

(1.62)   nicht wahr?

- Textgliederung (63)

    (1.63)   siehe unten

- Partnerorientierung (64)

    (1.64)   Gib deinem Herzen einen Stoß!

- Äußerungskommentierung (65)

    (1.65)   Reden ist Silber, Schweigen ist Gold.

- Höflichkeitsanzeige (66)

    (1.66)   mit vorzüglicher Hochachtung

1.2.4.2   Kognitive Beschreibung

Die kognitive Beschreibung der Phraseologismen, wie sie im Rahmen der kognitiven Linguistik erfolgt, stellt keine Alternative zur linguistischen Phraseologie dar. Sie ist vielmehr eine wichtige Ergänzung und erfasst das Erlernen, die Wissensstrukturen und Prozeduren, über die die Sprachteilnehmer verfügen, um Phraseologismen verstehen zu können. Dabei beschäftigt sich die kognitive Phraseologie bisher vor allem mit den idiomatisierten Phraseologismen (Idiomen).

Der Erwerb der phraseologischen Kompetenz (korrektes Verstehen und Verwenden) ist noch relativ gering erforscht. So ist zwar klar, dass die meisten Kinder mit etwa einem Jahr das erste Wort produzieren und nach und nach einige Wörter hinzufügen. Es gibt auch Klarheit darüber, dass die weitere Wortschatzentwicklung mit anwachsender Geschwindigkeit verläuft. „Der aktive Wortschatz sechsjähriger Kinder wird auf etwa 5000 Wörter geschätzt, während bereits bis zu 14000 Wörter verstanden werden" (Kauschke, 2000, S. 1). Zu den Fragen, wann und wie die ersten Phraseologismen erworben werden, konnte man sich noch auf keine einheitliche Lehrmeinung einigen. Man stimmt aber darin überein, dass dafür vor allem die Faktoren Alter und Sozialisationsstufe von größter Wichtigkeit zu sein scheinen. Es kann außerdem angenommen werden, dass der Erwerb des Phraseo-Lexikons deutlich länger dauert und später beginnt. Insgesamt sind veröffentlichte Arbeiten zum Erwerb von Phraseologismen rar.[6]

Die empirischen Erhebungen von Haase (1999) haben folgende Entwicklung der phraseologischen Kompetenz vom Kleinkindalter bis zum 18. Lebensjahr ergeben:

---

[6]   Zum Erwerb im Kleinkindalter sei verwiesen auf Buhofer (1980), im Schulalter auf Scherer (1982) und im Jugendalter auf Androutsopoulos (1998).

– *Vorschulalter* (4–6 Jahre):
Hier hat das synkretisch-wörtliche – die verschiedenen Bedeutungsvarianten zu einem Formativ fallen zusammen, werden nicht getrennt – Verstehen Vorrang, deshalb finden keine richtigen Bedeutungszuweisungen zu idiomatischen Phraseologismen statt. Die Doppeldeutigkeit von Wendungen wird nicht durchschaut, stattdessen werden auf Nachfrage Erklärungen aus dem kindlichen Erfahrungshorizont gegeben, wie bei der Wendung (67), die kontextfrei motiviert werden sollte.

(1.67)   Das geht auf keine Kuhhaut!

    a.   Phillip (5 Jahre alt):
    Dass man eine kriegt, denn man haut keine Kuh!

    b.   Jan (5): *Man soll keine Kuh hauen!*

    c.   Beatrice (6): *Die Kuh haut!*

Doch bereits in dieser frühen Phase der Entwicklung der phraseologischen Kompetenz wird in Einzelfällen der verstehensfördernde Einfluss eines gegebenen Kontextes sichtbar, wie das Beispiel (68) zeigt, das, in einen Kontext eingebettet, motiviert werden sollte.

(1.68)   Rotes Kreuz

    a.   Andreas (6): *Krankenhaus*

    b.   Cindy (6): *Notarzt*

    c.   Beatrice (6): *Rettungshubschrauber*

    d.   Phillip (5): *rot geworden, wie eine rote Tomate*

    e.   Jan (5): *Das ist das Kreuz hier im Rücken* (Demonstration durch Geste) *und das blutet.*

– *Grundschulalter* (7–10 Jahre):
Die Sekundärsozialisation setzt ein. Das synkretische Verstehen wird mehr und mehr vom wörtlichen Verstehen abgelöst. Das Beispiel (69) soll das demonstrieren.

(1.69)   ein Mann von Welt (in isolierter Betrachtung)

    a.   Hans (7): *erforscht die Welt*

    b.   Manuel (7): *aus einem anderen Land: Türke, Eskimo*

    c.   Jakob (8): *Vielleicht der Man in Black.*

Die phraseologische Kompetenz nimmt im 10. Lebensjahr deutlich zu.

– *Mittelstufenalter* (11–12 Jahre):
Die phraseologische Kompetenz wächst weiter, dies trifft auch auf das Verstehen isolierter Phraseologismen zu. Verwechslungen treten aber noch auf. Ein Beispiel ist das kontextfreie Motivieren der folgenden Wendung (70).

(1.70)   gehupft wie gesprungen

    a.   *Es ist so wie so rum, es gibt keine richtige Lösung.*

    b.   *Egal wie man das macht, es kommt das Gleiche raus.*

    c.   *Ein Glas halb voll oder halb leer – nur ein Beispiel.*

    d.   *Wenn zwei oder mehr Redewendungen dasselbe ausdrücken.*

– *Jugendalter:*
Ab dem 14. Lebensjahr kann von einer voll entwickelten phraseologischen Kompetenz ausgegangen werden. Dies zeigt sich auch im jugendtypischen spielerischen Umgang mit Phraseologismen. Ein Beispiel sind Antworten auf die Komplettierungsaufgabe zu (71).

(1.71)   Hunger leiden

    a.   *Hunger schieben*

    b.   *Hunger und Wasser leiden*

    c.   *Hunger und Not leiden*

Bezüglich der korrekten Erzeugung von Phraseologismen zeigten Komplettierungsaufgaben, dass bis zum 12. – 14. Lebensjahr Probleme bestehen. Rhythmisch-formelhafte Strukturtypen wie (72) bereiten aber weniger Schwierigkeiten.

(1.72)   a.   wie Schritt für Schritt

    b.   mit Schimpf und Schande

Die mentale Repräsentation von Phraseologismen:

Bezüglich des Speicherungsmodus von Phraseologismen gibt es verschiedene Theorien. Die Frage, ob die Idiome als unifizierte Einheiten des Lexikons oder als kombinative Komplexe gespeichert und abgerufen werden, wird unterschiedlich beantwortet, genauso wie die Frage, ob es einen eigenen Phraseologismenspeicher gibt.

Die lexikalistische Auffassung besagt, dass die Phraseologismen generell als nicht teilbare Ganzheiten wie Wörter – als ‚long words' – im Lexikon gespeichert seien. Diese Theorie gilt heute als experimentell widerlegt. Das zeigt sich auch an der Nichtfestigkeit der Wortstellung. Wie im Beispiel (73) zu sehen ist, sind die Phraseologismen in der Regel keine nicht teilbaren Einheiten.

>   (1.73)   a.   einen(1) Bären(2) auf(3)binden(4)
>
>   b.   bindet(4) ihm einen(1) Bären(2) auf(3)

Die syntaktische Auffassung, die Konfigurationshypothese, nimmt an, dass Phraseologismen als spezifische Ketten gespeichert sind, in denen alle Konstituenten eine relative Eigenständigkeit haben. Aber nicht alle diese Konstituenten seien gleich wichtig. Es werden Schlüsselelemente (KEYs) angenommen, die Phraseologismenmarker seien.

Die Dekompositionshypothese ist ein graduelles Modell und teilt die Phraseologismen in semantisch teilbare und nicht teilbare Konstruktionen auf der Basis von Umformungsmöglichkeiten (z. B. Passivierungsmöglichkeit bzw. keine Passivierungsmöglichkeit). Dieses Modell scheint das angemessenste zu sein, weil es der Heterogenität der Phraseologismen am besten Rechnung trägt. Es fängt die Tatsache ein, dass Phraseologismen oftmals semantisch teilbar sind und damit Phraseologismuskonstituenten eine relative Autonomie zugesprochen werden kann. Wichtig ist auch die Frage, wie die Phraseologismen im Lexikon miteinander verbunden sind. Dobrovol'skij (1995) ist der Meinung, dass hier die hierarchische Organisation weniger relevant sei. Das dynamische semantische Netz, das sich je nach kommunikativer Situation und Absicht umgruppieren kann, wäre die Präsentationsform der Phraseologismen. In thesaurusartigen Zusammenstellungen will er diese Netze, die prototypartig aufgebaut sind, abbilden. In Anlehnung an ihn könnten wir – stark vereinfacht – ein phraseologisches Netz zu 'neidisch sein' aufstellen, das mit dem konzeptuellen Neidischsein-Schema korrespondiert.

Das konzeptuelle Neidischsein-Schema assoziiert im prototypischen Fall einen Handlungsträger (die neidische Person) mit einer Person oder einer Sache auf die dieser neidisch ist. Das entsprechende phraseologische Netz benennt im Deutschen nicht alle drei Komponenten des konzeptuellen Neidischsein-Schemas.

$$\text{JEMAND}_x \quad \Leftarrow \text{NEIDISCH SEIN}_{x,y} \Rightarrow \quad \text{AUF JEMANDEN / ETWAS}_y$$

- NEIDISCH SEIN (X,Y): Der Vorgang des Neidischseins wird verbalisiert.

>   (1.74)   a.   scheel blicken
>
>   b.   futterneidisch sein

- JEMAND (X) + NEIDISCH SEIN (X,Y): Der Neider wird besonders akzentuiert.

(1.75)   a.   vor Neid grün / blass / gelb werden

b.   vor Neid erblassen

c.   ein Neidhammel sein

• NEIDISCH SEIN (X,Y) + AUF JEMANDEN (Y): Der Beneidete wird hervorgehoben.

(1.76)   a.   (jmdm.) nicht die Butter auf dem Brot gönnen

b.   (jmdm.) keinen Bissen gönnen

c.   (jmdm.) nicht das Schwarze unter dem (Finger)nagel gönnen

In dem Neidischsein-Thesaurus gibt es wie in jedem kategorialen System
prototypischere und peripherere Vertreter. Laut Dobrovol'skij (1995, S. 98)
ist ein peripheres Element in mehrere Schemata einordbar, während ein
prototypischer Vertreter die Kategorie in reiner Form repräsentiert und deshalb meist nur einmal erscheint. Eine Umfrage bei Studierenden in Jena
(Thüringen) hat ergeben, dass Neidisch-Sein am besten die folgenden Phraseologismen (77) bezeichnen:

(1.77)   a.   vor Neid erblassen

b.   vor Neid grün (blass, gelb) werden

c.   (jmdm.) nicht die Butter auf dem Brot gönnen

Als einzige Wendung wurde *scheel blicken* gar nicht in Betracht gezogen. Obwohl in der Aufgabenstellung auf den Zustand Neidisch-Sein orientiert wurde, richteten die Befragten ihren Blick auf die agens- und patiensbezogenen
Varianten.

Die Verarbeitung von idiomatischen Phraseologismen

Bei der Verarbeitung von Phraseologismen geht man heute in der Regel davon aus, dass diese nicht für alle Arten gleich geschieht. Es stellt sich hier
die Frage, wann generiert und wann reproduziert wird.

Bezüglich der idiomatischen, motivierten Wendungen mit einer wörtlichen
Lesart nimmt man für bisher unbekannte bzw. weniger geläufige Idiome
das *„literal-first model"* an, das vermutet, dass erst die wörtliche vor der
übertragenen Bedeutung kompositionell erstellt wird. Wenn die wörtliche
Lesart nicht in den Kontext passe, würde die idiomatische Lesart aktiviert.
Dass dies nicht zutrifft, haben psycholinguistische Experimente erbracht,
z. B. die von Cronk und Schweigert (1992).

Für geläufige Idiome wird die *„direct access hypothesis"* angenommen, die
eine direkte Erzeugung der übertragenen Bedeutung postuliert.

Für die meisten Idiome wird das *Modell der simultanen Verarbeitung* angenommen, das davon ausgeht, dass eine gleichzeitige Verarbeitung der wörtlichen und übertragenen Bedeutung erfolgt. Bei der Kontextüberprüfung wird die relevante Bedeutung, die mit dem Kontext kompatibel ist, vom Geist registriert, die nicht kontextverträgliche wird unterdrückt.

Für Dobrovol'skij (1997) ist eine ganze Liste von Faktoren (Dekompositionalitätsgrad, semantische Motiviertheit, Vorhandensein einer wörtlichen Lesart, syntaktische Wohlgeformtheit, Metaphorizität, Position des Schlüsselworts, Geläufigkeit, Kontext, semantische und formale Beschaffenheit einzelner Konstituenten) für die Idiomverarbeitung von Wichtigkeit, die von Fall zu Fall unterschiedlich akzentuiert werden. Deshalb könne auch nicht von einer einheitlichen, regelhaften Verarbeitung die Rede sein.

1.2.4.3   Phraseologismen als kulturelles Gedächtnis

Auch wenn man davon ausgeht, dass die Welt etwas Objektives ist, kann die Tatsache, dass die Sprache unsere Sicht auf die Welt fixiert und damit auch beeinflusst, nicht geleugnet werden. In den idiomatisierten Phraseologismen finden wir ein besonders schönes Beispiel für diesen Sachverhalt, weil in ihnen öfters stereotype Volksmeinungen eingefroren sind. Wir können in ihnen beispielsweise etwas über das Verhältnis von Männern und Frauen erfahren, über die Schönheitsideale, die Einschätzung einzelner Berufsstände oder über moralische Werte. Diese vereinfachenden kulturellen Muster (patterns) entstellen zwar die oftmals sehr differenzierte und komplexe Lebenswirklichkeit, indem sie die Erkenntnisfähigkeit auf schon Bekanntes beschränken. Andererseits helfen diese Stereotype, in der komplizierter werdenden Wirklichkeit zurechtzukommen.

Im Ausland wird ja häufig auf Grund der kriegerischen Aggressionen deutscher Staaten in der Vergangenheit das deutsche Volk als aggressiv angesehen. Deshalb sollen die deutschen Redewendungen zum VERSÖHNEN, EINLENKEN und EINMISCHEN bzw. PROTESTIEREN, ANGREIFEN und UNVERSÖHNLICH SEIN beispielhaft hinsichtlich dieser stereotypen Ansicht betrachtet werden:

– VERSÖHNEN (78)

  (1.78) a.   (jmdm.) die Hand reichen

      b.   einen Schritt auf (jmdn.) zugehen

– EINLENKEN / NACHGEBEN (79)

(1.79)   a.   es mit (etwas) bewenden lassen

b.   (jmdm.) das Feld überlassen

c.   das Feld räumen

d.   die Flagge (Segel) streichen

e.   die Flinte ins Korn werfen

f.   das Handtuch werfen

g.   klein beigeben

h.   das Spiel verloren geben

i.   die Waffen strecken

– EINMISCHEN (80)

(1.80)   a.   seinen Senf dazugeben

b.   eine Bresche schlagen für (jmdn./etwas)

– PROTESTIEREN (81)

(1.81)   a.   sich (etwas) nicht gefallen lassen

b.   auf die Straße gehen für/gegen (etwas/jemanden)

c.   (jmdm.) ins Gewissen reden

d.   (jmdm.) was husten

e.   (jmdm.) die Zähne zeigen

– ANGREIFEN (82)

(1.82)   a.   (jmdm.) die Zähne zeigen

b.   den Spieß umkehren

c.   das Blatt wenden

– UNVERSÖHNLICH SEIN (83)

(1.83)   a.   das Feld behaupten

b.   auf sein Recht pochen

Die Analyse macht sichtbar, dass die Wendungen mit 'friedensstiftenden', nicht aggressiven Konzepten (VERSÖHNEN/EINLENKEN/EINMISCHEN) zum großen Teil negativ konnotiert sind. Alle aufgefundenen Wendungen zum Konzept EINLENKEN haben eine negative Wertungskomponente.

Die 'kriegerischen', aggressiven Konzepte (PROTESTIEREN/ANGREIFEN/ UNVERSÖHNLICH SEIN) sind fast alle mit positiven Konnotationen versehen. Ein einziger dieser Phraseologismen trägt eine negative Bewertung (*auf sein Recht pochen*).

Sprachvergleichende Untersuchungen (siehe z. B. Durco (1994)) – sowohl kontrastiv-historische als auch kontrastiv-vergleichende – haben auch zu Tage gebracht, dass Phraseologismen zahlreiche übereinzelsprachliche Charakteristika haben. So kann man davon ausgehen, dass alle Sprachen phraseologische Subsysteme haben. Andererseits bringt die vergleichende Analyse einzelsprachliche und nationale Besonderheiten zu Tage.

Die Themen der Phraseologismen geben Auskunft über die geistige Welt und Geschichte einer Sprachnation. Es gibt sogar Sprachwissenschaftler, für die die Idiomatik das Allerheiligste einer Nationalsprache ist. Gerade in ihr manifestiere sich der Geist und die Eigenart jeder Nation. Sie sei unwiederholbar (Babkin (1995)). Was in der einen Sprache polylexikalisch bezeichnet wird, kann in der anderen Sprache monolexikalisch erscheinen. Was in der einen Sprache ein Phraseologismus ausdrückt, kann in einer anderen Sprache auch mittels Phraseologismus, aber auch als Einzelwort, als Wortbildungskonstruktion oder als Umschreibung üblich sein, wie in (84)

> (1.84)   a.   historisch (sich auf Geschichte beziehen)
>   engl. relating to history
>
>   b.   historisch (geschichtlich bedeutend)
>   engl. important in history

„Übersetzerische Fehlleistungen bei Phraseologismen basieren auch häufig auf einer falschen Einschätzung des kulturellen und sprachlichen Kontextes" (Marschall, 1999, S. 202).

1.2.4.4 Soziale Markiertheit von Phraseologismen

Dass soziale Faktoren Einfluss auf die Sprache haben, ist bekannt. Diese Faktoren schlagen sich vor allem im Lexikon einer Sprache nieder und betreffen auch die Mehrwortlexeme. Die Sprecher/innen des Deutschen wissen um die Tatsache, dass die Auswahl aus dem Lexikon etwas über den sozialen Hintergrund der Kommunikationsteilnehmer/innen bzw. die Kommunikationssituationen aussagt.

Auf folgende *sozial markierte Gruppen von Phraseologismen* soll hier eingegangen werden: geschlechts-, alters-, regional-, berufs- und freizeitspezifische.

– Geschlechterspezifische Phraseologismen:

Auch wenn es noch keine umfassende Untersuchung der geschlechtsbe-
dingten Restriktionen bei deutschen Phraseologismen gibt, so wurde doch
eine Reihe von interessanten Studien vorgelegt. So hat Piirainen (1999)
einen Überblick über die geschlechtsspezifischen Gebrauchsrestriktionen
und ihre Ursachen im gegenwärtigen Standarddeutsch verfasst. Piirainen
unterscheidet zwei Hauptgruppen von Restriktionen:

1. Restriktionen, die bedingt sind durch die aktuelle Bedeutung des Phraseologismus. Diese treten bei Phraseologismen auf, die polysem hinsichtlich des Referenzbereiches sind. Wenn sie auf eine Frau referieren, haben
sie eine andere Bedeutung, als wenn sie auf einen Mann referieren (85).

> (1.85)   a.   Sie kam in voller Kriegsbemalung. (Sie war auffallend ge-
>   schminkt.)
>
>   b.   Er kam in voller Kriegsbemalung. (Er kam mit allen Orden
>   und Ehrenzeichen.)

Wir haben auch die Erscheinung, dass das idiomatische Semem geschlechts-
spezifisch ist und bei Wechsel verloren geht (86).

> (1.86)   a.   Sie hat viel Holz vor der Hütte. [idiomatisch]
>
>   b.   Er hat viel Holz vor der Hütte. [nicht idiomatisch]

2. Restriktionen, die bedingt sind durch die Bildlichkeit des Phraseologismus. Bei dem folgendem Beispiel haben wir beim Bildspender PFINGST-
OCHSE als festes Bedeutungselement [+'männlich'] und bei der Bildemp-
fängerin AUFGEPUTZE PERSON (sie) das Merkmal [+'weiblich']. Es kommt
so zu einer Unvereinbarkeit, zu einem ungrammatischen Satz wie in (87).

> (1.87)   *Sie ist herausgeputzt wie ein Pfingstochse.

Die Ursachen für die Restriktionen liegen entweder in den biologischen,
physiologischen oder soziokulturellen Normen der Gesellschaft.

Wenn Phraseologismen auf geschlechtsspezifische biologische Erscheinungen referieren, so führt dies in der Regel zu Gebrauchsrestriktionen. Dies ist
beispielsweise bei der Referenz auf den weiblichen Busen oder das männli-
che Geschlechtsorgan so, die nachfolgenden Sätze in (88) sind deshalb un-
grammatisch.

> (1.88)   a.   *Hans hat eine prall gefüllte Bluse.
>
>   b.   *Helga wurden die Eier poliert.

Es soll aber auch Frauen geben, die die Wendung *das geht mir auf den Sack*
benutzen. Zum Teil existieren geschlechtsspezifische Dubletten (89):

(1.89) a. eine Frau von Welt

      b. ein Mann von Welt

Soziokulturelle geschlechtsspezifische Restriktionen finden wir vor allem in den Bildbereichen Kleidung, Arbeitswelt und Verhaltensnormen. Zur Illustration sollen wiederum ungrammatische Sätze (90) dienen:

(1.90) a. *Inge guckt dumm aus dem Anzug.

      b. ?Christa flucht wie ein Bierkutscher.

      c. *Helmut ist ein blondes Gift.

– Altersspezifische Phraseologismen:

Da Angehörige bestimmter Altersgruppen auf Grund ihrer gemeinsamen Handlungs- und Erfahrungswelten ähnliches Sprachverhalten entwickeln, spricht man auch von 'Lebensaltersprachen'. Über die Rolle der Phraseologismen in ihnen gibt es einige Studien. Koller (1977) beispielsweise befragte 1977 25 Studierende zwischen 20 und 30 Jahren zu einigen ausgewählten Wendungen und fand heraus, dass „einige der Phraseologismen deutliche Beurteilungen hinsichtlich der Alterszuweisung" aufweisen. So wurde damals Beispiel (91a) eher jüngeren Sprecher/innen zugeordnet, Beispiel (91b) älteren Sprecher/innen.

(1.91) a. ins Gras beißen

      b. (jmndm.) einen Bärendienst erweisen

Eine Quelle für das Entstehen von neuen idiomatischen Phraseologismen ist die Jugendsprache. Aus ihr stammen in jüngerer Zeit die Wendungen (92), die in die Allgemeinsprache übergegangen sind.

(1.92) a. Chill mal! (Für Reg dich ab!)

      b. Das ist voll krass.

Es wurde schon darauf hingewiesen, dass mit steigendem Alter der Bekanntheitsgrad bei Phraseologismen zunimmt. Hier gibt es aber auch eine signifikante Verknüpfung mit dem Bildungsgrad der Kommunizierenden, wie u. a. die Untersuchungen von Buhofer und Burger (1994) und von Geier und Sternkopf (2000) erbrachten. Der höhere Bildungsgrad zeigt sich besonders deutlich beim Erkennen und Deuten bildungssprachlicher Phraseologismen, bei solchen mit mythologischen Bezügen oder mit unikalen und fremdsprachlichen Komponenten.

– Regionalspezifische Phraseologismen:

Dass es regionalspezifische Redewendungen und regionalspezifische Varianten von Phraseologismen gibt, ist schon länger bekannt. Ihre genauere

Untersuchung erfolgt erst in jüngerer Zeit. Dabei ist auch zu beachten, dass neben den Standardvarietäten (Austriazismen, Helvetismen, Teutonismen) auch die regionalen Dialekte zu beachten sind.

Bei den regionalspezifischen Varietäten haben wir Phraseologismen, die Varianten zu Ausdrücken anderer Varietäten sind. Diese Varianten können sich in der Grammatik und/oder Lexik unterscheiden. Beispiele dafür sind (93).

(1.93) a. Jeden Schilling zweimal umdrehen. (Austriazismus)

b. Jeden Pfennig zweimal umdrehen. (Teutonismus)

Außerdem gibt es aber auch eigenständige regionalspezifische Phraseologismen (94):

(1.94) a. Merci vielmals! (Helvetismus)

b. Herzlichen Dank! (Teutonismus)

– *Berufsspezifische Phraseologismen*:

Zum einen soll hier darauf verwiesen werden, dass es Berufe gibt, die in Phraseologismen häufig thematisiert werden bzw. aus deren Bereich phraseologische Fachwörter in die Standardsprache gelangt sind. Zum anderen gibt es in den Fachsprachen phraseologische Termini und Fachwörter. Da die Phraseologismen zum großen Teil schon älter sind, spielen die traditionellen Berufsstände der vorindustriellen Zeit thematisch als Bildspender eine große Rolle. Einige wenige Beispiele seien hier aufgeführt:

BAUERN (95):

(1.95) a. so fragt man Bauern aus

b. dumm wie Bohnenstroh

c. dünn gesät sein

HANDWERKER (96):

(1.96) a. (einem) ins Handwerk pfuschen

b. (jemandem) das Handwerk legen

c. trinken (saufen) wie ein Bürstenbinder

d. aufpassen wie ein Heftelmacher

e. fressen wie ein Scheunendrescher

f. frieren wie ein Schneider

g. auf Schusters Rappen

KAUFLEUTE (97):

  (1.97)   a.   (dem) muss man jedes Wort vom Munde abkaufen

           b.   seine Aktien steigen (fallen)

           c.   (etwas) auf dem Kerbholz haben

KRIEGSHANDWERKER (98)

  (1.98)   a.   eine/die Bombe ist geplatzt

           b.   mit dem Säbel rasseln

           c.   in Harnisch geraten

SEELEUTE (99):

  (1.99)   a.   (nicht) auf Deck sein

           b.   im Trüben fischen

           c.   unter fremder Flagge segeln

MUSIKER (100):

  (1.100) a.   die erste Geige spielen

           b.   (einem) die Wahrheit geigen

           c.   andere Saiten aufziehen

Auch in der germanistischen Sprachwissenschaft gibt es eine Vielzahl von
Phraseologismen im Fachwortschatz, dieser beinhaltet sowohl idiomatisierte als auch nicht idiomatisierte Fachwörter. Beispiele sind (101):

  (1.101) Generative Semantik, historisch-vergleichende Sprachwissen-
           schaft, idealer Sprecher/Hörer, funktionale Satzperspektive,
           indogermanische Sprachfamilie, selbsteinbettende Konstruk-
           tion, unpersönliche Verben, Genus Verbi

Die Funktionen der berufsspezifischen Phraseologismen sollen an der Politikersprache angesprochen werden, weil in ihr Phraseologismen häufig
benutzt werden [7].

Benennungsfunktion: Sie wird in der Politikersprache wie in allen anderen
Fachsprachen auch von Phraseologismen realisiert (102).

  (1.102) a.   innere Sicherheit

           b.   freiheitliche Grundordnung

           c.   der deutsche Bundestag

           d.   die Sitzung ist eröffnet

---

[7]   Vgl. Elspaß (1998)und Perennec (1999).

Besonders die idiomatischen Wendungen sind gut geeignet, kompliziertere Sachverhalte einer breiteren Wählerschicht zu veranschaulichen (103).

> (1.103)   Die Leute bewegen sich ja in der EU wie Fische im Wasser.
> Jürgen Meyer (Vizechef des Europaausschusses)
> (Thüringer Allgemeine 21.09. 2001)

Überredungsabsicht: Auch die oftmalige Vagheit der Phraseologismen macht sie für Politiker attraktiv, weil sie gern auf vage Ausdrücke zurückgreifen, um eine große Gruppe von Menschen anzusprechen und um sie auf ihre Seite zu bringen (104).

> (1.104)   a.   Ich denke wir sind auf einem guten Weg. (Angela Merkel)
> (Frankfurter Allgemeine Sonntagszeitung, 06.09. 2009, S. 4)
>
>   b.   Es geht ums Ganze.
> (Wahlplakat der Grünen zur Bundestagswahl 2009)
>
>   c.   Der Ministerpräsident von Nordrhein-Westfalen mahnt mutige Veränderungen an und warnt zugleich vor überholten Rezepten.
> (Süddeutsche Zeitung, 07.02. 2003, S. 10)

Selbstdarstellungsfunktion (Imageschaffung): Sie spielt bei Politikern eine wichtige Rolle, da ihre Redegewandtheit ein wichtiger Qualitätsmaßstab ist (105). Wer mit Phraseologismen schöpferisch umgehen kann, gilt als redegewandt.

> (1.105)   a.   Die Bahnreform von 1994 ist auf halber Strecke stecken geblieben.
> (Kurt Bodewig im Politikerchat)
>
>   b.   Auf falsch gestellten Weichen kann man nicht in die richtige Richtung fahren.
> (Angela Merkel im Politikerchat)

Phraseologismen werden auch benutzt, um eigene Qualitäten herauszustreichen (106).

> (1.106)   (Ihr Erfolgsgeheimnis?) Den Gegner auf die Matte legen. [...]
> (Ihre gegenwärtige körperliche Verfassung?) Fit wie ein Turnschuh.
> (Roland Koch in Frankfurter Allgemeine Sonntagszeitung, 08.12. 2002, S. 16)

Die Bewertungsfunktion von Phraseologismen wird dann realisiert, wenn die Phraseologismen dazu dienen, den politischen Gegner abzuwerten bzw. politische Freunde aufzuwerten (107).

(1.107) Im Ernst [...] es hängt wohl mehr von den Grünen ab, die sich
ja zur Zeit auf Gedeih und Verderb an die SPD klammern und
von der auch entsprechend behandelt werden.
(Wolfgang Schäuble im Politikerchat)

Die Beziehungsfunktion der Phraseologismen meint, dass Phraseologismen
genutzt werden beim Ab- oder Aufbau von kommunikativen Barrieren, bei
der Ausgestaltung der Kommunikationssituation.

– *Freizeitspezifische Phraseologismen*:

Die Menschen kommunizieren nicht nur in berufsgeprägten Gruppen, sondern auch in Freizeitgruppen, wie Sport- und Hobbygruppen. Die sich dabei herausbildenden Sprachvarietäten nennt Löffler (1994) temporäre Soziolekte. Auch hier haben wir zum einen Phraseologismen, die thematisch
von Gruppenbeschäftigungen geprägt sind, und zum anderen Phraseologismen, die in diesen Gruppen verwendet werden. Dies soll am Beispiel des
Schachsports gezeigt werden, an thematisch vom Schachsport geprägten
Phraseologismen (108):

(1.108) a. den Gegner matt setzen = jemanden 'besiegen'
(mattes[8] Licht = 'geringes' Licht;
mattes Lächeln = 'müdes' Lächeln)

b. (jemanden) in Schach halten = 'niederhalten'

Fachwendungen (109):

(1.109) a. en passant = 'schlagen im Vorübergehn'

b. j'adoube bzw. ich rücke zurecht

c. verbundene Bauern = 'Bauern(spielsteine), die sich gegen-
seitig decken'

d. rückständiger Bauer = 'ein zurückgebliebener Bauer'

– *Ideologiebezogene Phraseologismen*:

Der Aspekt der Ideologiebezogenheit soll an der politischen Sprache erläutert werden. Wie im sonstigen Wortschatz auch, gibt es Phraseologismen,
die ideologische Einstellungen anzeigen. Dies können politische Einstellungen, Urteile und Wertungen sein. Im Folgenden einige Beispiele für ideologiebezogene Phraseologismen:

---

[8] Wird synchron als ein übertragener Gebrauch des gleichlautenden Schachausdrucks
empfunden, leitet sich historisch eventuell aus dem afrz. *mat*, das „schwach, kraftlos"
bedeutet, her (Pfeifer (1989)).

- Vorurteile gegen anderen Völker bzw. Religionen (110):

    (1.110)   a.   (etwas) bis zur Vergasung erklären

              b.   es geht zu wie in der Judenschule

              c.   polnische Wirtschaft

- Politische Schlagwörter (111):

    (1.111)   a.   Recht auf Arbeit, soziale Gerechtigkeit [sozialistisch]

              b.   ökologische und soziale Umgestaltung, nachhaltig wirt-
                    schaften [sozial-ökologisch]

              c.   dem Vaterland dienen, Achse des Bösen [konservativ]

- Fahnen- und Stigmawörter (112)

    (1.112)   a.   rote Socken [antikommunistisch]

              b.   den Pfaffen kann selbst der Teufel nichts abgewinnen [an-
                    tikirchlich]

              c.   fairer Handel [liberal]

- Politische Werbung: meist mit Modifikationen von usuellen Phraseologismen (113)

    (1.113)   a.   Zukunft macht man nicht mit links.
                    (CDU/CSU-Wahlwerbung 2009)
                    „Etwas mit links tun" wurde modifiziert.

              b.   Grün wirkt: Für safer Sonnenschein.
                    (Bündnis90/Die Grünen-Wahlwerbung 2002)
                    „Safer Sex" aus Gesundheitskampagnen gegen AIDS be-
                    kannt, wurde abgewandelt.

– *Interaktionalspezifische Phraseologismen*:

Die traditionelle Phraseologie und Phraseo-Lexikographie hat sich analog
zur traditionellen Stilistik damit begnügt, spezifische Gebrauchsanweisun-
gen zu Verwendungsbeschränkungen von stehenden Wendungen als Abweichungen von einer Standardsprache (Schriftsprache) anzugeben. Nach
dem Entstehen der Pragma-Soziolinguistik reicht dies aber nicht mehr aus,
wie auch Steyer (2000, S. 107) in Bezug auf ein geplantes elektronisches
Nachschlagewerk für usuelle Wortverbindungen des Deutschen ausführt:
„Die vorherrschenden Etikettierungen und Zuordnungen zu Stilebenen (vgl.
z. B. 'gehoben' vs. 'umgangssprachlich') reduzieren sich auf wenige Wörter. Zum Teil sind es Einwortkommentare, die keinesfalls dem modernen
Forschungsstand der Pragmatik, Textlinguistik und Stilistik entsprechen."

Nicht zugestimmt wird Steyer, wenn sie die pragma-stilistischen Eigenschaften nur als im „hohen Maße kontextabhängig" und als „variabel" ansieht (Ebenda), weil es neben der Kontextabhängigkeit und Vagheit auch feste pragma-stilistische Eigenschaften von Phraseologismen gibt.

Löbner (2003, S. 36–40) spricht von „Ausdrücken mit sozialer Bedeutung ", und stellt berechtigt fest, dass die „soziale Bedeutung " nicht ein Phänomen der sprachlichen Handlungen sei, sondern auf derselben Ebene, wie die deskriptive Bedeutung liege, dass sie zur lexikalischen Bedeutung gehöre. Dies zeigen die *Phraseologismen zur Anrede.*

Das Anredeverhalten gehört zur Höflichkeit und gehorcht neben universellen auch kulturspezifischen Regeln, die von Generation zu Generation überliefert werden und dem gesellschaftlichen Wandel unterliegen. So gab es in der Anfangszeit der deutschen Sprache kein distanzierendes *ihr* oder *sie*. Im "Hildebrandslied", das Anfang des 9. Jahrhunderts aufgezeichnet wurde, sprechen sich beispielsweise Hildebrand und Hadubrand mit *du* an, obwohl sie sich vermeintlich völlig fremd sind (vgl. Besch (1996)). Das Anredeverhalten definiert und zeigt Beziehungen zwischen Kommunizierenden auf. Bestimmte Textsorten (Gespräch und Brief) verlangen immer eine Ein- und Ausleitung mit Grußformeln. Diese Einrahmung der Kommunikation erfolgt meist mit Phraseologismen, die pragma-stilistische Markierungen aufgrund ihrer lexikalischen Bedeutung hinsichtlich der sozialen Relation [+/− 'übergeordnet'], der persönlichen Beziehung [+/− 'Bekanntheit'], und Textsorte tragen.

In Briefen werden hauptsächlich folgende **Anredeformeln** verwendet:
Liebe …, Lieber …, Meine liebe …, Mein lieber …, Liebste …, Liebster …,
Es kommt auch *Hallo* oder nur die Anrede mit dem Vornamen vor, vor allem in den elektronischen Kommunikationsmitteln. Die obigen Anreden tragen die Verwendungsbeschränkung [+ Bekanntheit], sie setzen somit voraus, dass sich die Kommunizierenden persönlich kennen. Als Textsorte verlangen sie vor allem den persönlichen Brief.

Sehr geehrte Frau …, liebe …[9]*,*
Diese etwas umständliche Anrede (sehr geehrt- + lieb-) trägt die Verwendungsbeschränkungen [+ Bekanntheit], [+ Übergeordnetheit des Addressaten], [+ ein offizielles Scheiben]. In der DDR war an dieser Stelle die Anrede *Werte (Kollegin) …* üblich.

Sehr geehrte Frau …,
Diese Anredeformel trägt die Verwendungsbeschränkung [+ ein offizielles Schreiben]. Sie wird zum Teil auch bei persönlicher Bekanntheit benutzt, wenn das Merkmal [+ Übergeordnetheit des Addressaten] in den Vorder-

---

[9]   Es werden jetzt nur die weiblichen Formen beispielhaft angeführt.

grund tritt. Diese Anrede ist auch die Norm, wenn die brieflich Kommunizierenden sich nicht kennen, [– Bekanntheit] und [– Übergeordnetheit] vorliegt. Wenn keine Übergeordnetheit besteht oder diese ausdrücklich nicht signalisiert werden soll, wird auch *Liebe Kollegin ...* benutzt. Neben diesen drei Hauptanredeformeln für Briefe gibt es im gegenwärtigen Deutsch noch zahlreiche Spezialanredeformeln, die spezielle pragma–soziolinguistische Markierungen tragen, zum Beispiel: *Sehr geehrte Frau Direktor, ...* Diese Anredeformeln sind idiomatisiert. *Sehr geehrte Frau Direktor,* bedeutet im Regelfall nicht, 'Ich verehre die Direktorin sehr'. Sie signalisiert vielmehr Gesprächsbereitschaft und kennzeichnet die soziale Relation und persönliche Beziehung zwischen den Kommunizierenden.

1.2.4.5   Textuelle Eigenschaften von Phraseologismen

Bisher wurde der textlinguistische Aspekt von Phraseologismen bevorzugt in drei Richtungen untersucht. Es wurde nach dem „Ort des Phraseologismus im Text" (Burger, 2007), außerdem nach dem Abwandlungscharakter (Variationen und Modifikationen) unterschieden (Burger (2007)) und nach Textsortenspezifika gefragt. Bei letzterem standen vor allem die Funktionen, die Phraseologismen in den verschiedensten Textsorten haben, im Vordergrund. Wir sind in 1.2.4.4 auf diesen funktionalen Aspekt eingegangen. Nach Elspaß (1998, S. 25) sind für die mögliche Verwendung von Phraseologismen folgende Faktoren relevant:

- die gewählte Textsorte,
- der ausgewählte Phraseologismus in Bezug zur Textsorte,
- das Passen zur Themenstellung,
- die für die Formulierung zur Verfügung stehende Zeit,
- die gewählte mediale Varietät (mündlich oder schriftlich).

Fehlleistungen bei der Verwendung von Phraseologismen können die Relevanz dieser Faktoren bestätigen. Beispielsweise kamen in jüngerer Zeit verschiedene phraseologische Wendungen mit *Wende* in der politischen Sprache in Mode (*politische Wende* oder *geistig-moralische Wende*). Ob man nun, wie es das „Lexikon der Unwörter" (Schlosser, 2000, S. 93) tut, „das Wort *Wende* doch lieber den Schwimmern und Seglern lassen" sollte, weil es in der Wirklichkeit zu keinen grundlegenden Veränderungen gekommen sei, ist aus textlinguistischer Sicht fraglich, da es für bestimmte Textsorten der Politiker/innen typisch ist, dass sie anzustrebende, idealisierte, wünschenswerte Ziele formulieren. Zum Teil wird in der Literatur davon gesprochen, dass ein politischer Begriff „keine Extension, d. h. keine konkreten Gegenstände (Referenzobjekte)" hat. Es handelt sich in den angeführten Fällen mit *Wende* als Kernwort um keinen manipulatorischen Sprachgebrauch.

Topologische Regeln für die Platzierung von Phraseologismen in Texten
gibt es für die meisten phraseologischen Klassen nicht. Anders sieht es bei
den Routineformeln aus, die u. a. den Textbeginn bzw. das -ende markieren.

Besonders für idiomatische Phraseologismen gibt es in der Schriftsprache
bestimmte Präferenzen. Sie treten häufig am Anfang oder Ende eines Ab-
schnittes oder Textes auf. (114) ist ein typisches Beispiel für einen Phraseologismus in Anfangsstellung.

> (1.114) Der spanische Chefdiplomat Josef Pique wusste, wie er Feuer
> in die müde Sitzung der 15 EU-Außenminister in Luxemburg
> tragen konnte.
> (Der Spiegel 24.06. 2002, S. 130)

Feuer (wohin) tragen ist ein bildliches Idiom, dass die Rezeption erleichtert
und in eine bestimmte Richtung lenkt. Außerdem wird gleichzeitig eine Bewertung abgegeben.

(115) ist ein Beispiel für einen typischen abschließenden Phraseologismus
(hier am Interviewende).

> (1.115) Wir werden das Thema aber wieder auf die Tagesordnung
> bringen.
> Miriam Meckel (NRW-Medienstaatssekretärin)
> (Der Spiegel 21.10. 2002, S. 115)

Hier fasst der usuelle Phraseologismus *etwas wieder auf die Tagesordnung
bringen* zusammen und stellt in Aussicht, dass man sich nicht mit der Nie-
derlage abfinden will.

Häufig findet man idiomatische Phraseologismen auch in den Überschrif-
ten bzw. Schlagzeilen von Artikeln oder am Beginn von Reden. Die Rezipi-
enten werden so in die Thematik eingeführt, dass die mit den Idiomen verbundenen Konnotationen Bildfelder eröffnen, die Interesse erzeugen können und das Anknüpfen an Bekanntes ermöglichen. In (116) vermittelt der
Phraseologismus *Ein fauler Hund (sein)* in Verbindung mit *lange arbeiten*
einen Überraschungseffekt und macht neugierig auf das nachfolgende Interview.

> (1.116) „Wer zu lange arbeitet, ist ein fauler Hund"
> Berater Rupert Lay über die 40-Stunden-Woche für Manager,
> den ständigen Unsinn ständiger Konferenzen [...]
> (Frankfurter Allgemeine Sonntagszeitung, 09.02. 2003, S. 33)

Bei der **Einbettung in den Kontext** gibt es für die Phraseologismen im engeren Sinne verschiedene Besonderheiten:

- Bei der Kohäsionsrealisierung widersetzen sich diese Phraseologismen häufig den üblichen Verfahren. So u. a. bei der Pronominalisierung und anaphorischen Wiederaufnahme. In (117) kann *die Flinte* z. B. nicht durch ein Pronomen wieder aufgenommen werden, weil sich dann die idiomatische Lesart verliert.

> (1.117)　Du sollst die Flinte nicht gleich ins Korn werfen. *Sie kann dir noch helfen.

Allerdings ist das nicht generell so, wie (118) zeigt.

> (1.118)　*Gehen Sie auf den Strich*, Genosse Frauensenator, und fragen Sie, warum *da* wirklich angeschafft wird.
> (EMMA März/April 2002, S. 13)

- Häufig werden Phraseologismen durch Modifikationen dem Kontext angepasst wie in (119), wo wir zum einen eine äußere Modifikation und zum anderen eine inhaltliche Modifikation sehen können.

> (1.119)　a.　In Münteferings Wahlkampfzentrale sorgt man sich inzwischen um die Motivationslosigkeit der Genossen. „Wir müssen da noch ein, zwei Gänge hochschalten", heißt es fordernd aus den Ländern.
> (Fokus 22.04. 2002, S. 36)
>
> b.　Zunächst einmal stehen Frau Marquardt selbst die Haare zu Berge.
> (Gregor Gysi im Politikerchat 2001)

In (119a) wird der Phraseologismus *einen Gang hochschalten* durch *zwei* erweitert. Dies intensiviert das Bild noch. In (119b) wird die phraseologische Bedeutung deaktiviert und eine Kontrastierung erzeugt.

- Substitutionen sind gängige Modifizierungsmechanismen bei Phraseologismen (vgl. Ptashnyk (2001)). Eine bzw. mehrere Konstituenten von Phraseologismen werden bewusst ausgetauscht (dass es öfters zu fehlerhafter Phraseologismenbildung kommt, soll hier unbeachtet bleiben). Dieser Austausch kann aus stilistisch-rhetorischen Gründen erfolgen oder auch Benennungslücken schließen. Ptashnyk (2001) unterscheidet vier Arten der phraseologischen Substitution:

- Die paradigmatisch bedingte Substitution: Zwischen den Substitutionspartnern besteht eine Sinnrelation.

(1.120)   Die Bahnreform von 1994 ist auf halber Strecke stehen geblie-
          ben.
          (Kurt Bodewig im Politikerchat)
          stehen bleiben vs. stecken geblieben = Bedeutungsähnlich-
          keit.

– Die bildlich bedingte Substitution: Der Kontext baut das Bild weiter aus.

(1.121)   Auf falsch gestellten Weichen kann man nicht in die richtige
          Richtung fahren.
          (Angela Merkel im Politikerchat)
          Weichen stellen vs. in eine Richtung fahren = Bildausbau

– Die paradigmatisch-kontextuelle Substitution: Die Substitutionspart-
  ner stehen in einer Sinnrelation, die durch den Kontext bedingt ist.

(1.122)   Es gibt noch viel zu passieren vs. es ist viel passiert.
          (Süddeutsche Zeitung 18.12. 2000, S. 10)

– Die kontextuell bedingte Substitution: Zwischen den Substitutionspartnern besteht keine Sinnrelation, der Kontext bestimmt die Wahl des Sub-
  stituendums.

(1.123)   Dein Wort in Rüttgers Ohr (aber erst am Wahltag abends).
          (Franz Müntefering im Politikerchat)
          Dein Wort in Rüttgers Ohr vs. Dein Wort in Gottes Ohr

1.2.4.6   Arten von Phraseologismen

An dieser Stelle soll nicht die Vielzahl von Klassifikationssystemen wiedergegeben werden, die sich zum einen hinsichtlich der zu Grunde gelegten
Kriterien (semantisch, syntaktisch, morphologisch und/oder pragmatisch)
bzw. ihrer Gewichtung und zum anderen hinsichtlich der Enge oder Weite
des Phraseologismusbegriffes (weite Modelle beziehen heute auch die Kollokationen ein) unterscheiden.

In Anlehnung an Agricola (1992), Fleischer (1997) Burger (2007) und Donalies (2009) sollen die in der folgenden Strukturübersicht dargestellten
Hauptarten von Phraseologismen unterschieden werden, die sich semantisch und strukturell abgrenzen.

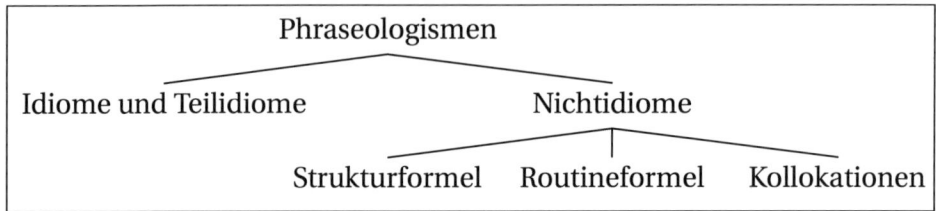

Abbildung 1.10: Phraseologismen-Klassen

• Idiomatische Phraseologismen

Die idiomatischen bzw. teilidiomatischen Phraseologismen stellen traditio-nell den Kernbereich der Phraseologismen dar. Die *Idiome* bzw. *Teilidiome* haben das semantische Merkmal, referentiell zu sein, d. h., sie beziehen sich auf wirkliche oder vorgestellte Denotate (124).

(1.124)   a.   unchristliche Zeit = 'früher Zeit(punkt)' = Teilidiom

b.   mit der Zeit gehen = 'fortschrittlich sein' = Idiom

In struktureller Hinsicht können sie weiter danach klassifiziert werden, ob sie für eine Wortgruppe oder einen Satz stehen. Als *satzwertige Phraseo-logismen* treten Sprichwörter und Geflügelte Worte auf. *Sprichwörter* sind verallgemeinerte, überlieferte abgeschlossene Sätze (Mikrotexte), deren ursprünglicher Verfasser unbekannt ist. Sie beinhalten zum Teil nicht mehr gültige „Volksweisheiten", wie bei denen unter (125), die zu passivem Ver-halten raten.

(1.125)   a.   Mit dem Hute in der Hand kommt man durch Stadt und Land.

b.   Besser weichen als die Schlacht verlieren.

Bei *geflügelten Redensarten* sind dagegen die Verfasser bekannt (126).

(1.126)   a.   Betrachte alles von der guten Seite! (Thomas Jefferson)

b.   Mit des Geschickes Mächten ist kein ew'ger Bund zu flech-ten. (Friedrich Schiller)

Ob die satzwertigen Idiome zu den Phraseologismen gehören, ist umstrit-ten, da sie keinen Lexemcharakter mehr haben, sondern vielmehr Textkon-densate sind. Andererseits haben sie auch die Eigenschaften der Festigkeit und Idiomatizität. Sie können auch unvollständige (elliptische) Sätze sein (127).

(1.127)   a.   Aus den Augen, aus dem Sinn.

b.   Außen hui, innen pfui!

Die nicht satzwertigen idiomatischen Phraseologismen können wie bei Donalies (2009, S. 57) nach der Wortart ihrer Kernwörter in Substantiv- (128a),
Adjektiv- (128b), Verbphraseme (128c) und Phraseme anderer Wortarten
(128d) untergliedert werden.

(1.128)   a.   abgefahrene Party = teilidiomatisch / substantivisch
               das schwarze Schaf = 'Unangepasste(r)' = idiomatisch /
               substantivisch

          b.   heimlich, still und leise = 'sehr heimlich' = teilidiomatisch
               / adjektivisch
               oben ohne = 'mit unbedecktem Busen' = idiomatisch / ad-
               jektivisch

          c.   alle Rekorde brechen = 'einen Rekord erzielen' = teilidio-
               matisch / verbal
               Schmetterlinge im Bauch haben = 'verliebt sein' = idioma-
               tisch / verbal

          d.   seit langem = 'seit langer Zeit' = teilidiomatische Präposi-
               tionalphrase
               für nass = 'umsonst' = idiomatische Präpositionalgruppe

• **Nichtidiomatische Phraseologismen**

Diese haben strukturierende Funktionen bzw. benennenden Charakter.

(1.129)   a.   siehe oben = strukturierend

          b.   dunkle Nacht = benennend

Strukturelle Phraseologismen haben die Aufgabe, grammatische Relationen
herzustellen. Sie eröffnen Leerstellen, die ausgefüllt werden müssen. Sie haben deshalb alleine keine nominative Funktion (130).

(1.130)   a.   *hin und her* [_Verb] (*hin und her laufen*)

          b.   *an (der) Stelle von* [_Substantiv] (*an (der) Stelle von Helga*)

Routineformeln strukturieren nicht wie die strukturellen Phraseologismen
Wortgruppen, sondern Texte, indem sie beispielsweise die Einleitung und
den Schluss des Kommunikationsaktes markieren. Sie sind zwar bedeu-
tungshaltig, aber oftmals sehr vage. In (131) ist der Grad der gemeinten
Herzlichkeit sehr vage und hängt u. a. von der Kommunikationssituation ab,
ob es sich beispielsweise um eine private oder dienstliche Korrespondenz
handelt.

(1.131)   mit herzlichem Gruß

Kollokationen sind nicht idiomatisch, und ihre Bedeutung kann kompositionell aufgebaut werden. Erst in jüngerer Zeit werden sie zu den Phraseologismen gerechnet. Sie sind Mehrwortverbindungen, die, statistisch erwartbar, miteinander verbunden werden.

(1.132)   a.   die Schuhe putzen

            b.   heftiger Streit

1.3   Literaturhinweise

Zum Thema **Wörter**:

- Peter Eisenberg: Grundriss der deutschen Grammatik. Bd. 1. Das Wort. 3. Auflage. Metzler: Stuttgart, Weimar 2006.

- Christine Römer: Morphologie der deutschen Sprache. UTB 2811. A. Francke: Tübingen und Basel 2006.

- Thea Schippan / Horst Ehrhardt: Lexik. In: W. Fleischer, G. Helbig, G. Lerchner: Kleine Enzyklopädie Deutsche Sprache. Kapitel 3.1. Peter Lang: Frankfurt am Main 2001.

Zum Thema **Phraseologismen**:

- Harald Burger: Phraseologie. Eine Einführung am Beispiel des Deutschen. 3., neu bearbeitete Auflage. Erich Schmidt Verlag: Berlin 2007.

- Elke Donalies: Basiswissen Deutsche Phraseologie. UTB 3193. A. Francke Verlag: Tübingen und Basel 2009.

- Geoffrey Nunberg, Ivan A. Sag, Thomas Wassow: Idioms. Language 70 (3), p. 491-538.

1.4   Übungsaufgaben

Thema **Wörter**:

1. *Das Bessere ist der Feind des Guten.*

   Welche sprachlichen Einheiten in obigem geflügelten Wort haben prototypischen Wortcharakter?

Welche sprachlichen Einheiten sind nicht auf allen Sprachsystemebenen Wörter?

2. Charakterisieren Sie die performativen Verben (*taufen* und *verurteilen*) hinsichtlich ihres pragmatischen Wortcharakters! Informieren Sie sich dazu über performative Verben in einem linguistischen Wörterbuch!

Thema **Phraseologismen**:

1. Ermitteln Sie die im folgenden Text enthaltenen Phraseologismen! Welche **phraseologischen Merkmale** treffen auf die gefundenen Beispiele zu?
Ordnen Sie diese einer **Klasse** zu!

Endstation Sehnsucht
Der Träumer hat zurzeit keinen guten Stand. »Du Träumer« – das ist, wenn man es genau nimmt, ein Schimpfwort. Jedenfalls hierzulande. Damit werden die runtergeputzt, die nicht effizient und logisch denken, die nicht ins Bild passen und denen auf die langweiligen Fragen »Was wählst du?«, »Was willst du studieren?« und »Wo willst du wohnen?« mehr einfällt als »mal sehen«, »BWL« und »Haus im Grünen«.

(Das Magazin. Juli-August 2009. S. 11)

2. In welchen **Sinnrelationen** stehen die Phraseologismen?

   (1)   a. mit dem Strom schwimmen / gegen den Strom schwimmen

           b. den Löffel abgeben / über den Jordan gehen

           c. nicht auf dem Damm sein / die Tage haben

3. Liegt **Polysemie oder Homonymie** vor? Bestimmen Sie die Sememe!

   (2)   a. auf die Straße gehen

           b. trocken sein

           c. in die Röhre gucken

           d. das Rad der Geschichte zurückdrehen

4. Beschreiben Sie die **Bedeutungen**!

Die Studierenden jobben in den Semesterferien, um die Haushaltskassen aufzufrischen.

Sie machen aus der Not eine Tugend und lernen den Kochlöffel schwingen.

5. Beschreiben Sie die in den Phraseologismen **lexikalisierten Meta-phern**!

   Wenn selbst der 'Spiegel' auf der Woge des Zeitgeistes schwimmt und begriffslos den „Luxus" feiert, sollten uns doch die Augen aufgehen.

   (Die Zeit, 09.01. 1987, S. 45)

6. Welche **soziale Markierung** tragen die Phraseologismen?

   Es läbbert sich zusamm.

   Eine einstweilige Verfügung erlassen.

   Auf der Homepage stehen Antworten zur Verfügung.

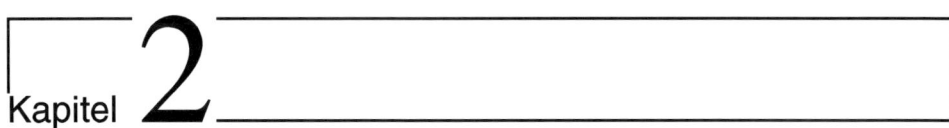

Kapitel 2

Wörter als sprachliche Zeichen: semiotische Wortcharakteristika

2.1 Relevante Zeichenmodelle

ddtoc Auf de Saussure, den Begründer der modernen Sprachwissenschaft, geht die Auffassung zurück, die Sprache sei ein Zeichensystem:

> Die Sprache ist ein System von Zeichen, die Ideen ausdrücken und insofern der Schrift, dem Taubstummenalphabet, symbolischen Riten, Höflichkeitsformen, militärischen Signalen usw. usw. vergleichbar. [...] Sie bildet ein System von Zeichen, in dem einzig die Verbindung von Sinn und Lautzeichen wesentlich ist und in dem die beiden Seiten des Zeichens gleichermaßen psychisch sind. (de Saussure, 1931, S. 19, 18)

Diese die Sprachbeschreibung einengende Ansicht wird heute nur noch in modifizierter Weise geteilt, weil die Sprache weit mehr ist als ein Stellvertreter für etwas. In den Wörtern auch ein Zeichensystem zu sehen, ist heute gängige Praxis. Es gibt aber verschiedene Modellierungen der Sprachzeichen:

Das dyadische/zweiseitige/bilaterale Zeichenmodell – wie es in der Sprachwissenschaft benutzt wird[1] – stammt von de Saussure. Seine Vorstellung ist in Abbildung 2.1 auf der nächsten Seite schematisiert wiedergegeben.

---

[1] Zu Traditionen und Entwicklungen der Zeichentheorien, vgl. die Einleitung in Mersch (1998).

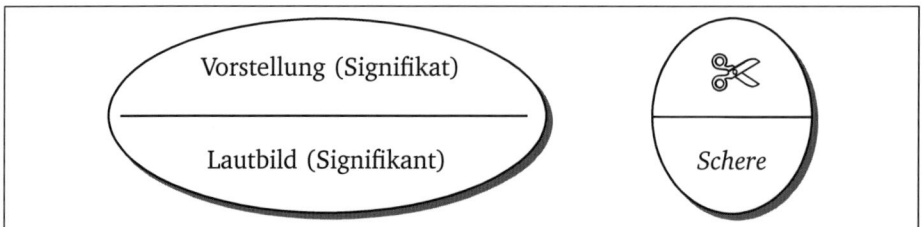

Abbildung 2.1: bilaterales Zeichenmodell

Für ihn war das Sprachzeichen eine psychische, ganzheitliche Entität, die aus Vorstellung und Lautbild besteht (er benutzte darüber hinaus die Termini Signifié und Signifiant).

Das triadische/dreiseitige Zeichenmodell wird heute in der Regel von der Semiotik angenommen. Sie sieht in Zeichen komplexe semiotische Einheiten mit den Komponenten Zeichenträger, Bedeutung (Intension) und Bezeichnung (Extension). Dies ist in Abbildung 2.2 dargestellt.

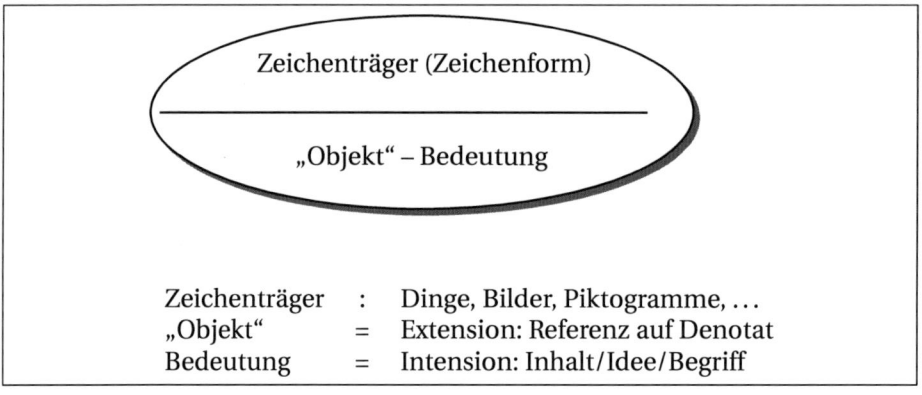

Abbildung 2.2: triadisches Zeichenmodell

Wichtig ist auch, dass heute meist an die Idee von Pierce angeknüpft wird, dass Zeichen nicht nur auf etwas verweisen, sondern sich auch noch an jemanden wenden[2].

Das unilaterale/einseitige Zeichenmodell wird in der linguistischen Syntaxtheorie bevorzugt aus technischen Gründen zu Grunde gelegt. Es sieht im Zeichen nur den Zeichenkörper, der allerdings die Eigenschaft hat, eine Bedeutung zu besitzen (vgl. Abbildung 2.3 auf der nächsten Seite):

---

[2] Man spricht auch vom Zeichen als semiotischem Dreieck, bestehend aus Zeichen, Objekt und Interpretant.

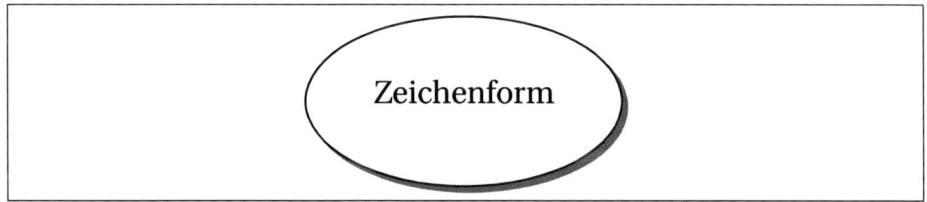

Abbildung 2.3: unilaterales Zeichenmodell

Das unilaterale Zeichen hat den Vorteil, dass ein Mehrwortlexem, wie *wissen wo Barthel den Most holt*, als aus sechs Zeichen bestehend angesehen werden kann. Der Nachteil dieser Auffassung besteht darin, dass der idiomatische Charakter, die Bedeutung der Wendung, keine Rolle spielt. In semantischer Hinsicht handelt es sich um eine Einheit und die Gesamtbedeutung kann nicht wie in „normalen" Wortgruppen ermittelt werden. Außerdem kann das Phänomen der Mehrdeutigkeit mit diesem Modell schlecht abgebildet werden.

In Anlehnung an Peirce (1986) werden heute drei **Hauptarten von Zeichen** unterschieden:

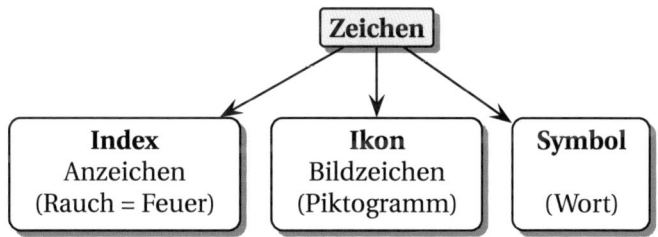

Abbildung 2.4: Semiotische Zeichenarten

Bildzeichen (ikonische Zeichen) haben eine sinnlich wahrnehmbare Ähnlichkeit mit der realen Erscheinung, für die sie stehen. Dies ist bei Fotos, Piktogrammen oder lautmalenden Wörtern der Fall.

Anzeichen (indexikalische Zeichen) haben einen realen Bezug zum bezeichneten Denotat. So sind Tränen in der Regel ein Anzeichen und ein Teil von Traurigkeit oder Rauch ein Anzeichen und Teil von Feuer. Anzeichen sind unbestimmt und keine bewusst gesetzten Zeichen. Tränen können auch Anzeichen für Wut sein, und sie können von Menschen mit schauspielerischen Fähigkeiten produziert werden, um Trauer vorzutäuschen. Das Tragen von teurem Schmuck kann ein Anzeichen für Wohlhabenheit sein, es kann aber auch benutzt werden, um diese vorzutäuschen. Ebenso ist es möglich, dass ein Schmuckstück unter Aufbieten aller finanziellen Reserven gekauft wurde, weil die Trägerin es sehr schön fand. Es kann natürlich auch ein gelungenes Imitat sein. Außerdem muss man es dem Schmuck gar nicht ansehen, ob er teuer war.

Symbole (symbolische Zeichen) haben keinen direkten bzw. objektiven Bezug zu dem Original, für das sie stehen. Sie sind durch Konventionen entstanden.

Ob alle drei Zeichenarten in der Sprache vorkommen, ist umstritten: Die Frage „Sind Sprachzeichen ikonische Zeichen?" wird unterschiedlich beantwortet. Obwohl die lautmalenden Wörter (Onomatopoetika) wie (1) nicht direkt die akustischen Charakteristika abbilden, sieht man in ihnen meist ikonische Zeichen im engeren Sinne.

(2.1)   a.   quaken (ahmt Laute der Frösche nach)

b.   glitzern (ahmt optische Wahrnehmungen nach)

Im weiteren Sinne wird auch eine grammatische Ikonizität angenommen, wenn einem Mehr an sprachlicher Form ein Mehr an Bedeutung entspricht (wie in Abbildung 2.5).

Abbildung 2.5: Grammatische Ikonizität (Beispiel)

Die Frage „Sind Sprachzeichen indexikalische Zeichen?" muss im strengen Sinne mit Nein, im weiteren Verständnis aber mit Ja beantwortet werden. Die deiktischen Ausdrücke (die auf etwas hinweisen) können im weiten Sinne als indexikalisch angesehen werden, weil sie in einem objektiven Zusammenhang zum „Zeigefeld" der Sprache stehen.

(2.2)   Der Hefter *vor* mir. = deiktische Orientierung

In der Literatur wird in Hinblick auf den referentiellen Gebrauch von Zeichen eine **Referenzhierarchie** aufgestellt :

1. Die ikonische Referenz steht am Anfang und stellt den Prozess des Wiedererkennens dar.

2. Die indexikalische Referenz ist mit der Interpretation verbunden und baut auf der ikonischen Referenz auf.

3. Die symbolische Referenz reflektiert das Erlernen und fußt auf der in-
   dexikalischen Referenz. Sie ist also am komplexesten.

So kann „die Erfahrung von immer wieder der gleichen Relation zwischen
immer wieder den gleichen anschaulichen Merkmalen zur Bildung eines
neuen Merkmals führen [...], das die Einzelmerkmale und ihre Relation als
Ganzes erfaßt. Die Verbindung von Stamm und Krone beim Begriff 'Baum'
kann so zu einem Merkmal führen, das die typische Silhouette eines Laub-
baums im ganzen erfaßt." (Hoffmann, 1986, S. 62) Aufgrund der „abstrak-
tiven Verdichtung anschaulicher Merkmale" (a. a. O.) kann ein Laubbaum
erkannt, benannt und über seine Funktionen ein Konzept gebildet werden.

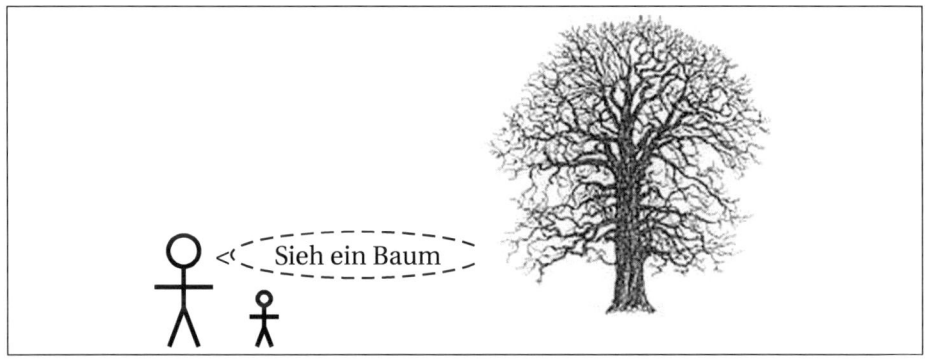

Abbildung 2.6: Referenzbeispiel

Deacon (1997) hat aus dieser Hierarchie der Referenz eine interessante
Sprachursprungstheorie entwickelt, die u. a. den Unterschied zwischen der
tierischen und der menschlichen Sprache darin sieht, dass die Tiere unfähig
sind, mit symbolischen Zeichen zu kommunizieren. Sie können keine symbolische Referenz herstellen und sich auch nicht mit Zeichen auf Zeichen
beziehen.

> So kann es nicht Referenz an sich sein, was den Unterschied an
> Art ausmacht, sondern wir müssen verschiedene Arten von Re-
> ferenz unterscheiden: Der Unterschied zwischen einem Warn-
> ruf der Meerkatzen und den Wörtern der menschlichen Spra-
> che besteht darin, daß ein Warnruf etwas anzeigt, die Wörter
> der menschlichen Sprache aber für etwas stehen. Zusätzlich ste-
> hen Wörter in einer Beziehung zueinander, die nicht wegzuden-
> ken ist: 'Words also represent other words. In fact, they are in-
> corporated into quite specific individual relationships to other
> words of language'. (Müller, 2000, S. 109) (Deacon, 1997, S. 82).

Unter **sprachtheoretischem Gesichtspunkt** (vgl. Keller (1995)) kann man eine instrumentalistische von einer repräsentativen Zeichenauffassung unterscheiden. Erstere hebt die Funktionen des Zeichens hervor. Das Sprachzeichen hat die Hauptfunktionen, ein Instrument in der Kommunikation und/oder beim Denken und/oder des Handlungsvollzugs zu sein. Die andere Auffassung betont die Repräsentationsfunktion von Zeichen, bei den Sprachzeichen ist es die Funktion, für Denotate und/oder Begriffe zu stehen. Wir finden es müßig, darüber zu streiten, welche Auffassung die richtige sei, weil beide wichtige Zeichencharakteristika hervorheben.

2.2   Das Wort als sprachliches Zeichen

2.2.1   Der Zeichencharakter von Wörtern

Bereits Aristoteles hatte darauf aufmerksam gemacht, dass wir mit Stellvertretern, mit Zeichen, kommunizieren, denken und handeln. So steht das Namenswort *Peirce* auch für einen berühmten amerikanischen Philosophen, der von 1839 bis 1914 gelebt hat und der sich in seinem Essay *Wie unsere Ideen zu klären sind* u. a. mit den Stellvertretern in der menschlichen Kommunikation beschäftigt hat. Seine Erweiterung der Zeichendefinition um die Komponente der Wirkung auf die Zeichenbenutzer, die er dem Bezeichneten und dem Stellvertreter hinzugefügt hat, war eine wichtige Innovation, weil etwas nur dann zum Zeichen werden kann, wenn es von den Zeichenbenutzern vereinbart wird. Ch. S. Peirces Erweiterung um den Interpretanten wurde von Ch. W. Morries weiterentwickelt.[3]

Wichtig ist auch, die **verbalen** von den **nonverbalen** Zeichen bei deren wissenschaftlicher Betrachtung zu trennen. Leider hat es in der Vergangenheit in der Linguistik den Trend gegeben, die nicht verbalen Zeichen unbeachtet zu lassen. Das ist deshalb nicht richtig, weil oftmals die nichtverbalen Zeichen wichtiger für den Kommunikationserfolg sind als die Wörter und Sätze. Nonverbale Zeichen sind zum einen die paraverbalen (Stimme) und zum anderen die nonverbalen Zeichen im engeren Sinne (Gestik und Mimik). Wer beim Aussprechen eines Tadels den Gescholtenen anlächelt und mit leiser, unmodulierter Stimme spricht, wird in der Regel nicht viel Erfolg haben. Andererseits kann dies als bewusst eingesetztes Mittel auch einem Tadel die verletzende Schärfe nehmen.

Sprachliche Zeichen haben folgende **Grundeigenschaften**, die nachfolgend erläutert werden:

---

[3]   Vgl. seine Programmschrift *Foundations of the Theory of Signs* (1938).

1. Sprachzeichen sind strukturierte Gebilde.

2. Die Zuordnung von Formativ und Bedeutung ist ursprünglich arbiträr.

3. Neubildungen sind in der Regel motiviert.

4. Sprachzeichen sind in Zeichensystemen eingeordnet.

5. Sprachzeichen sind unveränderlich und veränderlich.

6. Sprachzeichen sind allgemein und speziell.

2.2.2   Die Komponenten sprachlicher Zeichen

Sprachzeichen sind strukturierte Gebilde, d. h. sie bestehen aus mehreren Wissenskomponenten, die in der Abbildung 2.7 aufgeführt sind.

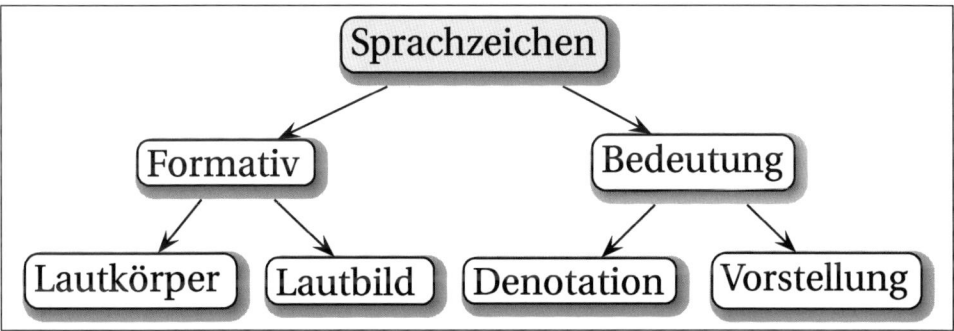

Abbildung 2.7: Zeichenstruktur

Das Sprachzeichen hat zwei Teile. Zum einen muss es ein Formativ (auch Zeichenausdruck, Signifikant, Bezeichnendes genannt) haben, eine produzierbare bzw. reproduzierbare Einheit. Dem Formativ entspricht psychisch ein Lautbild, das ein mentales Äquivalent für die Sprachproduktion und die Sprachrezeption ist (Sprachschallbild), und ein physikalischer Lautkörper (die akustische bzw. graphische Struktur). Um ein Sprachzeichen zu sein, bedarf es außerdem einer Bedeutung. Diese ist psychisch, d. h., sie ist im Langzeitgedächtnis „aufbewahrt" und ihr entspricht ein Denotat (sie bezeichnet etwas), was wir über die im Gedächtnis gespeicherte Vorstellung erkennnen. F. de Saussure (1931, S. 134) sprach davon, dass diese beiden Seiten untrennbar, wie bei einem Blatt Papier miteinander verbunden seien:

> Die Sprache ist [...] vergleichbar mit einem Blatt Papier: das
> Denken ist die Vorderseite und der Laut die Rückseite; man kann
> die Vorderseite nicht zerschneiden, ohne zugleich die Rückseite
> zu zerschneiden; ebenso könnte man in der Sprache weder den
> Laut vom Gedanken noch den Gedanken vom Laut trennen.

Heute nimmt man diese Untrennbarkeit nicht mehr an. Lutzeier (1985) verweist auf folgende Tatsachen, die gegen eine Untrennbarkeit sprechen:

- Die Möglichkeit des Übersetzens von Wörtern zeigt, dass Bedeutungen losgelöst von sprachlichen Formen sind, dass Bedeutungen und Formen wahrscheinlich in unterschiedlichen mentalen Lexika gespeichert sind.
- Das Auftreten von Synonymen (eine Bedeutung und mehrere Formative) verdeutlicht dies ebenfalls.
- Das Vorkommen von Bedeutungswandel bei dem Beibehalten des Formativs spricht ebenfalls nicht für die Untrennbarkeit, weil sich dann auch das Formativ ändern müsste. Analoges trifft auf Fälle des Formativwandels zu.

2.2.3 Arbitrarität und Motivierungen

Die Zuordnung von Formativ und Bedeutung ist ursprünglich arbiträr. Das bedeutet, dass bei den symbolischen Zeichen zwischen dem Bezeichnenden (Zeichenkörper) und dem Bezeichneten eine beliebige, also keine abbildende Relation besteht. Die kognitiven Erfahrungen der Menschen reflektieren sich nicht in den Zeichenkörpern. Neben den unmotivierten, undurchsichtigen Zeichen gibt es die motivierten.

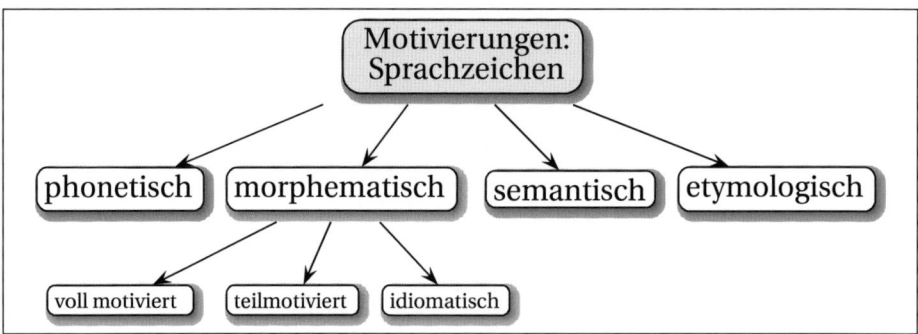

Abbildung 2.8: Arten der Motivierung

Neubildungen sind heute in der Regel motiviert. Sie entstehen auf der Basis des vorhandenen Sprachmaterials. Diese „Bearbeitung" des Vorhandenen kann unterschiedlicher Art sein (vgl. Abbildung 2.8 auf der vorherigen Seite).

2.2.3.1 Phonetische Motivierung

Natürlich (phonetisch) sind Wörter motiviert, wenn sie sinnlich Wahrnehmbares des Denotats im Formativ wiedergeben. Schallwörter (Onomatopoetica), wie *Kuckuck*, sind der prototypische Fall dafür. Schon de Saussure (1931, S. 81) hat u. a. zu bedenken gegeben, dass diese gering in ihrer Anzahl seien und dass sie bei der „Prägung schon in einem gewissen Grad beliebig" seien, „da sie nur die annähernde und bereits halb konventionelle Nachahmung gewisser Laute sind (vgl. franz. *ouaoua* und deutsch *wau wau*)". Auch die Synästhesien werden zur Gruppe der natürlich motivierten Wörter gerechnet. Das sind Wörter und Wendungen, die verschiedenartige Sinneswahrnehmungen verknüpfen, wobei eine von ihnen übertragene Bedeutung annimmt, wie in *schreiendes (Rot)*.

2.2.3.2 Morphematische Motivierung

Die meisten Wörter sind durch ihre Wortbausteine, die Morpheme, motiviert. Bei morphematischer Motiviertheit kann die Gesamtbedeutung des Wortes aus den Teilbedeutungen der Morphembausteine ermittelt werden. Da bei Wortkonstruktionen meist ein Idiomatisierungsprozess eintritt, können verschiedene Motiviertheitsgrade vorliegen:

Voll motiviert ist *Wollkleid*, da die Paraphrase *Kleid aus Wolle* in ihrer Bedeutung mit dem Kompositum übereinstimmt.

Teilmotiviert ist *Handtuch*. Die Paraphrase *Tuch zum Abtrocknen der Hand* trifft nur partiell zu. Das Wort hat eine Bedeutungsexpansion erfahren.

Idiomatisch, semantisch nicht mehr durchsichtig, ist *Bräutigam*. Dass der Bräutigam der „Mann der Braut" ist, wird nicht sichtbar, weil die zweite Wortkonstituente (*gam*) nicht mehr frei vorkommt.

2.2.3.3 Semantische Motivierung

Viele Wörter haben auch semantisch (figurativ) motivierte Bedeutungsvarianten. Genauer gehen wir auf die metaphorische und metonymische Motivierung der Wortbedeutung im Kapitel 6.4 zum Bedeutungswandel ein. Semantische Motiviertheit liegt dann vor, wenn zur Bezeichnung eines weiteren Denotats ein schon vorhandenes Wort nichtwörtlich verwendet wird und daraus dann eine übliche Verwendungsweise wird. Beispiele aus der Computerbranche sind in (3) angegeben.

> (2.3)   Virus (ein sich selbst vermehrendes Programm)
> Maus, Speicher

Man kann bei semantischer Motivierung einen Bezug zwischen den mit dem identischen Formativ benannten Denotaten herstellen. Dieser wirkliche oder angenommene Bezug ist auch die Quelle für die semantische Motivierung. Beispielsweise ist ein zerstörerisches Computerprogramm im Computer etwas, was sich viele Menschen nicht so richtig vorstellen können. Der Vergleich mit einem Wurm machte dies anschaulich und führte zur Etablierung einer weiteren Bedeutungsvariante.

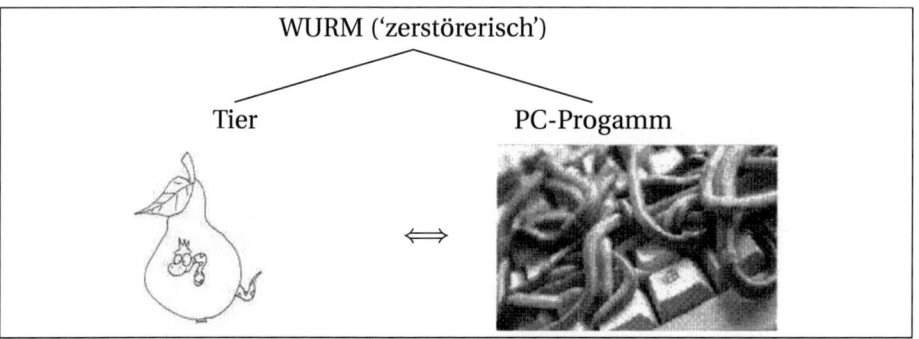

Abbildung 2.9: Metaphorische Motivierung

Wörter können auch morphologisch und semantisch motiviert sein (morpho-semantisch) wie in (4).

> (2.4)   Bootvirus, Makrovirus, Stealth-Virus, Scherz-Virus

2.2.3.4   Etymologische Motivierung

Als etymologisch motiviert bezeichnet man Wörter, die in einer früheren Sprachepoche noch motiviert waren. So geht *Bett* für heutige Sprachteilnehmende nicht mehr nachvollziehbar wahrscheinlich auf indogermanisch *bhedh-* (graben) zurück (eine in den Boden gegrabene Lagerstätte).[4]

---

[4]   Es gibt auch Linguisten, die meinen, dass es auf *Bad* zurückginge.

2.2.3.5   Politisch „korrekte" Motivierungen

Im Zusammenhang mit der Bewegung der Political Correctness gibt es in den letzten Jahrzehnten verstärkte Bemühungen um Wortbildungen und Wortverwendungen, die Randgruppen oder Minderheiten nicht abwerten. Öfter kommt es zu undifferenzierten Verunglimpfungen der Bemühungen um nicht diskriminierende Motivierungen.

Besonders häufig werden Bemühungen um nicht diskriminierende Motivierungen mit Motivierungen nach vorherrschenden Ideologien verwechselt oder gleichgesetzt. Letzteres ist u. E. abzulehnen, weil es den Meinungsstreit und den Erkenntnisfortschritt behindert. So wurde die unterschiedliche Einstellung zum Kosovo-Krieg auch in den jeweils gewählten Bezeichnungen sichtbar: *Kosovo-Krieg* vs. *friedensstiftende Maßnahme*. Auch mittels der verwendeten Lexeme können Einstellungen ausgedrückt werden. Während *Krieg* einen mit Waffengewalt ausgetragenen Konflikt bezeichnet, bleibt *friedensstiftende Maßnahme* bezüglich der verwendeten Mittel unbestimmt und nimmt deshalb einen euphemistischen (beschönigenden, verhüllenden) Charakter an. Ein anderes Beispiel ist die unterschiedliche Benennung von Umsiedlungen von Bevölkerungsgruppen mit *Transfer* oder *Vertreibung*, wie im „Internationalen Frühschoppen" (auf Phönix am 15.12.2002). Heute wird von den Militärs der „Kampf" um die richtige Bezeichnung als sehr wichtig im Rahmen der psychologischen Kriegsführung angesehen. Dies zeigte sich auch bei der Auseinandersetzung um die Bezeichnung des deutschen Miltäreinsatzes in Afghanistan. So äußerte der Verteidigungsminister 2009: „Gerade im Raum Kundus herrscht eine besonders kritische Situation." Ausserdem – in Afghanistan sei gar kein Krieg. „Das ist die völlig falsche Wortwahl, da Krieg Zerstörung bedeutet."[5] In einem Leserbrief wurde geäußert: „Glauben denn unsere Gutmenschen, in einem bewaffneten Konflikt (eigentlich ist es Krieg, ein Begriff, den unsere Politiker ungern benutzen – aus Feigheit?) ginge es ohne Schrammen und Blessuren ab?" (SZ 12./13.09. 2009, S. 42)

Sprachlich diskriminieren heisst, eine soziale Diskriminierung sprachlich zu realisieren (Wagner, 2001, S. 13). Angehörige einer Minderheit werden nicht als Individuen wahrgenommen, sondern als Angehörige einer Gruppe, der pauschal stereotype, abwertende Eigenschaften zugesprochen werden.

Der nordrhein-westfälische Ministerpräsident Rüttgers verunglimpfte 2009 in einer Rede alle rumänischen Arbeiter. Er hatte bei einem Wahlkampfauftritt in Duisburg mit Blick auf die Verlegung des Bochumer Nokia-Werks

---

[5]   Zitiert nach www.radio-utopie.de/2009/09/05/.

gesagt, die Beschäftigten in Rumänien kämen zur Arbeit „wann sie wollen, und sie wissen nicht, was sie tun". Damit bereitete er den „Nährboden für Fremdenfeindlichkeit"[6]. 2005 hatte Steuber als Ministerpräsident von Bayern im Wahlkampf geäußert: „Ich akzeptiere nicht, dass der Osten bestimmt, wer in Deutschland Kanzler wird. Die Frustrierten dürfen nicht über Deutschlands Zukunft bestimmen." In einer anderen Rede im gleichen Jahr bezeichnete er die Ostdeutschen in ihrem Wahlverhalten als „dumme Kälber". Diese pauschalen Beleidigungen aller Ostdeutschen löste damals zu Recht eine große Empörung aus.

Markefka (1995) führt u. a. folgende Gruppen auf, die in unserer Gesellschaft als Minderheiten betrachtet werden:

(a) Farbige und ausländische Arbeiter, Kinder und ganze Menschengruppen, die auf Grund der Merkmale „Rasse" und Nationalität diskriminiert werden. Diskriminierende Bezeichnungen sind z. B. *Kümmeltürke, Dachpappe, Neger, Zonendödel*.

(b) Angehörige von Religionsgemeinschaften und Sekten: *Kopftuchschrulle, Kathole, Itzig*.

(c) Menschen mit körperlichen, geistigen und psychischen Auffälligkeiten (Alte, Geisteskranke, Drogenabhängige): *Krüppel, Idiot, Junkie, Schizo*.

(d) Sexuell anders Orientierte (Homophile, Homosexuelle): *Schwuchtel, Kinderficker, Sex-Monster*.

(e) Straffällige und Vorbestrafte: *Knacki, Killer, Ganove*.

(f) Ökonomische und soziale Unterschichten (Arme, Obdachlose, Nichtsesshafte): *Buschklepper, Prolo, Gammler*.

Leisi und Leisi (1993) stellten eine **Regel der politisch korrekten Motivierung** auf, die lautet: Vermeide Minderheiten und Randgruppen beleidigende Benennungen! Damit formulierten sie etwas, das eigentlich selbstverständlich sein sollte.

2.2.4   Wörter als Teile von Zeichensystemen

Sprachzeichen sind in Zeichensystemen angeordnet.[7] Sie erhalten ihren wahren Wert erst in der Verbindung zu den anderen Zeichen und durch ihre internen Relationen. Der Begriff des Wertes nimmt in der strukturalistischen Linguistik, als deren Ahnvater de Saussure gilt, eine zentrale Stellung ein. Dass die Sprache aber weit mehr als ein Zeichensystem ist, wird heute allgemein anerkannt. Allerdings gibt es über die Interpretierbarkeit von

---

[6]   sueddeutsche.de, 09.09.2009.

[7]   Genauer in Kapitel 4 „Beziehungen zwischen den Wörtern".

Sprachzeichen und ihre Relationen unterschiedliche Auffassungen. Derrida (1974) beispielsweise lehnt in seiner „Grammatologie" eine eindeutige Interpretierbarkeit ab.

2.2.5 Unveränderlichkeit und Veränderbarkeit

Sprachzeichen sind unveränderlich und veränderlich. Diese scheinbare Kontradiktion löst sich dahingehend auf, dass zwischen dem individuellen Sprechenden und der Sprachgemeinschaft als Ganzes unterschieden werden muss (de Saussure, 1931, S. 83).

> Die Masse der Sprachgenossen wird in der Wahl der Bezeichnung nicht zu Rate gezogen, und die von der Sprache gewählte Bezeichnung könnte nicht durch eine andere ersetzt werden. [...] Keine Sprache kann sich der Einflüsse erwehren, welche auf Schritt und Tritt das Verhältnis von Bezeichnetem und Bezeichnendem verrücken.

Sprachzeichen verändern sich sowohl auf der Formativ- (Beispiel in (5)) als auch auf der Bedeutungsseite bzw. auf beiden (vgl. (6)). Diese Veränderungen sind für die Sprachteilnehmer wahrnehmbar, weil sie z. T. relativ schnell vor sich gehen. Dies konnten nach dem Zusammenbruch der DDR die dortigen Bewohner/innen besonders deutlich wahrnehmen. So fielen viele Wörter aus der offiziellen Sprache der DDR weg, weil das Denotat verschwand (z. B. *antifaschistischer Schutzwall, Reisekader, ...*). Andererseits traten andere Wörter an die Stelle der bisherigen (z. B. statt *Kaderleitung Personalabteilung*. Es kam auch zu Bedeutungsveränderungen bei Lexemen (wie bei *Jugendweihe*).

(2.5)   a.   ahd. *thenken* (8. Jh.) → nhd. *denken*:
Ursache 1. germanische Lautverschiebung.

b.   Familiennamen *Goyer → Gauger*:
Ursache: Überführung der niederdeutschen in die hochdeutsche Form.

(2.6)   a.   mhd. *enboeren* bedeutete bis zum 19. Jh. 'aufwiegeln'
→ *empören* 'erregen, entrüsten', ahd. *sufan* 'in kleinen Schlucken trinken, nippen'
→ *saufen* 'Trinken des Viehs; unmäßig (Alkohol) trinken'.

2.2.6   Typ(e) und Token

Sprachzeichen sind allgemein (ein Typ) und speziell (ein Token, ein Repräsentant eines Typs). Das Wort *Apfel* ist in seiner Bedeutung (Intension) so allgemein, dass man es auf jede Sorte von Äpfeln anwenden kann. Man verbindet es mit typischen Eigenschaften, die auch in einer Skizze ausgedrückt werden können. Gleichzeitig ist es so speziell, dass es möglich ist, auf einen ganz spezifischen Apfel zu referieren.

Äpfel sind gesund.   Dieser Apfel sieht lecker aus.

Abbildung 2.10: Typ vs. Token

Traditionell wurde der Sachverhalt auch mit den Termini signifikative und denotative Bedeutung beschrieben. „Die signifikative B. umfaßt die Bewußtseinsinhalte als Abbilder der Wirklichkeit (Vorstellungen, Begriffe), während unter denotativer B. einer sprachlichen Einheit das tatsächlich gemeinte Objekt der Wirklichkeit selbst zu verstehen ist." (Conrad, 1981, S. 40)

In der Korpuslinguistik werden die Fachwörter Token und Type in einer etwas anderen Bedeutung benutzt. Ein (Wort)-Token „bezeichnet das Vorkommen eines Wortes an einer bestimmten Stelle im Korpus." In einem (Wort)-Type „werden die Token eines Korpus zusammengefasst, die nach einem festgelegten Kriterium ähnlich oder gleich sind, z. B. Wörter mit gleicher orthographischer Form." (Lemnitzer und Zinsmeister, 2006, S. 198)

2.3   Literaturhinweise

- Winfried Nöth: Handbuch der Semiotik. Metzler: Stuttgart und Weimar 2000. Kap. III und V.

- Eckard Rolf: Sprachtheorien. Von Saussure bis Millikan. Walter de Gruyter: Berlin und New York 2008. Kap. A Zeichentheorien der Sprache.

2.4 Übungsaufgaben

1. Analysieren Sie die Lexeme mit dem Bühlerschen Zeichenmodell!

   Ja. Sie haben richtig gelesen: Sächsische Toskana.

   (Das Magazin. Juli-August 2009. S. 116)

2. Bestimmen Sie die Motivierungsart der kursiv gedruckten Wörter!

   Platsch!
   Was ein Stein alles kann. Und wie *anmutig* das Wasser darauf reagiert.
   Momentaufnahmen einer schönen *Spielerei*. Seine *Wasserskulpturen*
   existieren nur für *Bruchteile* von Sekunden.

   (Das Magazin. Juli-August 2009. S. 96 f)

3. Diskutieren Sie, ob *die Berliner* in der folgenden Meinungsäußerung
   diskriminierend gebraucht wurde!

   Die Berliner sind oft sehr unfreundlich. [...] Ich arbeite im KaDeWe,
   oft geht meine Schicht länger als zehn Stunden. Aber ich versuche
   trotzdem, immer freundlich zu sein. Doch die Kunden erwidern das
   nicht immer. Das fängt bei den einfachsten Dingen an, wie »Guten
   Tag« sagen, »danke« und »bitte«. Vor ein paar Tagen fehlte einmal der
   Preis an einer Ware, und als ich nicht sofort losgegangen bin, um ihn
   zu erfragen, hat die Kundin gesagt: »Soll ich das etwa selber machen?«

   (Das Magazin. Juli-August 2009. S. 19)

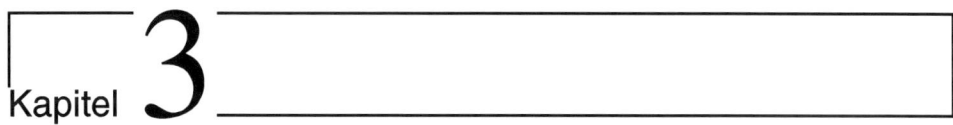

Lexikalische Subsysteme

3.1 Das mentale Lexikon

Während sich die traditionelle Linguistik hauptsächlich mit den sprachlichen Produkten, den Wörtern, Sätzen und Texten, befasst, fragt die kognitive Linguistik danach, was in unserem Geist zur Sprache vorhanden ist, wie es verarbeitet wird bei der Sprachproduktion und -rezeption und wie diese Fähigkeiten erworben werden. Sprache wird als geistiger Besitz und das mentale Lexikon als „menschlicher Wortspeicher" (Aitchison, 1997, S. 44) bzw. „sprachlicher Wissensbestand im Langzeitgedächtnis" (Dietrich, 2002, S. 20) angesehen, auf den zurückgegriffen werden muss, wenn eine spezielle Absicht verbal umgesetzt werden soll. Über den Begriff des mentalen Lexikons gibt es in der Psychologie keine einheitliche Auffassung. Lange Zeit wurde es mit dem semantischen Gedächtnis gleichgesetzt. Unklar ist, ob „die Bedeutungen, die Wortrepräsentationen oder beides zusammen das mentale Lexikon" bilden. Engelkamp ist der Meinung, dass eine Reihe von experimentellen Befunden – beispielsweise das „auf der Zunge liegen" von Wörtern – für die Trennung der visuellen und akustischen Wortmarken von dem Bedeutungswissen im konzeptuellen System sprechen. Außerdem ist es angebracht, von einer „Trennung eines Systems, das Wörter beim Lesen verarbeitet, und eines, das Wörter beim Hören verarbeitet" auszugehen (Engelkamp, 1995, S. 112). Dies verlangt, eine Unterscheidung von akustischen (gehörten Wörtern) und visuellen Wortmarken (gelesenen Wörtern) vorzunehmen. Daneben wird ein Teilsystem für abstrakte Wortmarken angenommen, in dem grammatikrelevante Informationen repräsentiert sind. Die Vernetzung der beteiligten Systeme zeigt das nachfolgende Schema (3.1 auf der nächsten Seite) nach Rummer und Engelkamp (2005, S. 1715, 1720).

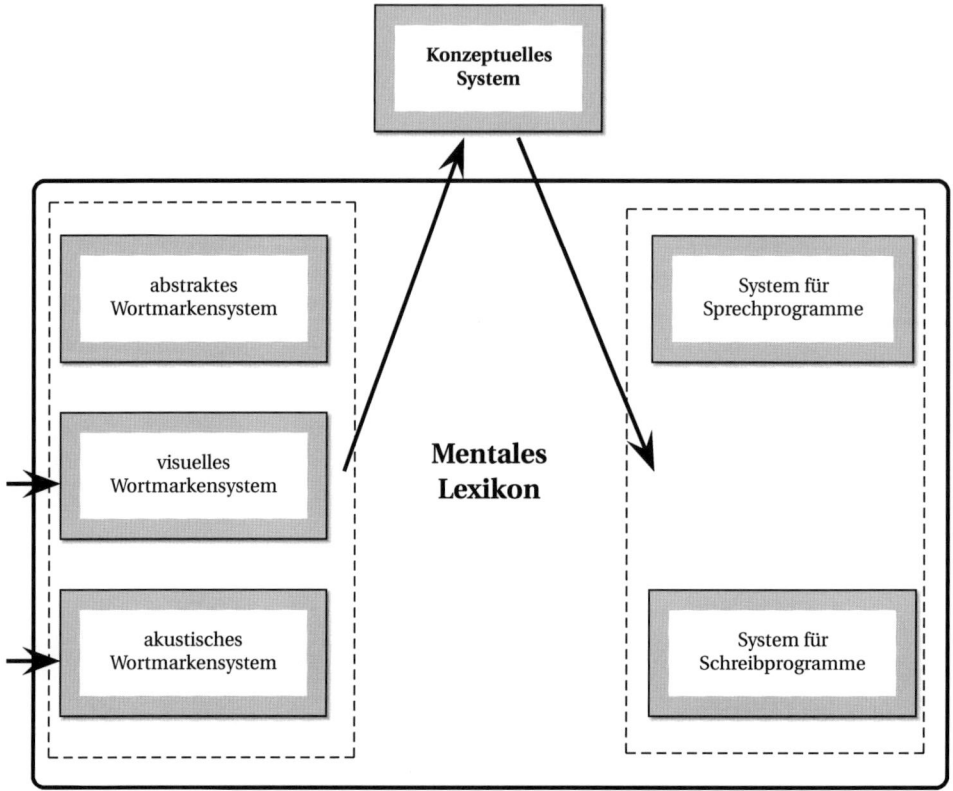

Abbildung 3.1: Wissensvernetzung

Das mentale Lexikon unterscheidet sich grundlegend von den Buchlexika
in folgender Hinsicht:

- Das mentale Lexikon ist nicht alphabetisch geordnet, aber gut organisiert. Letzteres zeigt sich daran, dass Sprecher/innen in Millisekunden
  Wörter erkennen. Versprecher deuten darauf hin, dass der „menschliche Wortspeicher anders als Wörterbücher nicht nur nach Lautung
  oder Schreibung organisiert sind. Auch die Bedeutung muss eine Rolle spielen, da man recht häufig Wörter mit ähnlicher Bedeutung verwechselt" (Aitchison, 1997, S. 13–14).
- Das mentale Lexikon ist nicht begrenzt, sondern vielmehr ständig er-
  weiterbar. Es umfasst qualitativ viel mehr als alle Buchlexika. Das mentale Lexikon ist deshalb nicht statisch, sondern dynamisch.

Aitchison (1997, S. 18-19) fasst dies zusammen:

  Ein Wörterbuch verhält sich zum mentalen Lexikon ungefähr
  so wie ein Urlaubsprospekt, in dem ein Badeort beschrieben

wird, zu dem Badeort selbst. [...] Außerdem gibt uns ein Wörterbuch einen fälschlich geordneten, statischen und unvollständigen Eindruck.

Charakteristische Eigenschaften von mentalen Wörtern sind, dass sie reflexhaft und ganzheitlich erkannt werden.

> Bekannte Wörter in Schriftform werden als Einheiten und nicht als Buchstabenketten wahrgenommen. Schon in den vierziger Jahren fand man in Experimenten, daß dieses reflexartige Erkennen so stark ausgeprägt ist, daß Personen ins Stocken geraten, wenn sie die Farben benennen sollen, in denen eine Reihe von Wörtern gedruckt ist, also wenn das Wort R-O-T etwa grün gedruckt dasteht (Miller, 1996, S. 144).

Die Fähigkeit, Wörter zu erkennen, basiert auf dem Vertrautheitseffekt, d. h. sie wird durch Lernen erworben. Der Prozess der Worterkennung umfasst drei Grundfunktionen (Prestin, 2003, S. 493):

1. Lexikalischer Zugriff: Eine Liste von Wortkandidaten wird erstellt; beispielsweise ☺ = *Uhr, Wecker, Stoppuhr, ...*

2. Lexikalische Auswahl: *Uhr.*

3. Lexikalische Integration in einen Satz: *Diese Uhr stammt aus dem Zeichensatz 'wasysym'.*

3.1.1   Wissensmodule im mentalen Lexikon

Wie in der Psychologie diskutiert wird, ob die Wortmarken und Konzepte (psychologischer Terminus für Bedeutungen) getrennt voneinander gespeichert sind, so streitet man auch darüber, ob unser Sprachwissen modular organisiert ist. Wir folgen dem Ansatz von Chomsky, der zum einen von einer Autonomie der Sprachfähigkeit ausgeht und zum anderen deren Modularität annimmt.

> Die Autonomie der Sprachfähigkeit ist kein Dogma, sondern ein offenkundiges Ergebnis empirischer Forschung. [...] Wie andere biologische Systeme besitzt diese eine modulare Struktur. Dabei können wir von vornherein zwei Komponenten unterscheiden: ein kognitives System, das Informationen speichert, sowie Performanzsysteme, die auf diese Informationen Zugriff haben zum Zwecke der Artikulation, der Perzeption, des Redens über die Welt, der Äußerung von Fragen und so weiter. (Chomsky, 1995, S. 223)

Neben dem kognitiven Wissenssystem sind auch die Prozesse der Sprach-
verarbeitung (Sprachproduktion und Sprachverstehen) für die Sprachfähigkeit konstitutiv. Außerdem kann eine funktionierende Kommunikation
nicht nur auf der Basis des Sprachwissens erfolgen, sie resultiert vielmehr
aus dem Zusammenwirken mehrerer kognitiver Fähigkeitssysteme, die eigene Regeln haben. An der Kommunikation sind folgende kognitive Module
beteiligt:

- die Grammatik mit ihren Teilmodulen,
- das konzeptuelle System („Weltwissen"),
- das Handlungswissen,
- das Perzeptionsmodul (Fähigkeiten zur Sinneswahrnehmung),
- das motorische System.

Während die Linguistik meist von einem Lexikon in einer Einzelgrammatik
ausgeht, nehmen psycholinguistische Darstellungen innerhalb des mentalen Lexikons mehrere Lexika, mehrere Lexikonmodule an. So wollen wir in
Anlehnung an Dijkstra und Kempen (1993) sowie Dietrich (2002) sechs Lexikonmodule annehmen, die miteinander vernetzt sind und somit die Autonomie relativieren, da dadurch die Module verbunden werden. Das mentale
Lexikon enthält das gesamte Wissen des Sprachbenutzers hinsichtlich der
Wörter seiner Sprache. Dieses Wissen kann analog der Module des Sprachbenutzers gruppiert werden (siehe Dijkstra und Kempen (1993, S. 35)). Wir
unterscheiden folgende Wissenssysteme:

1. Das phonologische Modul, das das lexikalische Spracherkennungssys-
   tem mit dem phonologischen Wissen sowie das Klangmuster bereitstellt bzw. festlegt, dem ein Wort entsprechen muss;
2. das artikulatorische Modul, das bereitstellt, wie ein Wort ausgespro-
   chen wird;
3. das orthographische Modul, das angibt, wie ein Wort geschrieben
   wird;
4. das lexisch-grammatische Modul, das Wörter erkennt und das mor-
   pho-grammatisches Wissen enthält (über Flexionsmorphologie, ...);
5. das lexisch-grammatische Kodierungsmodul, das Wörter in den Satz
   einordnet (Subkategorisierungseigenschaften);
6. das lexikalisch-konzeptuelle System mit dem Bedeutungswissen;
7. das lexikalisch-pragmatische System mit dem pragma-semantischen
   Wissen.

Man spricht bildlich allgemein von einer horizontalen Gliederung des Lexikons in Informationsebenen, darf sich diese aber keinesfalls als Aussage über die räumlichen Verhältnisse im Gehirn vorstellen (Dietrich, 2002,
S. 24). Diese Ebenen nimmt man, wie schon erwähnt, auch in der Grammatik-
theorie an.

3.1.2 Abgrenzung von Wissensarten

Am Beispiel der Modalwörter soll aufgezeigt werden, dass das Lexikon

> ein kompliziertes Gefüge von Regeln und Prinzipien ist, die
> die verschiedenartigen strukturellen Eigenschaften der Wörter
> und ihrer Bestandteile zum Inhalt haben. [...] Das Lexikon ist
> nicht nur eine Liste von Lexikoneinträgen. Es ist mit charak-
> teristischen Regelmengen und Prinzipien verbunden, die die
> phonologische, morphologische und semantische Zusammen-
> setzung der Wörter und die systematischen Beziehungen zwi-
> schen den Wörtern zum Inhalt haben. Dabei wird die morpholo-
> gische Gegliedertheit der Wörter zu ihrer semantischen Kompo-
> sition und ihren syntaktischen Fügungspotenzen ins Verhältnis
> gesetzt. Ferner werden die systematischen pragmatischen Bezü-
> ge der lexikalischen Einheiten sowie den Wortschatz strukturie-
> rende Wortfeldbeziehungen und Sinnrelationen erfasst. Zusam-
> men mit diesen Regeln und Prinzipien repräsentiert das Lexikon
> das, was als lexikalisches Wissen einen ganz wesentlichen Be-
> standteil der Sprachkompetenz ausmacht. (Zimmermann, 1987,
> S. 1–2)

Welches spezifische lexikalische Wissen verbindet sich nun mit den Modal-
wörtern in der deutschen Sprache? Das sind

- Informationen zur morphologischen Struktur:

  Modalwörter sind oft Wortbildungen, die von Adjektiven oder Partizipi-
  en abgeleitet sind, eine größere Gruppe wird mit dem Suffix *-weise* gebildet (1). *-weise* ist dann der grammatische Kopf, der die Modalwortmerk-
  male in das komplexe Wort einbringt.

  (3.1)   dankenswerterweise, dummerweise, ...

- Informationen zu den morphologischen Eigenschaften:

  Modalwörter können nicht flektiert werden.

- Informationen zu den wortsyntaktischen Eigenschaften:

  Modalwörter haben Satzgliedstatus (sind phrasenfähig), sie können deshalb im Aussagekernsatz allein vor dem finiten Verb stehen.

  (3.2)   *Dummerweise* ist die Vase umgefallen.

Modalwörter sind aber keine Satzglieder zum Prädikat, weil sie sich
logisch-strukturell auf den ganzen Satz beziehen. Das wird auch durch
ihre Erfragbarkeit sichtbar. Sie können nämlich nur durch eine Entschei-
dungsfrage erfragt werden (vgl. (3)).

(3.3)   a.   Kommt der Besuch?
             Möglicherweise kommt der Besuch.

        b.   Wie kommt der Besuch?
             *Möglicherweise kommt der Besuch.

Der Satzcharakter zeigt sich auch in der Negation: Modalwörter können selber in der Regel nicht negiert werden (vgl. (4)):

(3.4)   a.   Der Besuch kommt möglicherweise nicht.

        b.   *Der Besuch nicht möglicherweise kommt.

Nicht negiert hier *der Besuch kommt* und *möglicherweise* bezieht sich auf *der Besuch kommt nicht.* Dieser Satzcharakter zeigt sich auch darin, dass Modalwörter im Gegensatz zu normalen Satzgliedern nicht durch Pronomen der gleichen Inhaltsklasse substituiert werden können (vgl. (5)).

(3.5)   a.   Der Besuch kommt. → Er kommt.

        b.   Er kommt *vielleicht.* → *Er kommt so.

• Informationen zur Semantik:

Die Modalwörter haben keine begrifflich-denotative Bedeutung. Ihre semantische Offenheit verlangt eine pragmatische Ausfüllung. Sie können Sprecherbewertungen und -einschätzungen, die entweder die Wünsche oder Interessen der Sprechenden betreffen, ausdrücken (vgl. (6)), sie können aber auch den Grad der Geltung, den die Sprechenden den ausgedrückten Tatsachen beimessen, transportieren (vgl. (7)).

(3.6)   *Dummerweise/bedauerlicherweise/glücklicherweise/...*
        sind wir versichert.

(3.7)   *Möglicherweise/sicherlich/wahrscheinlich/...*
        sind wir versichert.

Zu dem Wissen über die Modalwörter steuern drei Lexikonmodule Wissenskomponenten bei, wie Abbildung 3.2 auf der nächsten Seite für den Satz *Glücklicherweise sind wir versichert.* veranschaulicht. Die Sprechakttheorie geht davon aus, dass eine Handlung mittels einer Äußerung u. a durch eine Illokution (= Handlungsabsicht) und die Verbalisierung eines Sachverhaltes (= propositionaler Akt) zu Stande kommt.

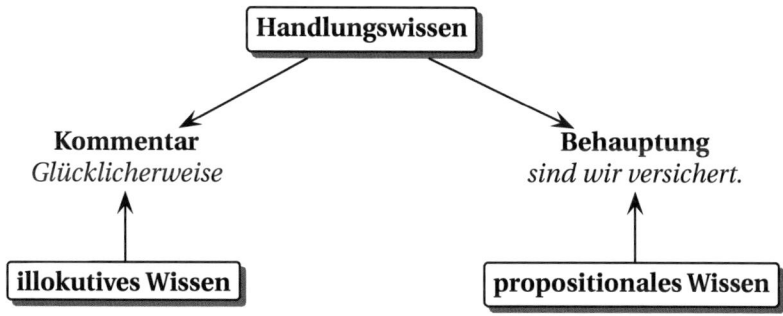

Abbildung 3.2: Wissensvernetzung Modalwörter

Neuere Untersuchungen zeigen, dass die Wissenskomponenten nicht einfach summiert werden und Wohlgeformtheit auf allen Ebenen nicht auto-
matisch zu optimaler Verständlichkeit führt. So wurde beispielsweise festgestellt, dass häufige „Ähs" und „Ähms" in einer Rede zwar nerven, aber
zu einer besseren Merkbarkeit führen können, weil die Zuhörerschaft zu er-
höhter Aufmerksamkeit gezwungen wird.

Relativ überraschend war auch die Erkenntnis von Psychologen der East-
ern Washington University, dass einschränkende Redewendungen wie „Ich
möchte jetzt nicht arrogant klingen, aber ... " oder „Ich will nicht egoistisch
klingen, aber ... " (sogenannte Disclaimer) Aussagen nur drastischer machen und nicht, wie die Sprechenden sicher annehmen, sie abmildern. Die
Dementis würden die Zuhörenden geradezu einstimmen, zweifelhafte Zwi-
schentöne zu hören.

3.2   Wörter als soziale und kulturelle Phänomene

Die Sprache ist eine funktionale Erscheinung, die u. a. der Kommunikation zwischen Menschen dient. Da die Menschen gesellschaftlich abhängi-
ge Wesen sind, die in unterschiedliche Gruppen der Gesellschaft eingebun-
den sind, an verschiedenen Orten und zu verschiedenen Zeiten leben, ist
auch die Sprache davon abhängig. Die Gesellschaftsabhängigkeit der Sprache „bewirkt einerseits die ständige Anpassung der Sprache an die kommunikativen Bedürfnisse und verursacht dadurch andererseits ständigen
Sprachwandel" (Wiesinger, 1997, S. 9). Dies reflektiert sich im Wortschatz
dahingehend, dass sich dieser in Teilwortschätze gliedert. Weshalb die Frage nach dem Umfang[1] des deutschen Wortschatzes nicht so einfach beantwortet werden kann, soll im Folgenden besprochen werden.

---

[1]   Zu den quantitativen Aspekten vgl. Kapitel 1.1 Der Wortschatzumfang.

Weil der Wortschatz in ständiger Veränderung ist, gibt es Wörter, die nicht mehr benutzt werden, und solche, die neu hinzukommen. Dieser Aspekt soll unter der Überschrift „Die zeitliche Markierung des deutschen Wortschatzes" angesprochen werden. Außerdem gibt es regional gegliederte Wortschätze (vgl. Kap. 3.3). Der deutsche Wortschatz wurde seit dem Entstehen der deutschen Schriftsprache durch Importe aus anderen Sprachen bereichert. Davon handelt der Abschnitt „Die internationale Markierung des deutschen Wortschatzes". Dass die Menschen in verschiedenen sozialen Beziehungen stehen (Berufstätigkeit, Freizeitbeschäftigung, Familienverband etc.), reflektiert sich in sozialen Wortschätzen (vgl. Kap. 3.4).

3.2.1 Die zeitliche Markierung des Wortschatzes

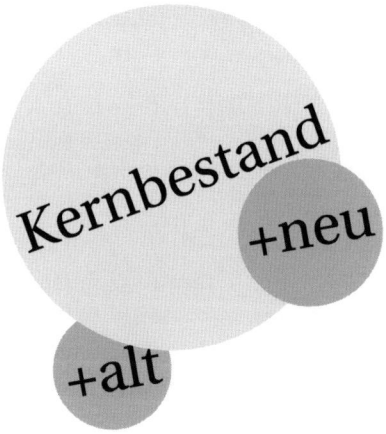

Abbildung 3.3: Zeitliche Markierung des Lexikons

Dass der Wortschatz der deutschen Sprache ständig anwächst, wurde gerade ausgeführt. Gleichzeitig kommt es aber auch dazu, dass Wörter wieder aus dem Wortschatz verschwinden. Ein Teil der Wörter ist für die Sprachbenutzer mit dem Merkmal [+neu] und ein Teil mit [+alt] versehen. Diese Markierungen gehören zum Sprachwissen und müssen bei der Sprachverwendung beachtet werden. Wenn beispielsweise heute ein Besucher im Hauptgebäude der Universität Jena fragt, wo *die Kaderleitung* ist, outet er sich als DDR-Bürger und wird belächelt. Die Sprachverwender besitzen auch die lexikalische Kompetenz neue Wörter zu bilden, da sie die Regeln der deutschen Wortbildung (unbewusst) beherrschen. Dass sich Bedeutungen wandeln können[2], gehört ebenfalls zu diesem Wissen.

---

[2] Dies wird im Kapitel 6.4 genauer behandelt.

Der zeitlich markierte Wortschatz kann weiter differenziert werden, wie Abbildung (3.4) deutlich macht.

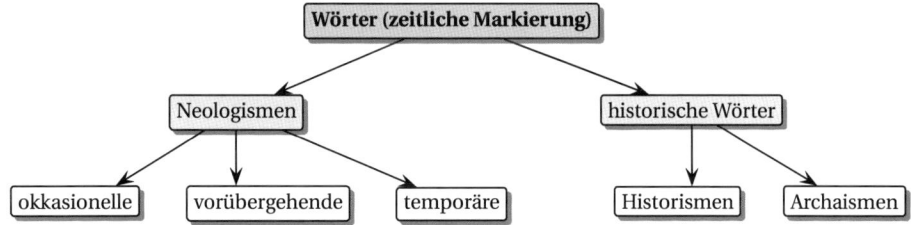

Abbildung 3.4: Zeitlich markierte Wörter

Die neu hinzukommenden Wörter sind entweder Neubildungen oder Übernahmen aus anderen Sprachen. Völlig neue Wortschöpfungen, das Bilden völlig neuer Basismorpheme, kommen heute so gut wie nicht mehr vor. In Anlehnung an Riesel und Schendels (1975) wollen wir drei Arten von **Neologismen** unterscheiden:

- **Okkasionelle Neologismen** sind Bildungen bzw. Schöpfungen, die einmalig sind und es bleiben, die im Rahmen einer Kommunikationssituation gebildet werden und dann aber nicht wieder Verwendung finden. Dies geschieht entweder, um eine momentane Benennungslücke (wie in (8)) zu schließen oder um Expressivität bewusst zu erzeugen (wie in (9)).

  (3.8)   Ich möchte das mal *Zeitinseln* nennen.
          (ARD „Frühstücksfernsehen", 02.12. 2002, J. M. Bergzins)

  (3.9)   Der *Thunfischdosendelphinexorzist* treibt die Seelen der mitgefangenen Delphine aus und gibt den Thunfischdosen wieder Ruhe und Seelenfrieden.
          (AKRÜTZEL, Nr. 271, 9.7. 2009, S. 20)

- **Vorübergehende Neologismen** entstehen zu einem bestimmten Zeitpunkt und werden auch intensiv genutzt, finden dann aber nicht in den Kernwortbestand Eingang. Zu dieser Gruppe gehören die „Modewörter", die eine Zeit lang in bestimmten sozialen Gruppen oder der ganzen Sprachgemeinschaft übermäßig viel gebraucht werden, aber nach ihrer Abnutzung durch neue Modewörter ersetzt werden (vgl. (10)).

(3.10)   Das Wörtchen „kaschubisch" haben wir lange nicht mehr ge-
         lesen. Es hat Mitte der Fünfziger in den westdeutschen Feuil-
         letons Furore gemacht und taugte als schmuckes Beiwort für
         alles, was ungeläufig und fremd, wenn nicht sogar bedrohlich
         aggressiv wirkte.
         (Frankfurter Allgemeine Sonntagszeitung, 20.10. 2002, S. 54)

Heute gibt es z. B. das übertreibende Übersteigern mit sich ablösenden
Steigerungselementen wie *ultra-, super-, mega-, brand-, tierisch, geil,
echt, cool* (Beispielwörter siehe (11)). Wobei *ultra-* unmodern geworden
ist.

(3.11)   a.   Das *brandneue* Fibel-Programm!
              (Auer Schulbuchkatalog, 2002)

         b.   Umfrage: Wann hast du dir zuletzt eine CD gekauft? Kann
              ich *echt* nicht sagen.
              (AKRÜTZEL, Nr. 271, 9.7. 2009, S. 10)

Zur „Zeit des Dreißigjährigen Krieges, dem alamodischen Zeitalter, waren besonders in den Kreisen des Adels und der Höfe der deutschen
Kleinstaaten französische Ausdrücke und Wendungen beliebt. Ausge-
sprochene Modewörter dieser Zeit sind: *Mode, a la mode*" (Schmidt,
1972, S. 86).

• **Temporäre Neologismen** sind Neuwörter, die Eingang in den Usus einer
  Gruppe, in einen Gruppenwortschatz, oder in den Usus einer Varietät
  finden. Sie verlieren das Merkmal [+neu] und werden festes Mitglied im
  Wortschatz. Dies ist beispielsweise bei *Riesterrente* der Fall, das in die
  Fachsprache abgewandert ist.

Dem vom Institut für deutsche Sprache betriebenen Neologismusprojekt
liegt eine sehr weite Neologismusauffassung zu Grunde, die auch die Neubedeutungen einschliesst (vgl. `http://hypermedia.ids-mannheim.de/elexi
ko/html-info/Projekteinfuehrung.html`). Es werden zwei Neologismenar-
ten unterschieden: Neulexeme (Form und Bedeutung als neu empfunden)
und Neubedeutungen (in Kapitel 6.5 behandelt).

Zur Zeit verschwinden weniger Wörter als neue hinzukommen. Trotzdem
scheiden aber auch welche aus (sterben) oder sie veralten. Das Problem des
Wortunterganges im Deutschen wurde bisher sehr stiefmütterlich behandelt (Osman, 1999, S. 11). Wörter werden von den Lexikographen als untergegangen bezeichnet, wenn sie nicht mehr in die allgemeinen Sprachwör-
terbücher aufgenommen werden (Beispiele in (12)).

(3.12)   a.   entknüpfen (heute aufknüpfen),
              entküssen (heute abküssen)

      b.   Windmonat (heute November),
           Christmonat (heute Dezember)

Die Gründe für das Wortuntergehen sind mannigfaltig. *Entküssen* ist wie andere Bildungen mit *ent-* durch Präfixaustausch verschwunden. *Christmonat* wurde wie andere altdeutsche Monatsnamen von den römischen Namen verdrängt.

Traditionell unterscheidet man bei den veralteten Wörtern Historismen von Archaismen. **Historismen** bezeichnen Denotate, die es zum gegenwärtigen Zeitpunkt nicht mehr gibt (aber z. T. noch in historischen Überlieferungen oder im Museum) – siehe (13). In dem Anfangssatz der Anekdote sind drei veraltete Lexeme enthalten: Die Phraseologismen *Schlacht von Sedan* und *Eisernes Kreuz* und das Wort *Grenadier* sind in dem genannten Sinne Historismen. Sie finden dann Verwendung, wenn auf die historischen Denotate referiert werden soll.

    (3.13)   Nach der Schlacht von Sedan im Jahre 1870 zeichnete sich ein einfacher Grenadier durch Tapferkeit dermaßen aus, dass sein Kompanieführer ihn zur Verleihung des Eisernen Kreuzes vorschlug.
           (Wilhelm Spor: Der kluge Grenadier.)

Archaismen sind dagegen Wörter, bei denen es für die Denotate neue Bezeichnungen gibt (vgl. (14)). In der 1794 gedruckten Vorlesung haben wir im ersten Satz drei untergegangene Wörter (Archaismen), die durch andere Lexeme ersetzt wurden: *verfloßne Sommer-Halb-Jahre* heute *vergangene Sommersemester* und *(studierende) Jünglinge* heute *Studenten*.

    (3.14)   Diese Vorlesungen wurden im verfloßnen Sommer-Halb-Jahre vor einer beträchtlichen Anzahl der bei uns studierenden Jünglinge gehalten.
           (Johann Gottlieb Fichte: Erste Vorlesung. Ueber die Bestimmung des Menschen an sich.)

Man spricht auch von **untergegangenen Wörtern**: „Wörter werden als untergegangen betrachtet, wenn sie in den allgemeinen Sprachwörterbüchern nicht vorhanden sind, oder wenn sie dort als veraltet bezeichnet sind [...], d. h. daß sie keineswegs zum allgemeinen hochdeutschen Sprachgut gehören." (Osman, 1999, S. 15) Den ältesten Aufsatz über den Wortuntergang hat Johann Christoph Adelung 1782 veröffentlicht. Er trägt den Titel „Von veralteten Wörtern".

Im aktuellen Rechtschreibeduden (25. Auflage, S. 938) steht beispielsweise „Scherflein (*veraltend für* kleiner Geldbetrag, Spende)". Neben veraltend wird in ihm noch veraltet markiert. „Schießhund (*veraltet für* Hund, der angeschossenes Wild aufspürt) (S. 940). Bei beiden Einträgen werden auch die festen Wendungen mit diesen Lexemen aufgeführt: „sein Scherflein beitragen" und „aufpassen wie ein Schießhund".

3.2.2 Die internationale Markierung

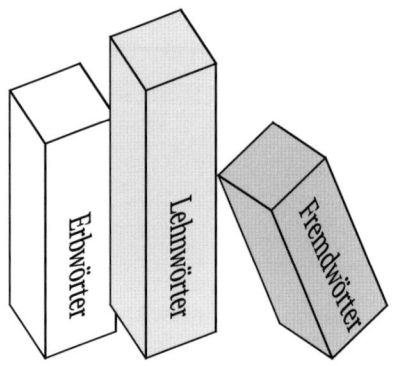

Die Übernahme von Wörtern aus fremden Sprachen gibt es, seit die verschiedenen Volks- und Sprachengruppen in Berührung gekommen sind. So stehen bereits an der Wiege des Germanischen zahlreiche Entlehnungen aus dem Lateinischen und Keltischen, die interessante Einblicke in die Beziehungen der germanischen Stämme zu ihren Nachbarn geben. Auch das frühmittelalterliche Deutsch erfuhr einen Wandel durch das Eindringen neuer, fremder Kultur (Christianisierung). Vor allem griechische (15) und lateinische (16) Lexik wurde damals übernommen.

> (3.15)   griech. angelos → lat. angelus → ahd. angil → Engel

> (3.16)   spätlat. nonna → Nonne, lat. brevis → Brief

Zur Zeit des Rittertums kam mit der Übernahme der französischen Ritterkultur eine Vielzahl französischer Wörter in die deutsche Sprache (17).

> (3.17)   afrz. aventure → mhd. aventiure → Abenteuer
> afrz. tornier → mhd. turnier → Turnier

Auch in der Folgezeit reicherte sich der deutsche Wortschatz immer mit Übernahmen aus anderen Sprachen an. In neuerer Zeit sind es vor allem Entlehnungen aus dem anglo-amerikanischen Sprachraum. Diese erhitzen zum Teil die Gemüter größerer Bevölkerungsgruppen. Meldungen, wie in (18), erschienen in allen kleineren und größeren Zeitungen Deutschlands.

(3.18)   Wer panscht denn hier mit Sprache?
Jena. (tlz/rispe) Vorsicht, liebe Sprechenden und Schreibenden. Der „Verein zur Wahrung der deutschen Sprache" in Jena wacht über das Reinheitsgebot des deutschen Wortes. [...] Die Gruppe verfolgt vornehmlich das Ziel, die deutsche Sprache als eigenständige Kultursprache zu erhalten und zu fördern.
(TLZ, 08.10. 2002, S. 8)

Organisierte Ängste vor Überfremdung der deutsche Sprache und Befürchtungen, dass diese ihren eigenständigen Charakter verliert, sind keine Erscheinung unserer Zeit. So interessierte man sich bereits im 16. und 17. Jahrhundert für den fremdsprachlichen Einfluss auf das Deutsche. Das erste Wörterbuch, das Fremdwörter in der deutschen Sprache aufzeichnete, wurde 1571 von Simon Rothes erstellt. Im darauf folgenden Jahrhundert wurde 1617 in Weimar die „Fruchtbringende Gesellschaft" begründet, die eine gut organisierte und bedeutende Sozietät war, die an Aktivitäten der Florenzer Academia della Crusa für die italienische Sprache anschloss und sich um die Reinhaltung der deutschen Sprache bemühte.

Da sich der prozentuale Anteil an fremdem Wortgut im Deutschen in den letzten Jahrzehnten nicht wirklich verändert hat, Mackensen (1972) schätzte die Anzahl der Fremdwörter im Deutschen auf 20 000 bis 40 000, von denen nur 10 Prozent in der Alltagssprache Verwendung finden, gibt es u. E. keinen Grund, von einer generellen Überfremdung der deutschen Sprache zu sprechen. Das heißt nicht, dass es in einzelnen Textsorten nicht überflüssigen Fremdwortgebrauch gäbe (z. B. in der Werbung). Grundlegender ist die Problematik, dass Deutsch als Wissenschaftssprache im letzten Jahrzehnt deutlich zurückgegangen ist und ganze Disziplinen keine deutsche Fachlexik mehr ausbilden (vgl. Glück (2008); hier werden auch Wege zur Förderung der deutschen Wissenschaftssprache aufgezeigt.).

Die Ursachen für die Aufnahmen fremder Wörter sind unterschiedlicher Art:

• **Füllen von Benennungslücken**

Wenn sich in der deutschen Sprache Benennungslücken zeigen oder Erscheinungen nicht genau mit einem deutschen Ausdruck benannt werden können, so werden heute wie in der Vergangenheit und in den anderen Sprachen oftmals Lexeme aus anderen Sprachen benutzt, um die Lücken zu füllen. Dies war in jüngerer Zeit beispielsweise bei *Mountainbike* oder *Computer* der Fall.

• **Die Kontakte der Völker**

Diese Kontakte kommen z. B. durch Handelsbeziehungen oder die Verbreitung und Übersetzung von Schriftgut zustande. Die größte Bedeutung kommt hier der Entlehnung mit der Übernahme der Sache, die durch das Wort bezeichnet wird, zu. Über die Handelsbeziehungen sind beispielsweise eine Reihe von Wörtern aus dem arabischen (*Zucker, Alkohol, Haschisch, …*) oder slawischen Sprachraum (*Zobel, Zander, …*) in die deutsche Sprache gelangt.

• **„Stärkere" Völker beeinflussen „schwächere"**

Politische, kulturelle, wissenschaftliche und andere Veränderungen und Umbrüche führen dazu, dass fremdes Wortgut übernommen wird. In unserer Zeit hat der starke Einfluss des Englischen schon im 17. Jahrhundert mit dem wachsenden Interesse am englischen bürgerlichen Lebensstil begonnen (z. B. am Freizeitsport *sport* → *Sport, to box* → *boxen*). „England war im 19. Jh. das große Vorbild in Industrie und Handel (*Kartell, Trust, Partner, Standard*), im Verkehrswesen (*Lokomotive, Tender, Tunnel, Viadukt, Wagon, Expreß*), im Pressewesen (*Leitartikel, Essay, Reporter, Interview*)" (von Polenz, 1999, S. 401). Dies verstärkte sich im 20. Jahrhundert u. a. durch die Vormachtstellung der amerikanischen Wirtschaft und Wissenschaft.

• **Die Globalisierung**

Vor allem durch die elektronischen Kommunikationssysteme haben sich die verschiedenen Sprachgemeinschaften miteinander vernetzt, was zum Teil zu düsteren Prognosen führte. In „Spectrum der Wissenschaft" (4/2001, S. 98) wurde vorausgesagt: „Wir werden mit elektronischen Medien, vor allem dem Fernsehen, bombardiert. Dies sowie standardisierte Ausbildungsprogramme und die flächendeckende Verfügbarkeit von Transportmitteln werden im Laufe des kommenden Jahrhunderts zwischen 70 und 90 Prozent der Sprachen der Welt zerstören."

• **Modeerscheinungen in Musik, Tanz oder Kleidung**

Einzelne hervorgehobene oder privilegierte Gruppen in einer Gesellschaft beginnen sich häufig auch mit fremden Wörtern von der Masse abzuheben und werden so zu nacheifernswerten Vorbildern. Schneider (2008, S. 12 f) kritisiert dies und sieht als Grund, „weil Manager, Modemacher, Werbetexter, weil viele Wissenschaftler, Politiker und Journalisten im exotischen Wortschwall aus New York und Kalifornien die Chance sehen, Weltläufigkeit zu demonstrieren und die simpelsten Aussagen mit einschüchterndem Englisch zu verbrämen."

Arten von Entlehnungen

Auch wenn viele Klassifikationen fremder Wörter auf dem deutschen Wissenschaftsmarkt sind, gehen sie doch meist auf Betz (1974) zurück und modifizieren seine Klassifikation nur. In Anlehnung an ihn wollen wir die Entlehnungsarten in Abbildung 3.5 auf der nächsten Seite unterscheiden.

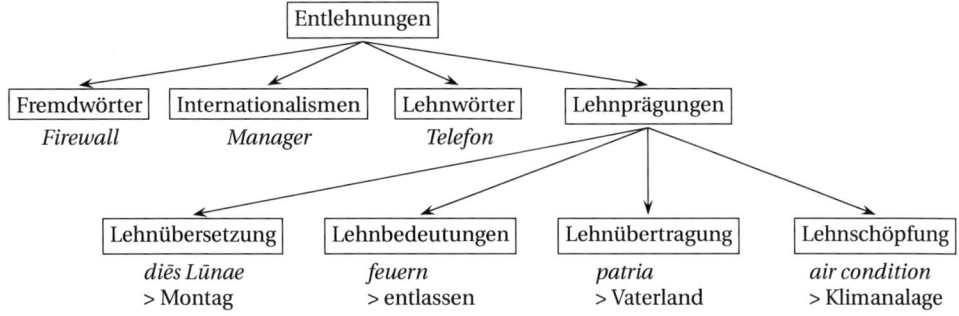

Abbildung 3.5: Arten von Entlehnungen

• Fremdwörter

Fremdwörter werden in allen Klassifikationen von Lehnwörtern abgetrennt. Sie werden häufig dadurch charakterisiert, dass sie unverändert in eine andere Sprache übernommen würden. Dieser Definition können wir für die deutsche Sprache nicht uneingeschränkt zustimmen, weil bei den flektierenden Wörtern immer eine minimale Anpassung erfolgt. So erhalten fremde Substantive einen Artikel (eine Genusfestlegung) und werden mit einem großen Anfangsbuchstaben geschrieben. Verben bekommen eine Flexionsendung (vgl. (19)).

(3.19)   die E-Mail, der Firewall, mailen (sie mailt)

Fremdwörter sind dadurch charakterisiert, dass sie in Lautung und Schreibung noch deutlich ihren fremden Charakter bewahrt haben. Fremdheitsmerkmale sind vor allem (vgl. auch Duden. Fremdwörterbuch (1994)):

– Fremdphoneme = Phoneme, die in der deutschen Sprache nicht usuell sind. Beispiele hierfür sind das [ʒ] in *Garage* [gaˈraːʒə] oder der Nasal in *Balkon* [balˈkõː].
– Fremdgrapheme = Grapheme, die nicht im deutschen Grapheminventar vorkommen, so beispielsweise in *Złoty* (polnische Währung).
– Fremde Graphem-Phonem-Relationen = Grapheme, die in einer im Deutschen unüblichen Art Phonemen zugeordnet werden, z. B. <ea> für [iː] in *Team*.
– Fremde Phonemkombinationen = Kombinationen von Phonemen, die im Deutschen normalerweise nicht auftreten, [sv] oder [sk] sind dann wortinitial wie in *Sweatshirt* [ˈsvɛtʃøːɐ̯t]] oder *Skat* [skaːt].
– Fremde Graphemkombinationen = Unübliche Graphemkombinationen können im Zuge der Übernahme von fremdem Wortgut auftreten wie <gh> in *Ghetto* oder <ou> in *Courage*.

– Fremde Akzentuierungen = Das Übernehmen fremder Akzentmuster.
  Während im Deutschen der Wortakzent auf der ersten oder der Stamm-
  silbe liegt, kommt es durch Übernahmen auch zum unüblichen Endsil-
  benakzent (*aut'ark* oder *extempor'ieren*).

– Fremde Flexionsmarker = Es werden auch flexionsmorphologische Eigenheiten anderer Sprachen übernommen, etwa für die Genitivbildung
  (*des Atlas* und nicht *des Atlasses*) oder die Pluralmarkierung (*Kompositum* im Singular und *Komposita* im Plural).

– Fremde Wortbildungsmorpheme = Aus anderen Sprachen wurden und
  werden auch Präfixe oder Suffixe entlehnt (z. B. *inter-* oder *-ismus*).

• Lehnwörter

Lehnwörter werden bei Schippan (2002, S. 263), wie in manch anderer Publikation auch, folgendermaßen definiert: „Man bezeichnet fremdes Wortgut,
das dem deutschen Sprachsystem völlig inkorporiert und angeglichen ist,
von den Sprachteilnehmern nicht mehr als fremd erkannt wird und somit
als deutsch gilt, als Lehnwort."

Wir übernehmen diese Erklärung nicht, weil sie aus synchroner Sicht un-
handlich ist. Wir schließen uns jenen an, die in Lehnwörtern Lexeme sehen,
die in Lautung und Schreibung der aufnehmenden Sprache weitgehend angepasst sind. Diese Anpassung ist aber noch nicht völlig erfolgt (wie z. B. in
(20)).

(3.20)   Telefon, Mikrofon, Gravur, Prämie

Vor allem bei der Benutzung der Fremdwörter in der Alltagssprache werden
diese den deutschen Regeln angepasst, es erfolgt eine schrittweise Integration des fremden Wortgutes.

• Internationalismen

Internationalismen sind Wörter, deren Referenzbereiche ursprünglich auf
Gegenstände außerhalb der betreffenden nationalsprachlichen Erfahrungs-
welt gerichtet waren und z. B. durch einen internationalen Kulturaustausch
(wie durch Kolonialismus) allgemein bekannt wurden (Zürn (2001)). Beispiele sind in (21) angegeben.

(3.21)   Whisky (deutsch), whisk(e)y (englisch), whisk(e)y (französisch),
          whisky (italienisch), whiski (spanisch)

Man kann die Internationalismen wie Zürn (2001) nochmal in **Exotismen**
und **Modewörter** trennen. Exotismen bezeichnen Denotate, die es innerhalb des deutschsprachigen Raumes ursprünglich nicht gab (vgl. (22)).

(3.22)   Dollar, Geisha, Kaviar, Halloween

Außerdem gehören zu den Internationalismen diejenigen Entlehnungen, die international weit verbreitet sind (Beispiele in (23)).

(3.23)   Bar, Büro, Chef, Manager

● **Lehnprägungen**

Lehnprägungen sind zum einen **Lehnbildungen**, deutsche Wortbildungen nach fremden Vorbildern (24), und zum anderen **Lehnbedeutungen**. Bei den Lehnbedeutungen bekommt ein einheimisches Wort entsprechend einem fremden Vorbild eine Bedeutungsvariante hinzu (Beispiele in (25)).

(3.24)   a.   Lehnübersetzungen wie *diēs Lūnae → Montag*

　　　　　b.   Lehnübertragungen wie *show business → Unterhaltungsgeschäft*

　　　　　c.   Lehnschöpfungen wie *Universität → Hochschule*

(3.25)   a.   ahd. *heilant* = „Heilender" bekam von lat. *salvator* die Bedeutung „Heiland" (Christus) hinzu

　　　　　b.   ahd. *riuwa* = „Schmerz, Trauer" bekam von lat. *contritio* die Bedeutung „Seelenschmerz" (Schmerz auf Grund einer begangenen oder unterlassenen Handlung) hinzu

　　　　　c.   *feuern* = „Feuer machen" bekam von engl. *fire* in jüngerer Zeit die Bedeutungsvariante „entlassen" hinzu.

3.3   Die nationale und regionale Gliederung des Wortschatzes

Nationale und regionale (areale) Varietäten im Wortschatz sind Lexeme, die sich auf Grund des räumlich-geographischen Vorkommens voneinander unterscheiden. Sie treten nicht im gesamten deutschsprachigen Sprachraum auf. Dabei sind die **nationalen Standardvarietäten** von den **regionalen Varietäten** zu unterscheiden.

3.3.1   Nationale Standardvarietäten

Schleicher (1860, S. 157) stellte fest:

> An dem Mangel ausnahmslos durchgreifender Lautgesetze bemerkt man recht klar, daß unsere Schriftsprache keine im Mun-

de des Volkes lebendige Mundart, keine ungestörte Weiterentwicklung der älteren Sprachform ist. Unsere Volksmundarten pflegen sich als sprachlich höher stehende, regelfestere Organismen der wissenschaftlichen Betrachtung darzustellen als die Schriftsprache.

Schleicher artikuliert hier den Tatbestand, dass die überregionale deutsche Schriftsprache in ihrer Entstehung von der mündlichen Sprache getrennt war. Schreib- und Schriftkompetenz fielen auseinander. Die Standardsprache wurde über Jahrhunderte hinweg wie eine Fremd- bzw. Zweitsprache gelernt. Das hat sich inzwischen für die meisten deutschen Sprecher/innen geändert. Heute ist Deutsch Amtssprache in fünf Staaten: Deutschland, Österreich, Liechtenstein, Schweiz und Luxemburg. Deutsch ist außerdem noch regionale Amtssprache in Belgien und Italien und wird als Minderheitensprache in weiteren 27 Ländern benutzt (Ammon, 1995).

Es werden drei Standardvarietäten des Deutschen unterschieden, die als gleichberechtigt anzusehen sind. In Ammon (2004, S. XI) wird von spezifischen und unspezifischen Besonderheiten Österreichs, der Schweiz und Deutschlands gesprochen. „Spezifische Besonderheiten sind solche, die in ihrer Verwendung auf eine Nation beschränkt sind, während unspezifische auch darüber hinaus vorkommen, aber dennoch nicht gemeindeutsch, also nicht im ganzen deutschen Sprachraum gebräuchlich sind".

Nachfolgende Kolumne (Sprachlabor) aus der Süddeutschen Zeitung (05./06.09. 2009, S. 42) handelt von einer spezifischen Besonderheit aus dem süddeutschen Sprachraum, vom *Fleischpflanzl*. Die auch erwähnten Bezeichnungen *Frikadelle, Bulette* und *Fleischküchl* sind deutsche regionale Bezeichnungen, *faschiertes Laberl* dagegen ein österreichischer regionaler (ostösterreichisch) Ausdruck.

> Das Fleischpflanzl heißt anderswo Frikadelle oder Bulette oder Fleischküchl oder faschiertes Laberl, doch wie immer der Name auch lautet, er wird nicht angefochten. Beim Fleischpflanzl alias -pflanzerl ist das anders. Obwohl es fast alle mit einem „l" nach dem „pf" sprechen, gibt es eine kleine, aber ungemein starke Fraktion Kundiger, die bei jeder Gelegenheit daran erinnern, das das Planzl, ein flachgedrückter Hackfleischklops, in der Pfanne herausgebraten wird und darum *Pflanzl* heißt noch besser *Pflannzl*. Dieser Gemeinde gehört auch unser Leser Dr. B. an, der sich sehr freute, als er in Lokalen kürzlich ein *Fleischpflanzerl* sah. „Wird der baierisch korrekte Name jetzt Einzug halten in die SZ?", fragte er. Die Antwort: Eher nicht, denn wie Ludwig Zehetner in seinem „Bairischen Deutsch" schreibt, ist beim

Pflanzl „der Zusammenhang mit *Pfann(e)* verlorengegangen".
Dabei dürfte es bleiben.

● **Österreichisches Standarddeutsch: Austriazismen**

Die sprachliche Situation in Österreich ist ähnlich beschaffen wie im angrenzenden Süddeutschland, dennoch gibt es österreichische Besonderheiten (Scheuringer, 1997). Die spezifischen Lexeme nennt man Austriazismen, die es sowohl in den Dialekten als auch in der Standardvarietät (standardsprachliche Austriazismen) gibt. Als typische standardsprachliche Austriazismen gelten *Fleischhauer, Kundmachung, allfällig, Rauchfangkehrer* oder *Jänner*, wenngleich sie nicht alle nur in Österreich Verwendung finden.

● **Schweizer Standarddeutsch: Helvetismen**

Die Frage, ob es ein mündliches „Einheitsschweizerdeutsch" (Christen, 1997) schon gibt, wird öfters diskutiert, da die Schweizer, viel stärker als die Deutschen und Österreicher, regionale Dialekte in allen mündlichen Kommunikationssituationen benutzen. Trotz der starken innerschweizerischen Ausgleichstendenzen sind aber die einzelnen Dialekte im Kern noch vorhanden[3]. Es wird häufig angeführt, dass beispielsweise *Bonbon* in der deutschsprachigen Schweiz mehrere dialektale Varianten hat (*Zältli, Täfeli, Tröpsli* und *Zückerli*), die aber in der Kommunikation zwischen verschiedenen Dialekten nicht zu Problemen führen, da sie als regionale Varianten allgemein bekannt sind. Eine schriftsprachliche Schweizer Standardvarietät gibt es aber sehr wohl.

● **„Binnendeutsches" Standarddeutsch: Teutonismen bzw. Germanismen**

Der eingebürgerte Ausdruck Binnendeutsch gilt heute als „Produkt einer arroganten und anmaßenden Sichtweise, und am meisten wohl in den Ländern des Deutschen, auf deren Sprachgebrauch er anmaßend aufs damit implizierte „Randdeutsch" herabblickt." (Scheuringer, 1997, S. 343) Das deutsche Standarddeutsch überdacht die regionalen Dialekte und Umgangssprachen im Gebiet der Bundesrepublik Deutschland. Dieses Standdarddeutsch ist aber auch nicht völlig homogen, dies zeigen solche schriftsprachlichen regionalen Varianten wie *Samstag / Sonnabend, Fleischer / Metzger* oder *Guten Tag! / Grüß Gott!*.

3.3.2   Regionale Varietäten

Neben den Standardvarietäten des Deutschen existieren deutsche **Dialekte** (Mundarten) und **Umgangssprachen**, die im mündlichen Sprachgebrauch genutzt werden. Das Thüringer Dialektgebiet zeigt die Skizze 3.6 auf der nächsten Seite aus Spangenberg (1998, S. 17) auf. Es wird sichtbar, dass Thüringen dialektal keine einheitliche Region ist. Abhängig von der Landschaft,

---

[3]   So Peter Gallmann im Gespräch mit der Verfasserin.

der sozialen Schicht, der kommunikativen Situation und Rolle ist die jeweilige Rede mehr oder weniger dialektal eingefärbt. Neben phonetischen und
morphosyntaktischen Merkmalen sind es vor allem auch die regional markierten Wörter, die diese Einfärbung bewirken und erkennen lassen, aus
welcher Region jemand kommt.

Die umgangssprachliche Lexik Thüringens ist nur noch in geringem Maße
dialektal geprägt. „In den Städten hat dieser Ablöseprozeß zeitiger stattgefunden, hinsichtlich der Altersschichtung gingen die Jüngeren voran, wozu
auch der Schulunterricht nicht unwesentlich beigetragen hat." (Spangenberg, 1998, S. 182)

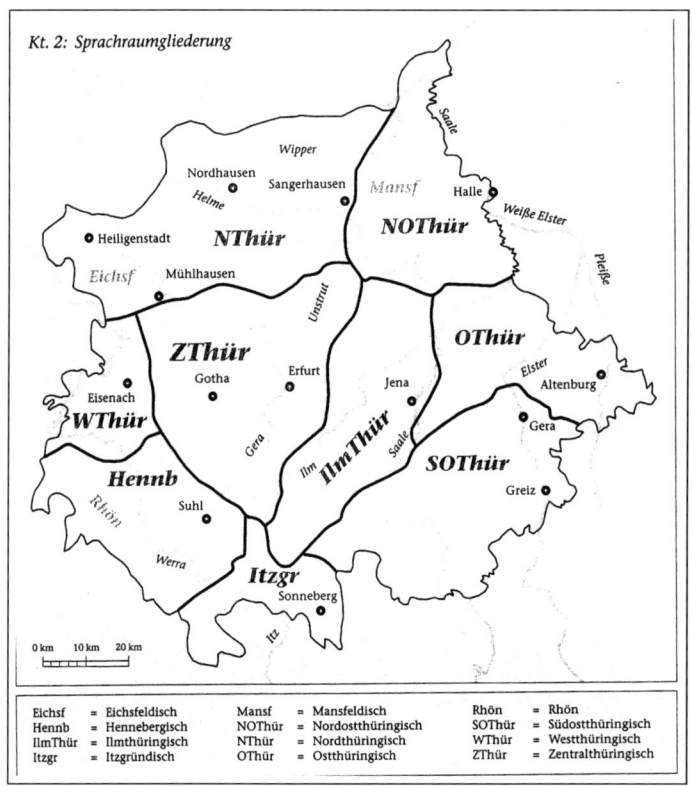

Abbildung 3.6: Thüringer Dialektgebiet

Im gesamten Thüringischen sind nur wenige dialektale Wörter in den Umgangssprachen verbreitet (Beispiele in 26).

(3.26)   a.   Buckel (Rücken)

b.   dämmeln (treten, strampeln)

Die meisten Lexeme, die von der Standardsprache abweichen, gelten klein-
räumig in Teilgebieten. Dies trifft auch auf die oftmals als typisch fürs Thü-
ringische angenommene Partikel *gell(e)* ('nicht wahr') zu, die zwar in Thüringen weit verbreitet ist, jedoch in Nordthüringen nicht verwendet wird
(Lösch u. a., 1995, S. 46). Im thüringisch-vogtländischen Sprachraum treten
beispielsweise auf (Petzold (2002)):

(3.27)   a.   Sachhemse (Ameise)

      b.   Bidersilie (Petersilie)

      c.   simbelieren (nachdenken)

      d.   dorwieren (nörgeln, drängeln)

Während in der Vergangenheit die dörflichen Dialekte im Zentrum der Forschungen standen, beschäftigt man sich seit geraumer Zeit auch mit den
Stadtsprachen, den städtischen Umgangssprachen, die sich von den dörflichen dialektalen Umgangssprachen in verschiedener Hinsicht unterscheiden. Sie sind zum einen in sich differenzierter durch die stärkere Heterogenität der städtischen Bevölkerung und zum anderen eine Mischform aus
Dialekt und Schriftsprache. Diese regionalen Umgangssprachen weisen eine unterschiedliche Nähe oder Ferne zu den Umgebungsdialekten auf. Für
Deutschland nimmt man ein Nord-Süd-Gefälle an, weil die südlichen regionalen Umgangssprachen deutlicher dialektal gefärbt sind. Neben der Übernahme von dialektalen Lexemen in die städtischen Umgangssprachen gibt
es auch eine Sonderlexik der Städte. Schönfeld (1989) führt für die Berliner
Stadtsprache u. a. folgende Beispiele auf (28):

(3.28)   a.   Hackepeter (gehacktes, rohes Schweinefleisch)

      b.   Schusterjungen (Roggenmehlbrötchen)

      c.   Schrippe (Weizenmehlbrötchen)

3.4   Die soziale Geprägtheit des Wortschatzes

Dass soziale Faktoren Einfluss auf die Sprache haben, ist unumstritten. Als
relevante linguistische Beschreibungskategorie hat sich dafür der Terminus
soziale Varietät etabliert.

> Mit dem Begriff Varietät soll zunächst einmal der Tatsache Rech-
> nung getragen werden, dass wir z. B. innerhalb dessen, was wir
> als 'das Deutsche' betrachten, verschiedene Sprach(gebrauchs)-
> formen unterscheiden können, die sich jeweils als Summe spe-

zifischer Charakteristika beschreiben lassen. Diese Charakteristika können auf allen sprachlichen Ebenen angesiedelt sein (Linke u. a., 2004, S. 303).

Den spezifischen Wörtern kommt in den Varietäten aber eine dominante
Rolle zu. Neben spezifischen Wörtern sind die Varietäten auch durch Ge-
brauchshäufigkeiten von Wörtern erkennbar. Auf folgende außersprachliche Parameter wollen wir beispielhaft eingehen: Alter, Geschlecht und Beruf.

3.4.1   Transitorische Lexik: Lebensalterssprachen

Lebensaltersprachen werden von Löffler (1994) als „transitorische Soziolekte" bezeichnet. Auf Grund alterstypischer Merkmale sind vier Stufen zu unterscheiden:

● **Die Kindersprache**

Dieser Begriff meint den Erstspracherwerb. Die Kindersprache beginnt mit
dem Sprechen des ersten Wortes und kann bis ins Vorschulalter andauern.
Bereits mit drei Jahren ist der Wortschatz schon stark angewachsen.

● **Die Schüler- und Jugendsprache**

Die Jugendlexik wurde wissenschaftlich zuerst in Bezug auf die Studenten erforscht, indem systematisch Sonderlexik gesammelt wurde, beispielsweise im „Handlexikon der unter den Herren Purschen auf Universitäten
gebräuchlichsten Kunstwörter" (1749 Robert Salmasius). Salmasius führte
über diese Studenten u.a. aus: „Was ein praver Pursch war, [...] man schlug
sich, man stach auf der Stelle tod; man prellte die Füchse; man schlug dem
Professor so wie dem Philister die Fenster ein, so oft man nur Lust hatte".

Die spezifische Lebensart der damaligen Studenten brachte auch eine Reihe
besonderer Wörter hervor, wie z. B. das oben benutzte *Füchse*, das Studenten im ersten Semester bezeichnete. Die derben Umgangsformen schlugen
sich auch in saloppen und vulgären Lexemen nieder (29).

  (3.29) a. Miez: Frauen, die sich kurzzeitig 'vermieten'

      b. hackschen: Zoten reißen

In unserer Zeit ist die Jugendsprache einer der am besten untersuchten Soziolekte. Bezüglich der Lexik hat man u. a. festgestellt, dass jugendsprachlich markierte Wörter schwerpunktmäßig in ganz bestimmten funktional-
semantischen Bereichen auftreten, vor allem bei den Wertausdrücken und

Personen- bzw. Gruppenbezeichnungen. Neuland (1994) hat allgemeinsprachliche Wörterbücher des Deutschen daraufhin angeschaut und u. a. folgende jugendsprachlich markierte Lexemhinzufügungen gefunden:

> (3.30)   a.   Wahrig 1986/91: *cool, geil, prolo*
>
>   b.   Duden 1989: *abgefuckt, ätzend, geil; Braut, Macker, Torte*

Im Rechtschreibe-Duden von 2006 und von 2009 (31) sind als jugendsprachlich markiert u. a. aufgeführt:

> (3.31)   *cool* und *krass*

Trotz ständigem Wandel und regionalen Unterschieden konnten in der Jugendlexik typische Eigenheiten festgestellt werden:

– Schöpferische Abwandlung der Standardlexik, z. B. durch das Hinzufügen neuer Bedeutungsvarianten (*jmd. anbaggern, geil, moin*).
– Das Benutzen provokanter Lexeme, Tabuwörter, Vulgarismen, Fäkalsprache (*Wichser*).
– Häufiger Gebrauch von neu eingeführten Intensitätsadverbien bzw. -adjektiven (*cool, megacool, fett*) wie in folgendem Textbeispiel.

> Karl Alexander Seidel ist mit 13 Jahren schon ein gefragter Schauspieler
> (Auf welche Weise machen die Stars denn die Welt besser?)
> Karl Alexander Seidel: [...] Die haben einen krassen Style, sind total nett und haben was zu sagen.
> (Süddeutsche Zeitung für Kinder, 16.09. 2009, S. 12)

– Vorliebe für Empfindungs- und Lautwörter (*ups, würg*).
– Prägen origineller Gruß- und Anredeformen (*tschüssi*) und von Wortspielen (*Er ist in Topf-Form, Radio Schnulzenburg* (Ehmann, 1992, S. 229)).

• Die Erwachsenensprache während der Berufstätigkeit

Die Erwachsenensprache gilt als die Normalstufe, auf die sich in der Regel linguistische Untersuchungen beziehen.

• Die Seniorensprache

Die Sprache der alten, nicht mehr berufstätigen Menschen wurde bisher noch nicht so intensiv und mit verschiedenen Forschungsstrategien untersucht (Fiehler und Thimm, 1998). Die ausschließliche Orientierung auf Age-Marker wurde aber bald abgelehnt wie auch die Defizit- bzw. Regressionshypothese, weil die Sprache der Alten, wie Jacob Grimm schon 1864 in seiner „Rede über das Alter" feststellte, eine „eigene macht" mit „besonderen gesetzen und bedingungen" ist. Bezüglich des Wortschatzes zeichnet sich die

Seniorensprache durch folgende Merkmale aus:

- Stärkere Frequenz von veralteten Lexemen.
- Bessere Kenntnis über den Gebrauch von Phraseologismen, die auch häufiger eingesetzt werden.
- Entwickeltere semantische Kompetenz.

Interessant ist auch, dass Erhebungen in der Werbebranche erbracht haben, dass ältere Menschen nicht gern mit Lexemen angesprochen werden möchten, die durch das Alter motiviert sind. Deshalb wirbt man erfolgsversprechender mit Lexemen, die das Alter verschleiern.

> Alte wollen keine Senioren sein
>
> [...] In der Werbebranche herrscht heute Sprachverwirrung. Dort ist von „Best Agern" die Rede, einer „Generation Gold", den „jungen Alten", einer „Generation 50 plus" und „Silver Surfern". (Frankfurter Allgemeine Sonntagszeitung 28.9.2008, S. 9)

3.4.2   Habituelle Lexik: Beispiel Frauensprache

Unter habituellen Soziolekten versteht Löffler (1994) „solche Soziolekte, deren Träger eine dauernde gesellschaftliche Gruppierung bilden". Er rechnet hier die geschlechtsspezifischen Varietäten (Frauen- vs. Männersprachen) und auch Standes- und Schichtensprachen (z. B. Nichtsesshafte) dazu.

Ausgehend von der amerikanischen Linguistik wurde in den 70er Jahren des 20. Jahrhunderts eine systematische Diskussion über die Charakteristika des ‚weiblichen Sprechens' geführt. Wenngleich geschlechtsspezifische Sprachkompetenz nicht aus dem Biologischen resultiert, so gibt es sie doch, erwachsen aus den sozialen Umständen, aus dem erwarteten Rollenverhalten, der Erziehung und der Berufstätigkeit.

Die prototypische Frauensprache[4] ist hinsichtlich der Lexik gekennzeichnet durch:

a) Häufigerer Gebrauch von abschwächenden Partikeln, Adverbien bzw. Modalverben, da Frauen traditionell im Familienverband eine vermittelnde Rolle einnehmen.
   Nicht: *Es ist so.*
   Sondern: *Es könnte so sein.* oder *Möglicherweise ist es so.*

---

[4] Frauensprache wird hier im sozialen Sinn – nicht biologisch – verwendet, d. h. die prototypische Frauensprache wird von Frauen verwendet, die dem tradierten westeuropäischen Frauenbild (Frau als Hausfrau und Mutter) entsprechend sozialisiert wurden.

b) Geringere Verwendung von Vulgarismen.

c) Einsatz von Füllwörtern.

Im Kommunikationsverhalten wurden auch spezifische Konventionen ausgemacht: „starkes Eingehen auf den Partner, Kooperativität, kein abrupter Themenwechsel, Vermeidung von Konfrontation, gehäuftes Stellen von Fragen, viele Hörersignale etc." (Günthner, 1992, S. 130) Dazu wird ergänzt, dass dies keine Eigenschaften sind, die in allen Kommunikationssituationen auftreten und auch nicht „allen Frauen stets anhaftende Kommunikationsmuster" sind (a. a. O.).

3.4.3   Temporäre Lexik: Beispiel Fachsprachen

Temporäre Soziolekte betreffen nur eine „gewisse Zeit im Tages- oder Jahresablauf [...] Freizeitgruppen, Hobbygemeinschaften, andere Tages- oder Nachtvergnügungsgruppen mit eigenem Jargon oder Wortschatz" (Löffler, 1994). Hierher gehören auch die Berufs-(Fach-)sprachen. Da sich die Berufswelt immer mehr spezialisiert, nehmen die spezifischen Fachwortschätze als Hauptelemente der Fachsprachen weiter zu. „Gegenüber den Wörtern der Gemeinsprache zeichnen sich die Fachwörter dadurch aus, daß sie präziser und kontextautonomer sind. [...] Seine höchste Präzision erreicht das Fachwort gewöhnlich im theoretischen Bereich, wo es zumeist Terminuscharakter besitzt, das heißt, definiert und konventionalisiert ist." (Fluck, 1996, S. 47)

Für die meisten Fachsprachen bietet sich eine Gliederung in drei Bereiche an, in die Theoriesprache, die Berufssprache und die fachbezogene Umgangssprache (Bolten, 1992).

Im Zentrum der Fachsprachen stehen die **Termini**, die idealerweise exakt definiert, nicht vage und nicht mehrdeutig sein sollten. Sie sind Elemente von terminologischen Systemen und unterliegen Normierungen (z. B. durch DIN Regelungen).

Die Fachwörter werden dabei in „Begriffsleitern" und „Begriffsreihen" eingefügt. Begriffsleitern organisieren die Fachwörter subordinierend mittels relevanter Begriffsmerkmale. In diesen terminologischen Feldern schränkt jeder weiter unten stehender Begriff logisch den darüberstehenden ein. In Abbildung 3.7 auf der nächsten Seite wird der Terminus *Wortbildung* mit den Termini, die die Unterarten der Wortbildung bezeichnen, in Form einer solchen Begriffsleiter angeordnet.

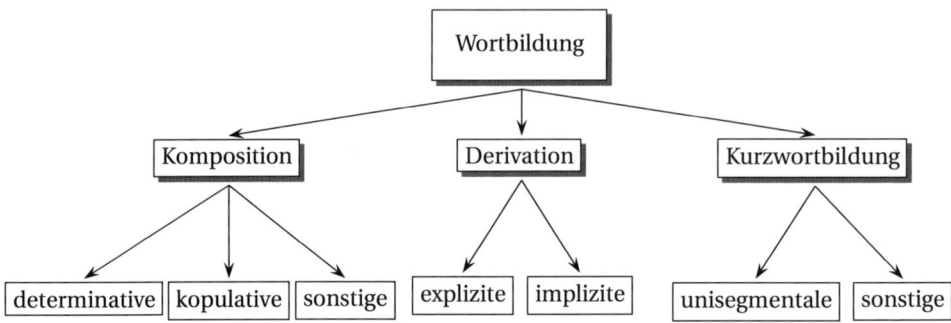

Abbildung 3.7: Begriffsleiter (Beispiel)

Die nachfolgende Tabelle (3.1) zeigt die Leiterstruktur auf.

Tabelle 3.1: Begriffsleiter

Stufe	Begriff	Merkmal
Oberbegriff	Wortbildung	
1. Unterbegriff	Komposition / Derivation /...	UK-Status
2. Unterbegriff	Determinativkomposition / ...	Relationsbedeutung
3. Unterbegriff	Rektionskomposition / ...	hypotaktische Relation ...

Begriffsreihen organisieren dagegen koordinierend, vgl. (3.8). Hier werden die Arten der Lebensmittel entsprechend angeordnet.

Lebensmittel:

Obst – Gemüse – Fleisch – Milchprodukte – Mehlspeisen – Sonstige

---

Abbildung 3.8: Begriffsreihe (Beispiel)

Termini werden durch Definitionen festgelegt, dabei werden in der Logik- und Wissenschaftstheorie zwei Definitionsarten unterschieden, die Nominal- und Realdefinitionen. Bei den Nominaldefinitionen (32) werden die Bedeutungen durch Synonyme oder synonyme Wendungen vereinbart oder gesetzt. Realdefinitionen (33) beziehen sich auf konkrete Denotate und versuchen, das Wesentliche zu erfassen. Sie können deshalb zutreffen oder nicht.

(3.32)   Engelaut: Frikativ(laut)
          (Lexikon sprachwissenschaftlicher Termini)

(3.33)   heterosyllabisch: zu verschiedenen (aufeinander folgenden) Sil-
          ben gehörend, z. B. *e* und *u* in *beurteilen*. [...]
          (Lexikon sprachwissenschaftlicher Termini)

Da sich die Fachsprachen, wie oben angesprochen, je nach dem Kommuni-
kationsbereich, der Fachlichkeit (Forschung, Lehre, Beruf, ...), dem Medi-
um (mündlich vs. schriftlich) und der Textsorte in Schichten gliedern, gibt
es auch eine diesbezügliche Gliederung bei den Fachwörtern.

Neben den Termini können deshalb noch **Halbtermini** (wie *Beißzange* oder
Vierkantschlüssel), die nicht so exakt definiert und nicht in logische Begriffsnetze eingeordnet sind, und **Fachjargonismen** (beispielsweise *Torschützen-
könig* oder *Topspiel* aus der Sportsprache), „Arbeitswörter" ohne Anspruch
auf Genauigkeit, unterschieden werden.

3.5   Literaturhinweise

- Jean Aitchinson: Wörter im Kopf: eine Einführung in das mentale Lexikon. Niemeyer: Tübingen 1997.

- Siegfried Heusinger: Die Lexik der deutschen Gegenwartssprache. UTB
  2491. Wilhelm Fink: München 2004. Kap. 2. Gliederung der Lexik.

- Alexandra Zürn: Anglizismen im Deutschen. Dissertationsschrift: Stuttgart 2001.

- Heinrich Löffler: Germanistische Soziolinguistik. Erich Schmidt: Regensburg, Münster 1994. Kap. 5 Varietäten(linguistik) des Deutschen.

- Ingrid Samel: Einführung in die feministische Sprachwissenschaft.
  2. Auflage. Erich Schmidt: Berlin 2000.

- Nabil Osman (Hrsg.): Kleines Lexikon untergegangener Wörter. C. H.
  Beck: München 1999. 11. Auflage.

3.6   Übungsaufgaben

1. Ermitteln und bestimmen Sie die enthaltenen zeitlich und regional
   markierten Lexeme!

   Kennen Sie Pittiplatsch?
   Seit zwanzig Jahren leben die Deutschen wieder zusammen. [...] Broi-
   ler und Pril-Blumen, Kosmonauten und Torschützen: Kleine Dinge
   und große Helden, die das Leben der Menschen in der DDR und der
   BRD bis 1989 begleiteten, können Thema werden.
   (tvdigital. Nr. 20, 18.9. 2009, S. 16)

2. Ermitteln und bestimmen Sie die enthaltenen international markierten Lexeme!

   Ein Handy aus Recyclingmaterial, ein Beamer mit Sparlampe, eine
   Fernbedienung fürs Stromnetz – die Devise der Hersteller lautet: Gute
   Unterhaltungselektronik muss nicht auf Kosten der Umwelt gehen.
   (tvdigital. Nr. 20, 18. 9. 2009, S. 31)

3. Was bedeuten *rostfrei* und *nichtrostend* in der Fachsprache?
   Wie unterscheiden sich Fachwörter von alltagssprachlichen Lexemen?

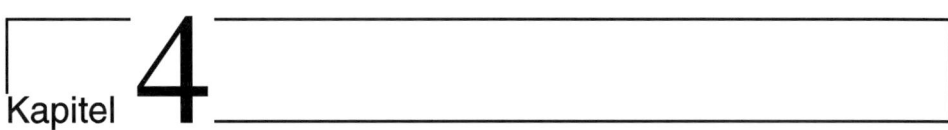

Kapitel 4

Beziehungen zwischen den Wörtern

In den „Grundfragen der Allgemeinen Sprachwissenschaft" von de Saussure (1931, S. 147) heißt es: „So beruht denn bei einem Sprachzustand alles auf Beziehungen." Diese Relationen zu erforschen, wurde eine der Leitideen der Strukturalisten und als semantische Haupaufgabe angesehen. Die Sinnrelationen (manche sprechen auch von Bedeutungsrelationen) im Lexikon stellen eine Form dieser Relationen dar. Die deutschen inhaltsbezogenen Grammatiker richteten ihr Augenmerk dagegen auf die Wortfelder und Wortfamilien.

4.1 Semantische Relationen zwischen Wörtern

Mit Sinnrelationen bezeichnet man die Bedeutungsbeziehungen zwischen Wörtern und anderen sinnhaltigen sprachlichen Einheiten. Diese semantischen Relationen können sowohl syntagmatischer als auch assoziativer (paradigmatischer) Art sein. Wir wollen hier nur die assoziativen Beziehungen betrachten. „Andererseits aber assoziieren sich außerhalb des gesprochenen Satzes die Wörter, die irgend etwas unter sich gemein haben, im Gedächtnis, und so bilden sich Gruppen, innerhalb derer sehr verschiedene Beziehungen herrschen" (de Saussure, 1931, S. 147). Die Bedeutungen von Wörtern können zueinander in vier Hauptrelationen (vgl. Abbildung 4.1 auf der nächsten Seite) stehen.

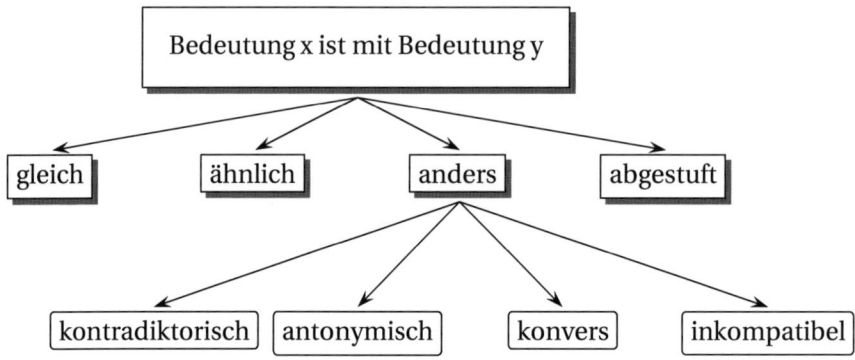

Abbildung 4.1: Semantische Hauptrelationen

Relation der Bedeutungsgleichheit: Die Relation der völligen Bedeutungsgleichheit liegt dann vor, wenn Wörter in ihren Bedeutungen übereinstimmen. Wenn in diese Übereinstimmung die Extension[1] (Bedeutung) und Intension[2] (Sinn) einbezogen werden, so bezeichnet man dies als **Synonymie**
(1), wenn nur die Extension übereinstimmt, handelt es sich um **Referenz-
identität** (2).

(4.1)　a.　Apfelsine vs. Orange

　　　　b.　Samstag vs. Sonnabend

　　　　c.　ledig vs. unverheiratet

(4.2)　Die *Vorleserin – Mareike Fütterer*, 23, *Geschichtsstudentin*, hat
　　　　einen besonderen Nebenjob: Als *Studienhelferin* vertont sie ih-
　　　　rem blinden Kommilitonen [...].
　　　　(Allegra 03/2002, S. 150)

Relation der Bedeutungsähnlichkeit: Die Relation der Bedeutungsähnlichkeit (**partielle Synonymie**) tritt in drei Formen auf: Erstens, wenn die Wörter
in unterschiedlichen Varietäten Verwendung finden (3a); zweitens, wenn
zwischen den Wörtern eine minimale semantische Differenz besteht (3b)
und drittens, wenn mit den Wörtern unterschiedliche Selektionsbeschrän-
kungen verbunden sind (3c).

(4.3)　a.　Löwenzahn vs. Pusteblume
　　　　　 der Vater vs. dorr Babba

　　　　b.　jmd. schlecht machen vs. jmd. etwas anhängen

---

[1]　　Klasse von Objekten, die dem Bezeichneten entspricht.
[2]　　Gedankliche Wiederspiegelung des Objektes, das bezeichnet wird.

c.   jmd. irrt sich
     jmd. missversteht etwas/jmdn.

Relation des Andersseins: Bei der Andersseinrelation ergibt der Austausch der Lexeme eine völlig andere Bedeutung, da die Lexeme, die in der Andersseinrelation stehen, sich nicht gleichzeitig auf die jeweiligen Denotate beziehen können. (Wenn x ein a ist, ist es nicht b.) Die Andersseinrelation tritt in vier Ausprägungen auf:

- **Kontradiktion**: Eine Kontradiktion bilden zwei Kontrastwörter, sie stehen in einem polaren Gegensatz (*tot* vs. *lebendig*; *einprägen* vs. *vergessen*).

- **Antonymie**: Eine antonymische Relation liegt vor, wenn zwischen zwei Kontrastwörtern Lexeme zur Bezeichnung der Zwischenstufen existieren (*heiß – warm – lauwarm – kalt – eiskalt*).

- **Konversion**: Konverse sind Lexeme, deren Bedeutung „spiegelbildlich" aufeinander bezogen ist (*Herr* vs. *Knecht*; *kaufen* vs. *verkaufen*).

- **Inkompatibilität**: Als inkompatibel bezeichnet man die Relationen in aufeinander bezogenen, geschlossenen Wortreihen (*Januar – Februar – … – November – Dezember*; *Norden – Osten – Süden – Westen*).

Relation der Abstufung / Bedeutungshierarchie: Zwischen bedeutungsähnlichen Lexemen kann auch die Relation der Über- und Unterordnung bestehen (vgl. Abbildung 4.2). Der Oberbegriff wird dabei als **Hyperonym** und der Unterbegriff als **Hyponym** bezeichnet. Ähnliche Wortschatzelemente auf der gleichen semantischen Ebene werden **Kohyponyme** genannt.

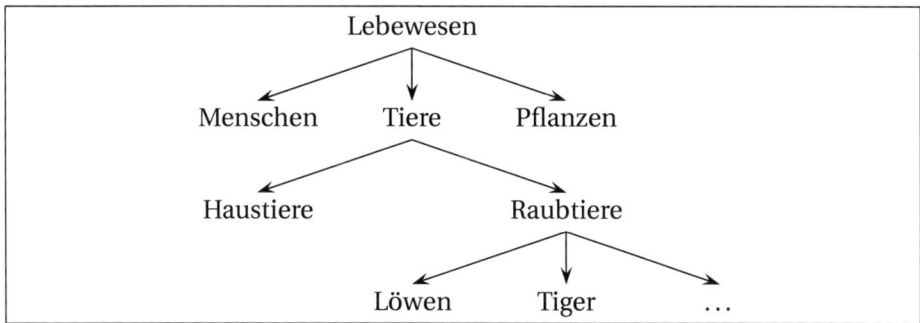

Abbildung 4.2: Relation der Abstufung

Eine besondere Form der Bedeutungshierarchie ist die **Meronymierelation**, die Teil-Ganzes-Relationen zwischen Elementen, die in der Welt zusammengehören, benennt (vgl. Abbildung 4.3 auf der nächsten Seite).

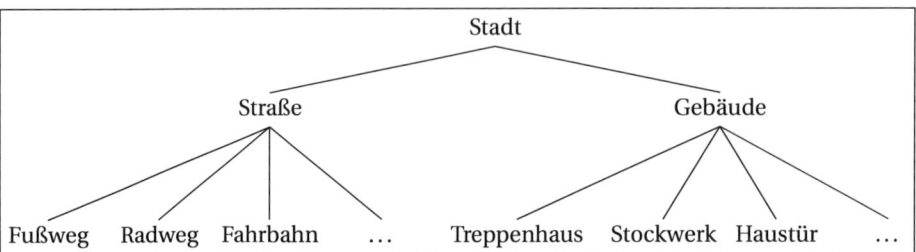

Abbildung 4.3: Meronymierelation

4.2   Wortfamilien

„Wortfamilien sind Wortverbände, die durch den Bezug auf ein gemeinsames Element (‚Stamm') charakterisiert sind. Sie bilden die methodische Voraussetzung für die Untersuchung des Strukturwandels eines Wortschatzes, weil an ihnen der Aus-, Ab- und Umbau des Wortschatzes beschreibbar und erklärbar wird." (Hundsnurscher, 2002, S. 675) Sie sind also Wortgruppierungen, die auf Grund einer gemeinsamen Herkunft entstehen. Im Zentrum steht die allen gemeinsame Wortbasis, das Wurzelmorphem, das auch Etymon (griech. „das Wahre")[3] genannt wird.

Wortfamilien sind vor allem für die Sprachgeschichte wichtig. Sie spielen jedoch auch für die Orthographie eine wichtige Rolle, da das sogenannte etymologische Prinzip (auch Stamm- oder Morphemprinzip genannt), das im Zuge der letzten Reformen immer mehr an Bedeutung eingebüßt hat, Gleichschreibungen etymologisch zusammengehörender Wörter und Wortteile verlangt (Schreibe abstammungsgetreu!), die teilweise für die Mehrzahl der Schreibenden nicht mehr erklärlich sind. Dies ist möglicherweise bei *fahren* und *willfährig* und *Gefährte* nicht mehr der Fall.

Häufig sind die Etymone Wurzeln von starken Verben (wie *fahr-, zieh-*). Die Familien sind oft umfangreich, da die Formen mit den Ablautvarianten für die Bildung verschiedener Wörter genutzt werden. So umfasst die Wortfamilie um *Liebe* über 900 Einzelwörter (Agricola u. a., 1969, S. 540). Einen kleinen Ausschnitt zeigt Abbildung 4.4 auf der nächsten Seite.

---

[3]   Wir bezeichnen diese gemeinsame Basis nicht als Stamm, weil wir Stamm synchronisch im Sinne von einer komplexen Morphemstruktur schon verwenden.

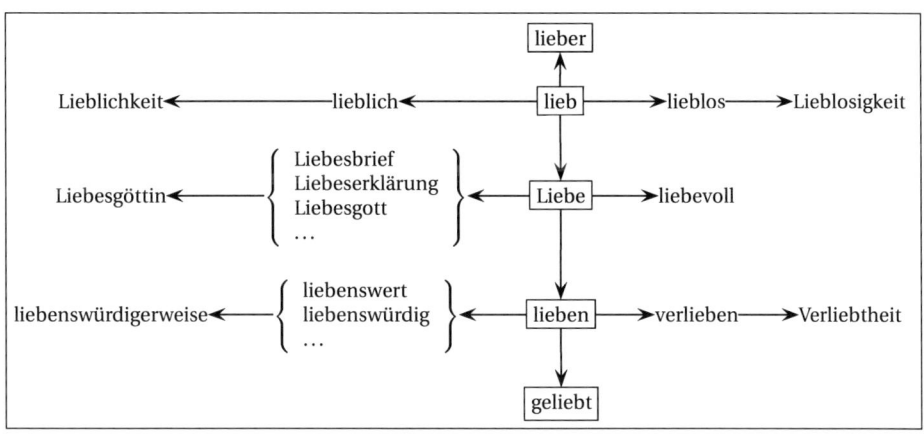

Abbildung 4.4: Teil einer Wortfamilie

Wörter einer Familie lassen z. T. keinen semantischen Zusammenhang mehr erkennen, weil sie sich semantisch voneinander entfernt haben, ihr Zusammenhang ist „verdunkelt" (wie bei den Beispielen in (4)).

(4.4)   a.   fließen – Flut, Floß, Flosse

   b.   verschwinden – verschwenden

   c.   Elend – Land

   d.   Fahrt – fertig

   e.   Geselle – Saal

   f.   -bar – Bahre

Etymologisch isolierte (undurchsichtige) Wörter werden oftmals an ein lautähnliches bzw. lautgleiches Wort angelehnt und historisch nicht korrekt in eine bestehende Familie eingefügt, man bezeichnet diese Prozesse als sekundäre Motivierung oder auch als **Volksetymologie** (Olschansky, 1996). Der Prozess der sekundären Motivierung verläuft also über drei Stufen:

1. Isolation ⇒ 2. sekundäre Motivation/Interpretation ⇒ 3. Deisolation

Zwei Arten der Volksetymologie treten auf:

• **Volksetymologien ohne formativische Veränderung**

Die Bedeutungen wandeln sich, wie bei *Wahnsinn*, das ursprünglich auf *wan* (=‘leer’) zurückgeht, aber an das homonyme Substantiv *Wahn* (auch ‘krankhafte Einbildung’) angelehnt wurde.

● **Volksetymologien mit formativischen Veränderungen**

Neben dem Bedeutungswandel kommt es auch zu lautlichen Veränderungen wie bei *Maulwurf*, das ursprünglich auf *mu* (> Haufen > Haufenwerfer) zurückgeht. Später, als der erste Wortteil nicht mehr verständlich war, wurde es an *molta* (Erde) angelehnt.

Volksetymologische Prozesse treten besonders häufig bei Fremdwörtern auf, da diese zumeist erst einmal in der deutschen Sprache isoliert und für viele unmotiviert sind. Fremdwort-Volksetymologien können auch auf Falschübersetzungen zurückgehen. Dies ist beispielsweise bei dem Wort *rasant* der Fall, das aus dem Französischen entlehnt wurde (franz. *raser* = 'rasieren') und ursprünglich soviel wie 'flach' bedeutete. In der Alltagssprache wurde es am Beginn des 20. Jahrhunderts an das Verb *rasen* angelehnt.

Bei Augst (2002) werden verschiedene Typen von Wortfamilien unterschieden:

- Nach der Motivierung der Wörter: Familien mit morphologisch-semantisch motivierten oder mit figurativ-semantisch motivierten Wortzusammenhängen.
- Nach der Einbeziehung oder Nichteinbeziehung des Sprachwandels: synchrone vs. diachrone Wortfamilien.
- Nach dem Einordnen in Handlungsfelder in Teilwortfamilien.

4.3 Wortfelder

Der Terminus Wortfeld wurde 1931 von Trier zur Bezeichnung einer Gruppe von sinnverwandten Wörtern eingeführt. In dieser und weiteren Publikationen hat Trier (1972) Folgendes hervorgehoben:

- „Durch die Zwischenwelt der Sprache hindurch ist uns das Sein gegeben" (S. 145). „Jede Sprache gliedert das Sein auf ihre Weise, schafft damit ihr besonderes Seinsbild, setzt damit ihre, dieser einen Sprache eigentümlichen Inhalte." (S. 146)
- Den Wortschatz sollten wir uns nicht als „einen Schatz, Vorrat, Thesaurus denken [...] sondern – in einer architektonischen Analogie – als gebauten und gegliederten Raum, als Gefüge, [...] Das Wort *ergliedert* sich aus dem Ganzen des gebauten, gegliederten Wortschatzes, und umgekehrt *gliedert* sich der Wortschatz *aus* in die einzelnen Worte." (S. 146–147)

- „Felder sind die zwischen den Einzelworten und dem Wortschatzganzen lebendigen sprachlichen Wirklichkeiten; die als Teilganze mit dem Wort das Merkmal gemeinsam haben, das sie sich ergliedern, mit dem Wortschatz hingegen; das sie sich ausgliedern." (S. 148, bei Ipsen ist diese Passage durch Kursivdruck hervorgehoben.)

- Felder sind „Intellektualfelder". (S. 150) „Unser Feldbegriff folgt aus unserem Sprachbegriff. Wenn der gegliederte und gebaute Raum der Sprachinhalte uns das Eigentliche ist, dann gelangt man zum Feld von oben her, teilend, nicht von unter her, sammelnd." (S. 177)

Triers Wortfelder sind also Begriffsfelder, die die spezifischen Weltsichten aufzeigen sollen, die in den Sprachen eingefroren seien. Damit werden die Ideen von Humboldt mit denen von de Saussure verbunden.

4.3.1   Charakteristik von Wortfeldern

In neuerer Zeit hat sich vor allem Lutzeier mit dem Feldbegriff bezüglich der deutschen Sprache beschäftigt, ihn weiterentwickelt und ihn auch von den ursprünglichen sprachphilosophischen Implikationen gelöst. Folgende Feldprinzipien hat er aufgestellt (Lutzeier, 2001):

- Die Felder bilden einen Substitutionsrahmen, deshalb gehören die Feldelemente der gleichen Wortart an (vgl. (5)).

    (4.5)   Der Mann erweist sich als [+Adjektiv].
            Adjektiv: klug, langweilig, geizig, großzügig, spießig, schön, sinnlich, phantasievoll, …

- Die Felder weisen eine Form- und eine Inhaltsseite auf. Die Formseite betrifft vor allem die identische Wortart aller Feldelemente. Die Inhaltsseite betrifft das semantische Ähnlichsein aller Feldelemente zueinander (vgl. Beispiel (6)).

    (4.6)   Der Mann erweist sich als [+Adjektiv].

          a.   Aspekt „Äußeres": schön, gepflegt, …

          b.   Aspekt „Charaktereigenschaften": langweilig, spießig, …

          c.   …

- Jedes Feldelement erhält seine Bestimmung in Auseinandersetzung mit anderen Feldelementen. Deshalb sind Felder inhaltlich strukturiert in Teilmengen und hinsichtlich der Sinnrelationen (vgl. Beispiel (7)).

(4.7) Der Mann erweist sich als [+Adjektiv].
Teilmenge 1 …
Teilmenge 2 („Charaktereigenschaften")
Relation „Gegensatz": spießig vs. offen
Relation „Gleichheit": leidenschaftlich vs. wild

4.3.2 Arten von Wortfeldern

Die onomasiologischen Felder sind die älteste Form bzw. Art von Feldern. Sie gehen auf J. Trier zurück. In ihren Zentren steht jeweils ein außer- oder übersprachlicher Begriff, der unabhängig von den Einzelsprachen ist bzw. als solcher gesetzt wird. Zu diesen Begriffen werden dann die entsprechenden einzelsprachlichen Wörter zugeordnet und voneinander abgegrenzt. Beispielsweise könnte zu dem Begriff „Haarpflegemittel" für die deutsche Sprache ein onomasiologisches Wortfeld aufgestellt werden (8):

(4.8) a. *Haarwasser, Haarspray, Haaröl*:
Hier ist das Merkmal [flüssig] relevant zur Abgrenzung gegenüber der zweiten Gruppe von Haarpflegemitteln.

b. *Frisiercreme, Haargel, Pomade, Brillantine*:
Sie unterscheiden sich von der ersten Gruppe durch das Merkmal [in Cremeform].

Auch hinsichtlich der speziellen Pflegefunktion könnte das Feld weiter differenziert werden.

Die semasiologischen Felder werden wie z. B. bei Schlaefer (1987) auf der Basis distributioneller bzw. kollokativer[4] Merkmale gebildet, die paradigmatischen und syntagmatischen Relationen werden in die Feldkonstituierung einbezogen. So können wir die oben genannten Haarpflegemittel-Lexeme hinsichtlich ihrer paradigmatischen Beziehungen zueinander (ihren Sinnrelationen) charakterisieren, indem wir sie in Kontextrahmen (9) einsetzen:

(4.9) Die Friseuse empfiehlt der Kundin / dem Kunden […]
zur […]

In die erste Leerstelle sind alle oben genannten Haarpflegemittel einsetzbar, weil es sich um bedeutungsähnliche Bezeichnungen handelt. Ihre unterscheidenden Bedeutungselemente können beispielsweise durch die Analyse der syntagmatischen Verknüpfungen aufgezeigt werden. So verknüpft sich *Pomade* nur mit männlichen Kunden, weil es ein Mittel zur Festigung von männlichem Haar ist (10).

---

[4] Siehe 1.2.4.6.

(4.10)   Die Friseuse empfiehlt dem Kunden [Pomade]
         zur [Haarfestigung].

Funktional-semantische Felder sind Kernbereiche funktionaler Grammatiken. Sie erfassen die lexikalischen, morphologischen und syntaktischen Ausdrucksmittel in einer Sprache zu spezifischen semantischen Kategorien (beispielsweise Felder zur Temporalität oder Aspektualität) (ausführlicher in Bondarko (2007)).

4.3.3   Interdisziplinäre Aspekte von Wortfeldern

Wortfelder bergen verschiedenartige interdisziplinäre Aspekte und Punkte zur Anknüpfung, zum einen innerhalb der Lexikologie zur Lexikographie und linguistischen Nachbardisziplinen (Lutzeier, 1993); zum anderen haben Forschungen der **Psycho- und Neurolinguistik** ergeben, dass wortfeldartige Organisationen im Geist Realität sind. So wird angenommen, dass „das Wissen über die Welt im Langzeitgedächtnis gespeichert [wird] in Form eines *konzeptuellen Netzwerks*, einer Menge von Begriffen (Konzepten), die durch Bedeutungsrelationen verbunden sind" (Dijkstra und Kempen, 1993, S. 54). Dies schließt auch ganze Handlungsfelder (Scripts) ein (vgl. Kapitel 6.4).

Wortfelder können auch einen Beitrag zur Aufzeigung der Wissensstrukturierung leisten, ohne dass wir Wortfelder mit kognitiven Wissensstrukturen gleichsetzen wollen. Für die **Computerlinguistik** können Wortfelder für die Strukturierung des maschinellen Lexikons von Relevanz sein. So ist beispielsweise „WordNet" (Fellbaum, 1998) entstanden als eine lexikalische Datenbasis der englischen Sprache, die von der Universität Princeton entwickelt wurde, begründet auf psycholinguistischen und computationellen Netzwerk-Gedächtnisvorstellungen. „English nouns, verbs, and adjectives are organized into synonym sets." (Miller u. a., 1993, S. 1). Es wird also mit semasiologischen Feldern gearbeitet. Auch sprachvergleichende Wortfeldanalysen können für die Computerlinguistik für die Zwecke der automatischen Übersetzung sehr hilfreich sein, weil sie Gemeinsamkeiten und Unterschiede in den Lexika aufzeigen.

Generell spielt die Feldergrammatik für den **Sprachvergleich**, für die **kontrastive Linguistik** eine wichtige Rolle; weil „das Feldprinzip ermöglicht, sowohl das Zusammenwirken verschiedenartiger Ausdrucksmittel zur Wiedergabe einer bestimmten Bedeutung als auch die Beziehung zwischen Inhalts- und Ausdrucksseite zu erfassen" (nach Gladrow (2007, S. 36)).

Traditionell besteht eine enge Verbindung zur **Sprachphilosophie** bzw. **Anthropologie**, da die Wortfelder einen Beitrag zur Analyse der Weltsichten leisten können.

4.4   Literaturhinweise

- Günther Grewendorf, Fritz Hamm, Wolfgang Sternefeld: Sprachliches Wissen. Suhrkamp-Taschenbuch-Wissenschaft 695. Suhrkamp: Frankfurt am Main 1990. 4. Auflage. Kap. VI 4. Sinnrelationen.

- Jochen Splett: Deutsches Wortfamilienwörterbuch. Walter de Gruyter: Berlin, New York 2009.

4.5   Übungsaufgaben

1. Welche Sinnrelation liegt bei den Lexempaaren vor?
   sich anstrengen – sich ausruhen
   lernen – pauken
   salzen – würzen
   atmen – Luft holen
   verwitwet – geschieden
   weiblich – männlich

2. Bilden Sie Wortfamilien zu *denken* und *Nummer*.

3. Arbeiten ist oft mit Anstrengungen verbunden. Es kann u. a. durch die Verben *sich abrackern, sich (ab)plagen, sich schinden, sich (ab)quälen, sich abmühen, sich abarbeiten* ausgedrückt werden.

   Die kursiv gedruckten Lexeme lassen sich nach (Kraif, 2001, S. 469) drei verschiedenen Begriffen (onomasiologischen Feldern) zuordnen. Ordnen Sie die Wörter zu den nachfolgenden Begriffen
   – 'unter stetigen Anstrengungen versuchen, etwas zu erreichen',
   – 'mühselige und nicht sehr lohnende Arbeiten verrichten',
   – 'beim Arbeiten so viel Mühe haben, dass die Arbeit zur Qual wird'.

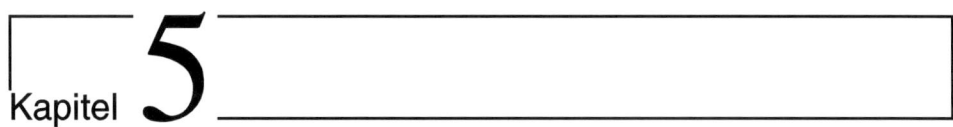

Kapitel **5**

Wortstrukturen und Regeln der Wortbildung

5.1 Arten und Modelle der deutschen Wortbildung

Ob die Wortbildung ein selbstständiges Gebiet gegenüber der Flexionsmorphologie ist, wird in der Linguistik kontrovers diskutiert. Wir nehmen eine Selbstständigkeit an. Außerdem werden der Erklärung von morphologischen Prozessen unterschiedliche Modelle zugrunde gelegt. Die Item-and-process-grammar („Prozessmorphologie" im Rahmen der Generativen Grammatik) leitet mittels eines Regelsystems die Oberflächenstrukturen aus abstrakten Tiefenstrukturen ab. Die Item-and-arrangement-grammar („Kombinationsmorphologie" in dem prägenerativen amerikanischen Strukturalismus) entwickelte eine kombinatorische Morphologie. Aus einem etwas anderen Blickwinkel werden auch outputorientierte (deklarative) von derivationellen Modellen unterschieden. Die Fachwörter werden dabei in „Begriffsleitern" und „Begriffsreihen" eingefügt. Begriffsleitern organisieren die Fachwörter subordinierend mittels relevanter Begriffsmerkmale. In diesen terminologischen Feldern schränkt jeder weiter unten stehender Begriff logisch den darüberstehenden ein. In Abbildung 3.7 auf Seite 98 wird der Terminus *Wortbildung* mit den Termini, die die Unterarten der Wortbildung bezeichnen, in Form einer solchen Begriffsleiter angeordnet.

Im Rahmen eines Lehrbuchs möchten wir auf diese Modelle und ihre Weiterentwicklungen nicht eingehen, verweisen beispielsweise auf Spencer und Zwicky (1998).

Gegenstand des linguistischen Bereiches **Wortbildung** ist die Beschreibung der Wortbildungsprozesse und ihrer Ergebnisse. **Wortbildung im engeren**

Sinne bezieht sich auf die Bildung neuer Wörter aus bereits vorhandenen Elementen (vgl. (1)).

(5.1)   *Fern-seh-er, Ge-web-e, Bio-an-bau*

Sie grenzt sich damit von der **Wortschöpfung** ab, die erstmals völlig neue Lautformen bestimmten Inhalten zuordnet (vgl. *Tür, Baum, klein*). Die wichtigste Methode, in der deutschen Gegenwartssprache neue Wörter entstehen zu lassen besteht darin, bereits vorhandene Elemente – so genannte **Morpheme** – in unterschiedlicher Weise zu kombinieren. Die Beschaffenheit dieser Morpheme sowie die Spezifik ihrer Kombination oder auch Weglassung entscheidet im Einzelnen über die Wortbildungsart, das Wortbildungsmodell. Die wichtigsten Wortbildungsarten im Deutschen sind **Komposition, Derivation (explizit/implizit)** und **Kurzwortbildung**. Sie erfolgen nach relativ strengen Regularitäten und Modellen, die es in den folgenden Teilkapiteln darzustellen gilt. Dabei geht es vordergründig um die Behandlung und Diskussion prinzipieller Fragen der Zuordnung von Wortbildungsprodukten zu bestimmten Wortbildungsarten und deren Abgrenzung gegenüber anderen Möglichkeiten. Die Darstellung der Wortbildung erfolgt unter **synchronem** Aspekt. Da, wo es für heutige Erklärungsversuche hilfreich ist, auf sprachhistorische Fakten zurückzugreifen, oder wo einzelne Erscheinungen einen interessanten Einblick in die sprachliche Entwicklung geben, wird die Diachronie mit einbezogen. Zunächst sollen jedoch die „Bausteine" des Wortes, seine Konstituenten, betrachtet werden.

5.1.1   Morpheme als Konstituenten des Wortes

Morpheme sind die kleinsten lautlichen oder graphischen Einheiten mit einer Bedeutung oder grammatischen Funktion (Linke u. a., 2004, S. 66). Sie bilden die Konstituenten der Wortstruktur und ergeben durch Kombination neue Wörter und Wortformen. Wie bereits erwähnt, sind für die Bildung neuer Wörter als Einheiten des Lexikons und die Darstellung der einzelnen Wortbildungstypen die Arten von Morphemen, die eine entsprechende Verbindung eingehen, von grundlegender Bedeutung. Bei ihrer Beschreibung sollen die nativen Morpheme im Mittelpunkt dieser Einführung stehen.

Das Morpheminventar des Deutschen lässt sich mit Schippan (2002, S. 80–81) nach vier Kriterien erfassen:

a. nach Bedeutung/Funktion der Morpheme,
b. nach dem Grad ihrer Selbstständigkeit,
c. nach ihrer Position und
d. nach ihrer Reproduzierbarkeit.

- **Nach der Bedeutung/Funktion sind zu unterscheiden:**

– Basismorpheme (BM) sind Träger der lexikalisch-begrifflichen Bedeutung. Wir gehen davon aus, dass sie hinsichtlich der Wortartprägung
  (der Kategorie) nicht neutral sind, sondern kategorial gebunden, kategorial markiert.

– Wortbildungsmorpheme (WBM) dienen der Bildung neuer Wörter, und
  sie vermitteln sowohl lexikalisch-begriffliche Informationen (*Schulung*
  'abstrakt', 'Prozess') als auch grammatische Informationen ('Substantiv',
  'feminin').

– Flexionsmorpheme (FM) tragen grammatische Bedeutung und repräsentieren die so genannten grammatischen Kategorien der flektierbaren
  Wortklassen (*Kindern*: Numerus 'Plural', Kasus 'Dativ'). Sie konstituie-
  ren Wortformen.

– Fugenelemente (FE) treten nur wortintern auf und stellen fakultative
  Funktionszeichen der Verknüpfung von Konstituenten dar. Aber auch
  das Gegenteil ist anzutreffen: Beim Verknüpfen von zwei Konstituenten wird das auslautende -*e* des Erstgliedes getilgt, z. B. bei *Endkampf,
  Sprachwissenschaft, Wollkleid*. Mitunter verbindet sich mit der Tilgung
  das Kombinieren mittels Fugenelement (vgl. *Hilfsfond, Hilfsverb, Ge-
  birgskamm, Gebirgsmassiv*). Teilweise entwickelten sich die Fugenelemente aus Flexionsformen des Erstgliedes einer ursprünglichen Nominalphrase (vgl. *des Landes Regierung → Landesregierung*) und bildeten
  ein Muster für zahlreiche Analogien, ohne dass immer eine Flexions-
  form zugrunde lag (vgl. *Arbeitsteilung, Liebesdienst*). Die Fugenelemente können mitunter bedeutungsdifferenzierend wirken (vgl. *Landmann*
  ('Bauer') gegenüber *Landsmann* ('aus derselben Gegend stammend')).
  Unter synchronem Aspekt soll gelten: Jede formale Abweichung von der
  grammatisch neutralen Grundform einer Konstituente ist wortintern als
  Fugenelement einzuordnen, z. B. *Arbeitsamt, Tagesordnung*. (Allerdings
  werden mit dieser Festlegung auch die bedeutungtragenden Kompara-
  tionsflexive erfasst, vgl. *Höchstleistung* – 'Leistung ohne Steigerung', *ver-
  breitern* – 'breiter machen als vorher'.) Tritt dagegen ein solches Element
  am Wortrand auf, so kennzeichnet es eine grammatische Wortform und
  ist Flexionsmorphem wie bei *Untersuchungen, gelernt*. Eine engere Auffassung von Fugenelementen finden wir z. B. bei Donalies (2005, S. 45),
  die sie nur auf Elemente bezieht, „die nicht im Flexionsparadigma der
  ersten Einheit vorkommen".

– Mitunter können zwei oder mehrere Bedeutungsinformationen in eine
  morphologische Einheit eingehen. Man spricht dann von einem Port-
  manteau-Morphem (PM), z. B. bei gleichzeitiger Repräsentanz der beiden Morpheme *in* und *dem* durch *im*.

- **Nach dem Grad der Selbstständigkeit (frei vs. gebunden):**

– Es sind ~~freie und~~ gebundene Morpheme zu unterscheiden. Freie Morpheme haben ohne zusätzliche Elemente Wortcharakter, gebundene Morpheme müssen immer mit einem Basismorphem kombiniert sein.

  Abgesehen von den reinen Funktionswörtern – sie gehören aufgrund des Fehlens von lexikalisch-begrifflicher Bedeutung streng genommen nicht zu den Basismorphemen (z. B. *dass, der*) und werden deshalb z. T. auch als freie grammatische Morpheme bezeichnet (vgl. Pörings und Schmitz (2003, S. 54)) – können nur die eigentlichen Basismorpheme frei sein, d. h. Wortstatus einnehmen (*Berg, Maus, Tisch*). Wortbildungsmorpheme und Flexionsmorpheme sind stets gebunden – sie können ohne Kombination mit einem Basismorphem keinen Wortstatus erhalten (**unfrei, Türen**).

– Aber auch Basismorpheme kommen nicht immer frei vor: Verbale Basismorpheme benötigen grundsätzlich zur Wortfähigkeit das Flexionsmorphem des Infinitiv Präsens Aktiv -*en* (**nehmen, lesen, weinen**) oder ein anderes Flexionsmorphem (**weinte, versteht**). Ebenso existieren Konfixe als Basismorpheme fremder Herkunft im Deutschen nur als Bestandteil von Morphemkombinationen (**Makrostruktur, fanatisch**), es sei denn, Prozesse der Kurzwortbildung wirken dem entgegen (vgl. (2)).

> (5.2) *Ich trage nur **Mini**. Zur **Disko** gehe ich regelmäßig.*

  Auch unikale Morpheme sind als ‚erstarrte' Basismorpheme in der Regel gebunden. Sie existieren gegenwartssprachlich als Unikate nur noch in **einer** Kombination und können erst im Zuge etymologischer Untersuchungen formal-semantisch als Basismorpheme interpretiert werden und gehen keine Neubildungen ein. In der neueren Linguistik werden die unikalen Morpheme auch als Pseudomorpheme bezeichnet. Pseudomorpheme treten gegenwartssprachlich sowohl in Komposita (**Brombeere, Sintflut, Bräutigam, Mitgift**) als auch in Derivaten (**Unflat, vergeuden**) auf. Sie sind in einer Morphemkombination zwar isolierbar, aber eben nicht wiederholbar und zeigen verschiedene Grade morphologischer Durchsichtigkeit (vgl. auch Simmler (2002, 1998)).

- **Nach ihrer Position (einsetzbar vs. additiv):**

– Man unterscheidet additive und einsetzbare Morpheme. Additiv sind solche Morpheme, die dem Basismorphem hinzugefügt werden, also Wortbildungsmorpheme und Flexionsmorpheme. Als Wortbildungsmorpheme sind Präfixe, Partikelpräfixe und die wortbildungsmorphemähnlichen Partikeln links vom Basismorphem positioniert: **Verband, hinterfragen, abnehmen** (zur Bestimmung und Abgrenzung der Partikelpräfixe und Partikeln siehe 5.3.1.1.2),

Suffixe rechts vom Basismorphem: *waschbar, grünlich* und Zirkumfixe umschließen das Basismorphem: *Gesinge, beschönigen*. Diese Erscheinung findet man auch im Bereich der Flexion z. B. bei der Bildung des Partizips Perfekt: *gesungen, gelernt*.

In diesem Kapitel bezieht sich der Terminus Affix in engerer Auslegung immer auf Wortbildungsmorpheme; die Termini Präfix, Suffix und Zirkumfix kennzeichnen hier – thematisch bedingt – nur Arten von Wortbildungsmorphemen und werden nicht auf Flexionsmorpheme bezogen.

– Einsetzbare Morpheme kommen im Basismorphem zur Geltung – sie sind entweder implizite Morpheme oder Allomorphe. Kriterium für die Unterscheidung ist die Frage, ob sie im konkreten Fall eine grammatische bzw. semantische Funktion haben oder nicht. In *sang*, wo der Ablaut das Tempus Präteritum des starken Verbs *singen* markiert, und in *Väter*, wo der Umlaut einziger Anzeiger des Plurals ist, sind *a* und *ä* implizite Morpheme. In *Gesang*, wo eine Tempusmarkierung aufgrund der fehlenden Kategorie beim Substantiv gar nicht möglich ist, stellt *a* ein Allomorph dar. Ebenso das *ü* in *mütterlich*, wo der Umlaut eine Konsequenz des Suffixes -*lich* ist und nichts mit der kategorialen Einordnung als Adjektiv zu tun hat. Die „Reste" des Basismorphems bezeichnet man mitunter auch als diskontinuierliches Morphem (bei *sang* beträfe das *s ...ng*).

• **Nach ihrer Reproduzierbarkeit:**

– Morpheme sind in der Regel reproduzierbar und wiederholbar, d. h., sie werden in unserem mentalen Lexikon gespeichert und sind so immer wieder für neue Kombinationen abrufbar.
Die bei Eisenberg (2006, S. 217) unter synchronem Aspekt als „morphologischer Rest" zusammengefassten Elemente werden hier vereinfachend mit zum Basismorphem gezählt, da sie nur noch einen marginalen Status als morphologische Einheiten besitzen. Es handelt sich z. B. um so genannte Pseudoaffixe wie -*e* und -*en* in funktional schwachen Endsilben von Substantiven, die z. B. bei Hinzufügen des Diminutivsuffixes -*chen* wegfallen (vgl. (3)).

    (5.3)   *Tante – Tantchen, Hase – Häschen, Laden – Lädchen, Faden – Fädchen.*

– Anders verhalten sich demgegenüber -*er* und -*el* in Beispielen wie (4).

    (5.4)   *Bruder – Brüderchen, Onkel – Onkelchen.*

Sie sind echte Bestandteile des Basismorphems und werden als solche nicht ersetzt.

5.1.2   Zur Syntax von Wortbildungskonstruktionen

Obwohl das Lexikon selbstständiger Bestandteil der Grammatik ist, sind Wortbildungsregeln unter strukturellem Aspekt mit den strukturaufbauenden Regeln der Syntax vergleichbar. Komplexe Wörter sind wie syntaktische Strukturen in einer streng hierarchischen Ordnung von Teil-Ganzes-Verhältnissen angelegt. Sowohl für die Darstellung von (syntaktischen) Phrasenstrukturen als auch von Wortstrukturen bietet sich das Instrumentarium der Konstituentenanalyse an. Trotz formaler Parallelen von Phrasenstrukturen und Wortstrukturen unterscheiden sich beide allerdings in verschiedener Hinsicht voneinander. So werden u. a. komplexe Wörter in der Regel als feste Wortschatzelemente im mentalen Lexikon gespeichert, was für syntaktische Strukturen nicht in gleicher Weise gilt. Als klares Abgrenzungskriterium komplexer Wörter gegenüber Phrasenstrukturen hebt Donalies am Beispiel von Komposita europäischer Sprachen das Flexionskriterium hervor. Es besagt, dass diese im Gegensatz zu Phrasen nur am Kopf (Kern, Head) flektiert werden (vgl. Donalies (2003, S. 89)).

Syntaktische Haupteigenschaften von Wortbildungen im engeren Sinne sind:

- Sie stellen meist Morphemkonstruktionen (MK), also Kombinationen aus Morphemen, dar.
- Sie sind hierarchisch organisiert und können in ihre Bestandteile, so genannte **Konstituenten** (unmittelbare und mittelbare), zerlegt werden. **Unmittelbare Konstituenten** (UK) sind die Konstituenten, in die eine Einheit unmittelbar, d. h. auf der nächstniederen Hierarchie-Ebene, zerlegbar ist. Die so entstandene Konstituentenstruktur kann mittels Stammbaum veranschaulicht werden und lässt sich in einer Morphemdarstellung oder in einer Kategorienschreibung (Verwendung von Symbolen der Wortkategorienklassen) aufzeigen. Als lineare Form bietet sich aus platzsparenden Gründen die Klammerschreibung an.

Unter **Stamm** soll hier immer eine Kombination von Morphemen verstanden werden, bestehend aus Basismorphem(en) und Wortbildungsmorphem(en) bzw. aus mindestens zwei Basismorphemen (*fruchtbar, untreu, unfruchtbar, ganztägig, Lachgas*). Flexionsmorpheme als variable Elemente eines Flexionsparadigmas werden nicht als Bestandteile des Stamms angesehen. Der Begriff Stamm wird in der Linguistik unterschiedlich definiert, teils wird jede Konstituente (komplex oder einfach), die ein Basismorphem enthält, als Stamm bezeichnet (vgl. Fleischer und Barz (2007, S. 25)), teils werden Flexionsmorpheme mit in den Stamm einbezogen (vgl. Motsch (1996, S. 161)). Als **Wurzel** soll das Basismorphem gelten, das im konkreten Fall

Grundlage für Wortbildungsprozesse ist (*Lehramt, nachlässig*). Sie ist der Teil, der nach Abstreichen von Wortbildungsmorphemen und/oder erweiternden (determinierenden) Basismorphemen übrig bleibt. Es können mitunter auch mehr als eine Wurzel in einem Wort enthalten sein (***Studienbewerber, Altstadtfest***). Ist in den Strukturdarstellungen das Basismorphem mit einem Häkchen versehen (BM'), soll dies auf eine Vokaländerung im Zuge der Wortbildung hinweisen. Es enthält dann ein einsetzbares Morphem, meist ein Allomorph wie im Fall von *nachlässig* (gegenüber *nachlassen*). Da Fugenelemente, synchron gesehen, in der Regel keine bedeutungstragenden Einheiten sind (vgl. Schippan (2002, S. 84) und Fleischer und Barz (2007, S. 137)), werden sie meist nicht als echte Morpheme betrachtet (Schippan bezeichnet sie als „leeres Morph"). Deshalb erhalten sie in unserer Morphem- und Kategorienschreibung nicht den Status einer Konstituente, sondern werden mit Komma an die Konstituente (meist 1. UK) angeschlossen, die sie gemäß ihrer Funktion mit einer anderen (meist 2. UK) verknüpfen. <u>In der Kategorien- und Klammerschreibung wird der Terminus ‚Affix' (Aff) immer auf Derivationsaffixe bezogen. Somit ist ‚Präfix' (Präf) als Derivationspräfix, ‚Suffix' (Suff) als Derivationssuffix zu verstehen.</u> Die wortkategorieprägende Funktion der Suffixe wird nicht ausdrücklich expliziert (also nur ‚Aff/Suff'). Das Flexionsmorphem erhält das Symbol F (vgl. Abbildung 5.1).

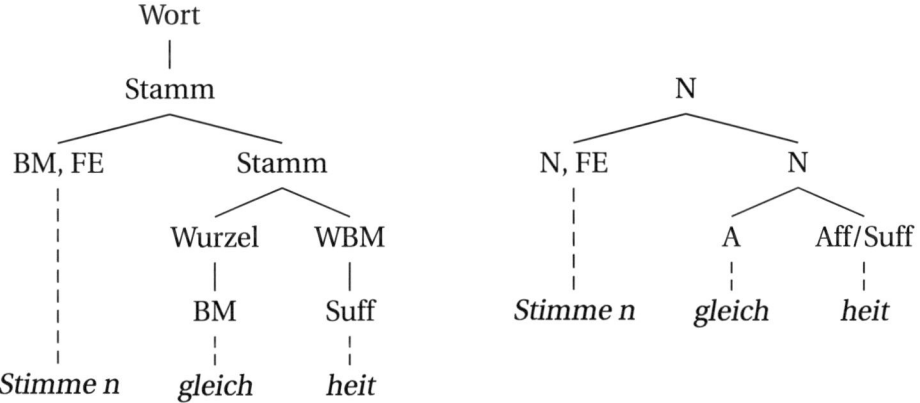

$$[_N[_N\textit{Stimme}]_{FE}\ n[_N[_A\textit{gleich}][_{Aff/Suff}\textit{heit}]]]$$

Abbildung 5.1: Morphem-, Kategorienbaum und Klammerschreibung von *Stimmengleichheit*

- Wortbildungskonstruktionen (WBK) sind in der Regel **binär** strukturiert (sie besitzen 2 UK). Ausnahmen bilden Strukturen wie *Tunichtgut,*
  Vergissmeinnicht (3 UK) und *Uni, FAZ* (ohne UK-Struktur). Der morphologische Head (Kern, Kopf; zum morphologischen Head siehe auch
  5.3.1.1.1) kann rechts oder links positioniert sein, sprachspezifisch gilt
  allerdings für das Deutsche als rechtsköpfiger Sprache die Wortstrukturregel X → YX.

Sie drückt aus, dass die rechte UK den morphologischen Head bildet,
der die kategorialen Eigenschaften des Gesamtwortes festlegt (vgl. (5)).

> (5.5)   *haushoch*: $[_A[_N\,haus][_A\,hoch]]$
>   *Hochhaus*: $[_N[_A\,Hoch][_N\,haus]]$

Auch hier stellen die Strukturen *Tunichtgut, Vergissmeinnicht* Ausnahmen
dar (ausführlicher siehe 5.2.3). An Beispielen sollen die Konstituentenstruk-
turen der einzelnen Wortbildungsarten im Verlauf des Kapitels exemplarisch dargestellt werden. Dabei werden alle drei Schreibungen einbezogen.

5.1.3   Zur Semantik von Wortbildungskonstruktionen

Um die Bedeutung von WBK zu ermitteln, bedient man sich allgemein des
Kompositionalitätsprinzips, nach dem Mathematiker und Logiker Gottlob
Frege auch als Fregeprinzip bezeichnet. Es besagt, dass sich die Bedeutung
einer WBK aus der Bedeutung ihrer Bestandteile und der Bedeutung der Relation zwischen den Bestandteilen ergibt. Ist dies der Fall, spricht man von
morphematischer Motivation.

Allerdings tendieren WBK als Benennungseinheiten, diachron gesehen, zu
einer ganzheitlichen Semantik, die sich nicht mehr an den Bedeutungen
ihrer Bestandteile orientiert (Prozess der Demotivierung, Idiomatisierung).
Zwischen den Polen morphematischer Motivation einerseits und völliger
Idiomatisierung andererseits gibt es Übergänge, die in der geläufigen Abstufung **vollmotiviert**, **teilmotiviert**, **idiomatisiert** deutlich werden. (Zu den
Motivationsarten und -graden siehe auch 3.1.2.)

Zur Umsetzung des Kompositionalitätsprinzips wird meist das Verfahren
der **Paraphrasierung** angewendet, bei dem durch eine „semantisch mehr
oder weniger äquivalente Wortverbindung" (Fleischer und Barz, 2007, S. 11)
die Bedeutungsbeziehung innerhalb einer WBK erhellt werden kann, (z. B.
(6)).

> (5.6)   *Schichtarbeit* – 'Arbeit in Schichten',
>   *Schieferdach* – 'Dach, das mit Schieferplatten gedeckt ist',
>   *breitschultrig* – 'breite Schultern habend'.

Allerdings muss dieses Verfahren kritisch betrachtet werden (wie das bei Fleischer und Barz (2007) schon anklingt), da es ohne formalisiertes Instrumentarium zur Wiedergabe semantischer Zusammenhänge relativ vage bleibt. Mit den Mitteln der logischen Semantik lassen sich diese präziser erfassen, ohne auf eine Beschreibung durch Paraphrasen zu verzichten.

Die einzelnen Wortbildungskonstruktionen können – wie bei Motsch (2004) – semantisch charakterisiert werden durch

1. das ihnen zugrunde liegende allgemeinere semantische Muster für Wortbildungen,
2. ihre konkrete semantische Repräsentation und
3. deren Paraphrasierung.

Drei WBK unterschiedlicher Kategorie und Wortbildungsart sollen dies exemplarisch demonstrieren, auf eine formal-semantische Beschreibung aller zu behandelnden Wortbildungstypen soll hier verzichtet werden. Relevant erscheinende Fragen der Bedeutung werden selbstverständlich in die Darstellung mit einbezogen.

(5.7) *schlammig*

    a.   [BESTANDTEIL VON (N)] (x)

    b.   [BESTANDTEIL VON (SCHLAMM)] (x)

    c.   'Schlamm als Bestandteil zu haben ist die Eigenschaft von x'

(5.8) *Glasplatte*

    a.   [N & MATERIAL VON (N', N)] (r)

    b.   [PLATTE & MATERIAL VON (PLATTE, GLAS)] (r)

    c.   'Referent ist eine Platte, die aus Glas hergestellt ist'

(5.9) *erklingen*

    a.   [BEGINN (V(x,s))] (x,s)

    b.   [BEGINN (KLING (x,s))] (x,s)

    c.   'ein Aktant vollzieht die Anfangsphase des Geschehens 'klingen''

Die Einträge der einzelnen WBK werden als Prädikat-Argument-Strukturen dargestellt. Es sind Strukturen, die aus dem ergänzungsbedürftigen semantischen Prädikat und seinen diese Ergänzungen liefernden Argumenten bestehen. Ihre semantische Repräsentation erfolgt in Großbuchstaben, die Paraphrasierung wird in einfache Anführungszeichen gesetzt.

Bezogen auf die Beispiele stehen N und V für die Wortkategorien Nomen und Verb sowie deren semantische Repräsentationen.

x bei Adjektiven (*schlammig*) repräsentiert die Argumentstelle für das Bezugswort (wobei relationale Adjektive mehr als eine Argumentstelle besitzen). x bei Verben (*erklingen*) repräsentiert die Argumentstelle für Aktanten. Aktanten sind die an einem Sachverhaltstyp beteiligten Argumentstellen, die durch semantische Rollen gekennzeichnet sind, z. B. 'Agens' (x^1 'ein Aktant ist physisch oder geistig aktiv'), 'Thema' (x^2 'ein Aktant entfaltet keine Eigenaktivität bzw. ist von der Aktivität des Agens betroffen'). s bei Verben repräsentiert die zu ihrer Argumentstruktur gehörige Referenzstelle für den Sachverhalt, auf den sich die semantische Repräsentation bezieht. r repräsentiert die Referenzstelle des Nomens[1].

5.1.4 Zur Beschaffenheit der unmittelbaren Konstituenten in den Hauptwortbildungsarten

Im Überblick sollen die Hauptarten der deutschen Wortbildung an Hand der Beschaffenheit ihrer unmittelbaren Konstituenten kurz charakterisiert werden, bevor jede Art einzeln vorgestellt wird. Dabei soll ‚freies Basismorphem' bzw. ‚freie Morphemkonstruktion' im strengen Sinne als alleiniger Repräsentant eines Wortes verstanden werden (vgl. *Tor / Gartentor*). Sobald zur Wortfähigkeit Wortbildungsmorpheme bzw. Flexionsmorpheme notwendig werden – wie z. B. grundsätzlich bei verbalen Basismorphemen – liegt bereits Gebundenheit vor (vgl. *les(bar)* = gebundenes Basismorphem (BM) *vorles(en)* = gebundene Morphemkonstruktion (MK)).

• Komposition

Die unmittelbaren Konstituenten stellen Basismorpheme (frei / gebunden) bzw. Morphemkonstruktionen (frei / gebunden) dar.

[BM/MK freie/gebundene UK]+[BM/MK freie UK]:

[*Wäsche*][*leine*], [*Lehr*][*stoff*], [*Erkältung*]s[*krankheit*]

• Derivation

Nur eine unmittelbare Konstituente ist ein Basismorphem bzw. eine Morphemkonstruktion (frei / gebunden).

– Explizite Derivation:

Die gebundene UK (WBM) ist phonetisch-phonologisch expliziert.

---

[1] Ausführlich siehe Motsch (2004).

* **Präfigierung**

[Präf gebundene UK] + [BM/MK freie UK]:

[*ver*][*trauen*], [*Un*][*freiheit*]

* **Suffigierung**

[BM/MK freie/gebundene UK] + [Suff gebundene UK]:

[*freund*][*lich*], [*gebräuch*][*lich*]

* **Kombinatorische Derivation (Zirkumfixderivation)**

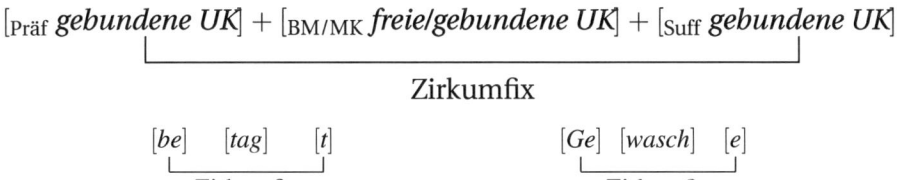

[Präf *gebundene UK*] + [BM/MK *freie/gebundene UK*] + [Suff *gebundene UK*]:

Zirkumfix

[*be*]   [*tag*]   [*t*]   [*Ge*] [*wasch*]   [*e*]

Zirkumfix   Zirkumfix

– **Implizite Derivation**:

Die gebundene, rechte UK ist phonetisch-phonologisch nicht expliziert, das Wortbildungsmorphem ist ein Nullmorphem, ein Ø-Suffix.

[freies Wort] → [BM/MK gebundene UK] + [leere UK] – FM:

[*schauen*] → [*Schau*] [Ø], [*abwaschen*] → [*Abwasch*] [Ø]

[BM/MK freie UK] + [leere UK] (+ FM):

[*grün*] → [*Grün*] [Ø-Suffix], [*Salz*] → [*salz*] [Ø] + (*en*)

• **Kurzwortbildung**

Bei dieser Wortbildungsart spielt die Strukturierung in unmittelbare Konstituenten nur eine sehr eingeschränkte Rolle. Nur bei partiellen Kürzungen liegt eine solche vor.

[MK freies Wort] → [gekürzte UK] + [BM/MK freie UK]:

[*Untergrundbahn*] → [*U*] [*Bahn*],
[*Schutzkontaktstecker*] → [*Schuko*] [*stecker*]

5.2   Komposition

Die Komposition ist eine Wortbildungsart, bei der durch die Verbindung von mehreren, mindestens aber zwei Basismorphemen oder Stämmen ein neues Wort (Kompositum) entsteht (vgl. die folgenden Beispiele (10) und die Abbildung 5.2 auf der nächsten Seite).

(5.10)   a.   *Bildung + Bedürfnis → Bildungsbedürfnis*,

b.   *neun + zehn → neunzehn*

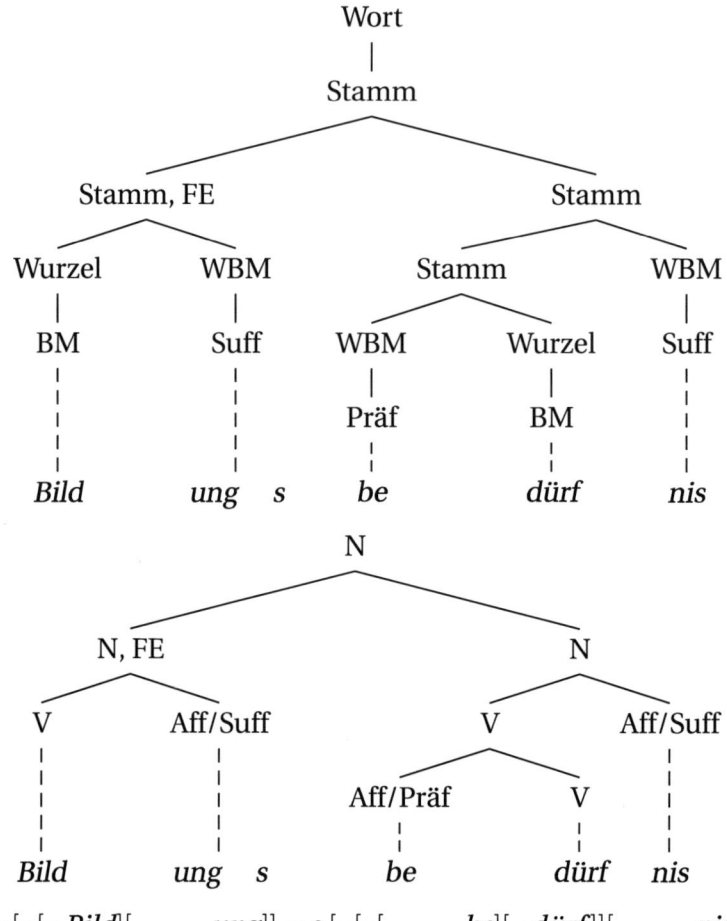

$[_N[_N[_V\ \textit{Bild}][_{\text{Aff/Suff}}\ \textit{ung}]]_{\text{FE}}\ \textit{s}\ [_N[_V[_{\text{Aff/Präf}}\ \textit{be}][_V\ \textit{dürf}]][_{\text{Aff/Suff}}\ \textit{nis}]]]$

Abbildung 5.2: Morphem-, Kategorien- und Klammerschreibung: *Bildungsbedürfnis*

Komposita sind in der Regel binär strukturiert (Ausnahmen siehe 5.2.2,
5.2.3), die 2. UK legt als morphologischer Head die kategorialen Merkmale des Gesamtwortes fest (Ausnahmen s. 5.2.3). Der Prototyp des Kompositums ist das substantivische Kompositum, das deshalb auch im Zentrum
der Darstellung steht. Es ist darüber hinaus der Worttyp, der im Deutschen
am verbreitetsten ist. Nach der semantischen Beziehung, die zwischen den
UK von Komposita vorliegen kann, soll zwischen **Determinativkomposita
(DK) mit semantisch- hypotaktischer Relation** und **Kopulativkomposita
(KK) mit semantisch-parataktischer Relation** unterschieden werden. Da
die Trennung in diese beiden Kompositionstypen primär semantisch be-

dingt ist, wird sie in neueren Ansätzen oft nicht mehr vollzogen und die Kopulativkomposita als ein Spezialfall von Determinativkomposita betrachtet (s. 5.2.2).

5.2.1 Determinativkomposita

Sie repräsentieren die umfangreichste und produktivste Gruppe unter den Komposita. Durch weitere Kombination zweigliedriger Komposita kann man theoretisch zu unendlichen Gebilden gelangen, lediglich eingeschränkt durch unsere begrenzte mentale Speicherfähigkeit bzw. durch inhaltliche Grenzen der konkreten Bildungen. Eines der längsten lexikalisierten gegenwartssprachlichen Determinativkomposita ist *Überseereichweitenfernsehrichtfunkverbindung*. Die semantisch-hypotaktische Relation zwischen den beiden Kompositionsgliedern zeigt sich darin, dass die 1. UK (= Determinans) die 2. UK (= Determinatum) semantisch determiniert, d. h. in ihrem Geltungsbereich, ihrer Extension einschränkt: Der Geltungsbereich von *Fenster* ist in *Kellerfenster* auf eben diese Art reduziert und bezieht sich nicht auf irgendein Fenster, sondern nur auf eine Teilklasse. Diese Relation wird auch als **Modifikator-Kopf-Relation** bezeichnet. Bei substantivischen (nominalen) Determinativkomposita muss – entsprechend der Regel X → YX – die 2. UK ein Nomen sein. Dabei unterliegen NN-Komposita den geringsten Bildungsbeschränkungen. Beide Nomen können einfach, wiederum zusammengesetzt, aber auch abgeleitet sein (11):

(5.11) *Garten-zaun, Lehramts-studiengang, Schul-behörde, Schönheitsfarm.*

AN- bzw. VN-Komposita unterliegen bezüglich der 1. UK stärkeren Restriktionen.

> Allgemein scheint zu gelten, dass ein Adjektivstamm und ein Verbstamm dann zugelassen ist, wenn er als solcher gut erkennbar ist und eine 'einfache' adjektivische bzw. verbale Bedeutung hat. Kann mit einem substantivischen Determinans dasselbe erreicht werden wie mit einem adjektivischen oder verbalen, so wird ihm in der Regel der Vorzug gegeben. (Eisenberg, 2006, S. 227)

So sind z. B. affigierte Adjektive als 1. UK in der Regel nicht möglich (vgl. (12)).

(5.12) a. *Früh-beet, Rein-erlös, Fremd-bestimmung*

   b. aber **Zeitig-schicht, *Reinlich-schrift, *Waschbar-stoff*

Unter formalem Aspekt werden Determinativkomposita dann als **Zusam-menbildungen** bzw. **Phrasenkomposita** (ausführlicher dazu z. B. Meibau-er (2003) und Lawrenz (2006)) bezeichnet, wenn zwischen den UK eine **Wortgruppe-Wort-Relation** oder **Satz-Wort-Relation** besteht. Die 1. UK kommt dann nicht frei vor, sondern ihre Bestandteile beruhen auf einer Beziehung zwischen Gliedern einer syntaktischen Wortgruppe oder eines Satzes (*Eintagsfliege*: 1. UK nicht Wort **Eintag*, sondern WG *ein Tag*; *Du-lässt-mich-allein-Blick*: 1. UK nicht Wort **Dulässtmichallein*, sondern Satz *Du lässt mich allein*). Dabei muss die Wortgruppenkonstituente nicht alle Bestandteile der zugrunde liegenden Wortgruppe enthalten (auch die Satz-konstituente kann fragmentarisch sein). Ihre Glieder können auch unflek-tiert in die erste UK eingehen. Häufig ist als Bestandteil der Wortgruppe ein Zahladjektiv (Numerale) beteiligt:

> (5.13)   *Dreiraumwohnung*: 'Wohnung aus drei Räumen bestehend'
> $([_N[_{WG}[_{ZA} Drei][_N raum]] [_N wohnung]])$,
> *Rundtischgespräch, Lasthebemagnet,*
> *Viersternehotel, Sechstagerennen, Achtstundentag.*

In den genannten Beispielen ist die WG-Konstituente intern hypotaktisch organisiert ('vier Sterne', 'runder Tisch'), sie kann aber auch parataktische Elemente enthalten: (14)

> (5.14)   a.   *Herz-Lungen-Maschine* ('Maschine für Herz und Lunge die Funktion übernehmend'),
>
>   b.   *Arzt-Patienten-Verhältnis* ('Verhältnis zwischen Arzt und Patienten'),
>
>   c.   *Grund-Folge-Beziehung* ('Beziehung basierend auf Grund und Folge').

In hypotaktisch organisierten WG-Konstituenten wird hier nur das Basis-morphem des Kernwortes als Wurzel betrachtet, in parataktisch organisier-ten WG-Konstituenten sind die Basismorpheme aller Bestandteile potenti-ell Wurzeln, meist sind es zwei (siehe Beispiele und vgl. 5.3).

Eine Zusammenbildung kann auch bei der expliziten Derivation (Suffigie-rung) vorliegen, die z. B. Erben (2006) als einzigen Zusammenbildungstyp anerkennt (Näheres unter 5.2.3).

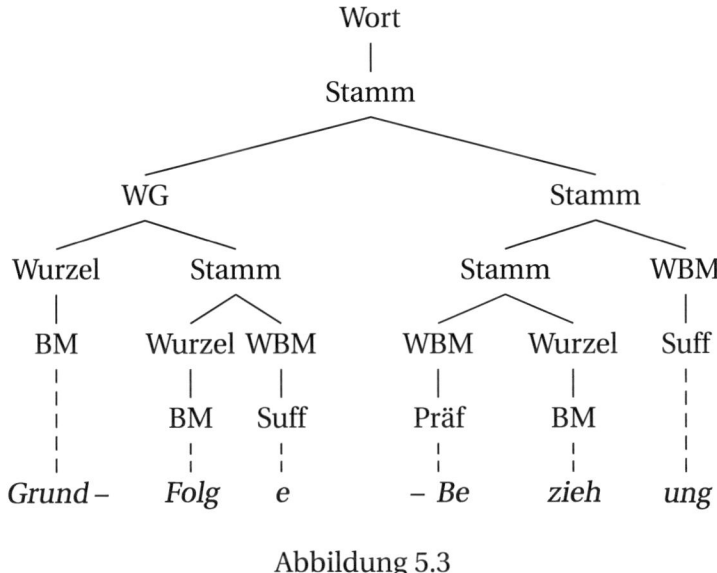

Abbildung 5.3

So genannte **Konfixkomposita** sind Determinativkomposita, wenn eine der beiden UK ein gebundenes Basismorphem fremder Herkunft (meist griechischen und lateinischen Ursprungs) darstellt, z. B. ***Biogas, Photothek***. Auch Konfixkomposita mit zwei gebundenen fremden Basismorphemen als UK kommen vor: ***Astro/nom, Mono/log***.

5.2.1.1 Endozentrische vs. exozentrische Determinativkomposita

Wenn die 2. UK nicht nur morphologischer, sondern auch semantischer Head ist (auch als semantischer Kern bezeichnet), spricht man von **endozentrischen** Determinativkomposita. Bei allen bisherigen Beispielen ist dies der Fall.

Ein solches endozentrisches Determinativkompositum kann semantisch erweitert werden, um ein Lebewesen oder Objekt zu benennen, das die im Wort bezeichnete Eigenschaft besitzt oder dem metaphorisch eine solche Eigenschaft zugeschrieben wird (vgl. Olsen (1990a, S. 143)). Es entsteht dann eine **exozentrische** Lesart: Das, was bezeichnet werden soll, wird durch das Kompositum selbst nicht erfasst. *Löwenmaul* kann sich als endozentrisches Determinativkompositum auf das Maul eines Löwen beziehen; als exozentrisches Determinativkompositum oder **Possessivkompositum** benennt es eine Blume, deren Blütenform vergleichbar mit dem Körperteil dieses Tieres ist. Der Terminus 'Possessivkompositum' verweist darauf, dass jeweils ein besitzendes Merkmal (z.T. als Metapher) ausschlaggebend für die Benennung ist. Possessivkomposita liegt eine pars-pro-toto-Relation (ein Teil steht für das Ganze) zugrunde (15):

(5.15)   a.   *Rotkäppchen* = Märchengestalt der Gebrüder Grimm mit rotem Käppchen,

         b.   *Blauhelme* = UNO-Soldaten, erkennbar an ihren blauen Schutzhelmen,

         c.   *Grünrock* = Förster in seiner grünen Uniform,

         d.   *Pfauenauge* = Schmetterling mit markanter Flügelzeichnung, vergleichbar mit dem Auge eines Pfauen.

Possessivkomposita sind immer Nomen. Da sie der Wortstrukturregel X → YX folgen und die interne semantische Relation zwischen den UK eine Modifikator-Kopf-Relation ist, werden sie nicht als selbstständiger Kompositionstyp betrachtet, sondern als Sondergruppe von Determinativkomposita behandelt.

Daneben gibt es auch exozentrische Determinativkomposita, bei denen die pars-pro-toto-Relation nicht gegeben ist und die deshalb nicht zu den eigentlichen Possessivkomposita zählen. Als Metaphern verbalisieren sie bereits ein Ganzes (16):

(5.16)   a.   *Angsthase* = ängstlicher Mensch,

         b.   *Himmelschlüsselchen* = Blume,

         c.   *Schluckspecht* = jemand, der viel trinkt.

Ein Objekt als Ganzes (vgl. Tier *...hase, ...specht*) steht hier metaphorisch für ein anderes Objekt als Ganzes (Mensch), während bei den echten Possessivkomposita z. B. ein Kleidungsutensil als Teil (*...käppchen, ...helme, ...rock*) zur Bezeichnung für ein Objekt als Ganzes (Mensch) herangezogen wird.

5.2.1.2   Rektionskomposita vs. Nichtrektionskomposita

Die semantische Relation zwischen den UK von Determinativkomposita kann sehr vielfältig sein. In den meisten Fällen ist sie nicht festgelegt, sondern muss vom Sprachträger aufgrund seines Welt- bzw. Sprachwissens erst erschlossen werden. So wird man einen *Weinkeller* als 'Keller, in dem Wein aufbewahrt wird' verstehen, *Physikstunde* als 'Unterrichtsstunde im Fach Physik' interpretieren und *Holzschuppen* entweder als 'Schuppen, der aus Holz besteht' oder als 'Schuppen, in dem Holz gelagert wird' auffassen.

Grammatisch vorhersagbar ist die semantische Relation bei den so genannten **Rektionskomposita** aufgrund einer Argument-Prädikat-Relation zwischen den UK: Bei dem Kompositum *Postzusteller* z. B. ist die Head-Konstituente ein Derivat des Verbs *zustellen*. Dieses besitzt aufgrund seiner Rektionseigenschaft eine Argumentstruktur, die ein Agens ('jemand'), einen Adressaten ('jemandem') und ein Thema ('etwas') als Argumente enthält. Im Zuge der Derivation von V zu N kann diese Argumentstruktur an das komplexe Nomen vererbt werden (wobei in Wortstrukturen aufgrund ihrer Binarität in der Regel nur ein Argument realisierbar ist). Das Erstglied *Post* wird somit als Argument ‚Thema‘ des deverbalen Heads *Zusteller* verstanden (vgl. Olsen (1986b, S. 66ff.)). Zuvor hat das Verb sein Argument ‚Thema‘ im Zuge der -er-Suffigierung an das Nomen *Zusteller* vererbt. Vereinfacht lässt sich das so darstellen (vgl. auch Olsen (1986a, S. 81) und Römer (2006, S. 133)):

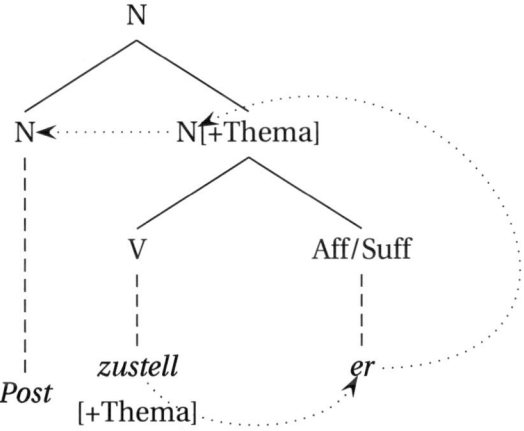

Abbildung 5.4: *Postzusteller*

Weitere Beispiele für Rektionskomposita sind (17):

(5.17)   a.   *Autofahrer* ('ein Auto fahren'),

b.   *Mathematiklehrer* ('Mathematik lehren'),

c.   *Stromverbrauch* ('Strom verbrauchen'),

d.   *Grippevorbeugung* ('der Grippe vorbeugen'),

e.   *Messeteilnahme* ('an der Messe teilnehmen'),

f.   *Amtsenthebung* ('des Amtes entheben'),

g.   *Englisch-Deutsch-Übersetzung* ('vom Englischen ins Deutsche übersetzen'),

h.   *Mutter-Kind-Betreuung* ('die Mutter betreut das Kind'; aber auch: 'Mutter und Kind betreuen').

In den Beispielen (17g) und (17h) wird durch Determinativkomposita mit Wortgruppenkonstituente die Möglichkeit genutzt, mehr als jeweils nur ein Argument in die Wortstruktur einzubringen. Allerdings ist auch die Rektionslesart nicht immer zwingend und somit die grammatische Vorhersagbarkeit der semantischen Relation zwischen den UK nicht garantiert.

> Ein Bürovermieter kann zwar Büros vermieten. Dieses Wort kann aber genauso gut jemanden bezeichnen, der Häuser und Wohnungen von seinem Büro aus vermietet. Gleiches gilt für Schmuckräuber, das einen Räuber von Schmuck bezeichnen kann, oder aber einen Räuber, der unter einer dicken Schmucktarnung Sparkassen ausraubt. (Olsen, 1990b, S. 145)

Besetzt die 1. UK kein Argument innerhalb der Argumentstruktur der Head-Konstituente wie in der sekundären Interpretation von *Bürovermieter* und *Schmuckräuber*, liegt auch kein Rektionskompositum, sondern ein **Nichtrektionskompositum** vor. Nur als solche zu interpretieren sind *Unfallfahrer, Hochschullehrer, Sofortverbrauch*. Zu ihnen werden auch die Bildungen *Weinkeller, Physikstunde, Holzschuppen* gezählt, deren 2. UK gar keine Argumentstruktur besitzt. Mitunter können Rektionskomposita auch in ihrer Rektionslesart ambig sein. In *Senatsvorlage* kann die 1. UK als „Agens-Argument" ('der Senat legt x vor') oder „Adressaten-Argument" ('dem Senat x vorlegen') verstanden werden, in *Personalausstattung* kann ebenfalls zwischen zwei Argumenten gewählt werden ('mit Personal ausstatten' neben 'das Personal ausstatten'). Die Rektionslesart ist nicht nur bei deverbaler 2. UK nominaler Determinativkomposita gegeben (wenn die Argumentstruktur bei Verben auch am ausgeprägtesten ist), sondern auch einige andere Wortkategorien können eine Argumentstruktur besitzen und bei Belegung der 2. UK Rektionskomposita bilden (vgl. *einbruchsicher* – 'sicher vor Einbruch', *keimfrei* – 'frei von Keimen').

5.2.2 Kopulativkomposita

Kopulativkomposita unterscheiden sich von Determinativkomposita durch die semantisch-parataktische Relation zwischen ihren UK. Damit diese semantische Gleichrangigkeit beider UK hergestellt werden kann, müssen zwei Bedingungen erfüllt sein:

- Die UK müssen der gleichen Wortkategorie angehören.

- Die UK müssen die gleiche Bezeichnungsklasse vertreten, sich auf derselben Stufe innerhalb der Begriffshierarchie befinden.

Lang (1977, S. 259) spricht auf der semantischen Ebene von einer gemeinsamen Einordnungsinstanz der Konjunktbedeutungen (GEI). Diese besteht „aus den gemeinsamen Fundierungsmerkmalen und zwei Spezifizierungshierarchien, in der die Komponenten des Kompositums, wenn es koordinativ sein soll, dieselbe Platznummer haben müssen". So ist das gemeinsame Fundierungsmerkmal für *Dichterkomponist* CREATOR, die beiden Spezifizierungsmerkmale (auf derselben Ebene) „musikalisch" und „literarisch". Weitere Vertreter sind z. B. :

taubstumm (Fundierungsmerkmal ORGANISCHE UNFÄHIGKEIT,
    Spezifizierungsmerkmale „decodieren" / „encodieren"),
Fürstbischof (Fundierungsmerkmal ADMINISTRATOR,
    Spezifizierungsmerkmale „weltlich" / „kirchlich"),
    (bisherige Beispiele nach Lang, ebenda)
Hassliebe (Fundierungsmerkmal EMOTION,
    Spezifizierungsmerkmale „extrem negativ"
    / „extrem positiv").

Für *taubstumm* siehe die Abbildungen 5.5. Aufgrund der parataktischen Beziehung zwischen den UK eines Kopulativkompositums werden hier beide Basismorpheme als Wurzeln bezeichnet.

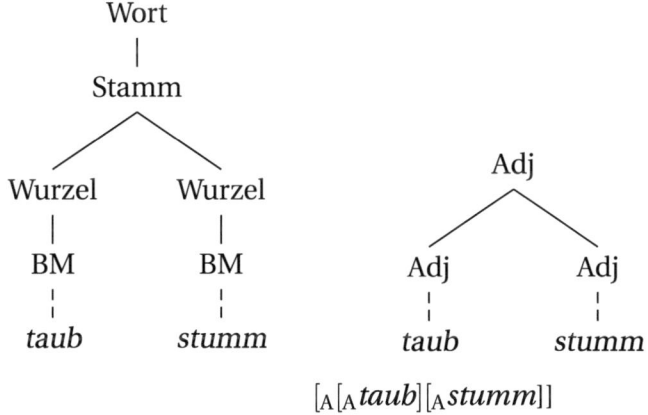

$$[_A[_A \textit{taub}][_A \textit{stumm}]]$$

Abbildung 5.5: Strukturbeschreibungen: *taubstumm*

Besonders im Bereich der Adjektive, die menschliche Eigenschaften und Verhaltensweisen benennen, sind Bildungen zu finden, die durch die semantisch adversative bis antonymische Beziehung ihrer beiden UK eine expressive Wirkung erzielen und vorwiegend in der Belletristik verwendet werden (vgl. Fleischer und Barz (2007) und Donalies (2007)).

Das logisch-semantische UND als Anzeiger der parataktischen Relation zwischen den UK wird bei vielen Zahlen-Komposita wie *einundzwanzig, vierundsechzig, neunundneunzig* sprachlich expliziert.

Über die Enge der Interpretation als Kopulativkompositum gibt es unterschiedliche Auffassungen in der Wortbildungsforschung – bis hin zur Negation dieser Bildungen als eigener Kompositionstyp. So zählen z. B. Breindl und Thurmaier (1992, S. 36–37) zu den nominalen Kopulativkomposita auch Komposita, deren UK nicht unbedingt auf derselben Spezifikationsebene liegen (*Gastdozent, Prinzgemahl, Schülerlotse, Waisenknabe*) und solche, bei denen die 2. UK Hyperonym gegenüber der 1. UK ist (*Jeanshose, Eichbaum, Rindvieh*). U. E. müssen die von Lang angegebenen Merkmale der GEI für die UK streng eingehalten werden, damit man von Kopulativkomposita sprechen kann. Bei ihnen wird der Geltungsbereich des Bezeichneten erst durch die **Koordination** der UK abgesteckt: So ist *Dichterkomponist* 'eine Person, die sowohl Dichter als auch Komponist ist', *Strichpunkt* 'ein Satzzeichen, das als Bestandteile sowohl Punkt als auch Strich besitzt' und *bittersüß* 'eine Geschmacksrichtung, die sowohl eine bittere als auch süße Note hat'. Bei *Gastdozent, Prinzgemahl...* und *Jeanshose, Eichbaum...* wird der Geltungsbereich des Zweitgliedes durch die Eigenschaften des Erstgliedes eingeschränkt. Es liegt eine Modifikator-Kopf-Relation der 1. UK gegenüber der 2. UK vor.

Altmann und Kemmerling (2005, S. 32) möchten sich auf das semantische Kriterium zur Unterscheidung von Determinativ- und Kopulativkomposita nicht verlassen und ziehen dafür Formmerkmale heran: „Liegt der Akzent auf dem Erstelement und ist ein Fugenelement vorhanden, präferieren wir in jedem Fall eine Klassifikation als Determinativkompositum", bei kopulativer Interpretation dagegen muss der Hauptakzent auf der rechten UK liegen (vgl. (18)):

(5.18)   a.   *Kosmo'nautenarzt* (mit FE *en*) tendiert eher zu 'ein Arzt, der speziell Kosmonauten betreut' → DK

b.   *Arztkosmo'naut* verdeutlichend auch *Arzt-Kosmo'naut* 'eine Person, die Arzt und Kosmonaut ist' → KK

c.   *'rotbraun* 'ein zu Rot tendierendes Braun' → DK

d.   *rot'braun* / verdeutlichend auch *rot-'braun* 'rot und braun (gestreift)' → KK.

Kopulativ zu interpretierende Farbadjektive bezeichnen immer farblich ab-
grenzbare Teile von Objekten (*schwarz-weiß, rot-weiß, rot-grün*), während
determinativ zu interpretierende Farbadjektive immer eine Farbmischung
bzw. Farbabstufung bezeichnen müssen (*blaugrün* 'bläuliches Grün', *dun-
kelrot* 'dunkles Rot', *hellblau* 'helles Blau'). Wie die Beispiele zeigen, verdeutlicht die neue Rechtschreibung den semantischen Unterschied bei Farbad-
jektiven durch das Setzen eines Bindestriches, wenn es sich um Kopulativkomposita handelt.

Morphologischer Head der Kopulativkomposita ist die rechte UK. Da für
diese Komposita kategoriale Gleichheit der UK verlangt ist, wird die Festlegung der Wortkategorie durch die rechte UK nicht vordergründig. Allerdings prägt sie auch die grammatischen Merkmale des Gesamtwortes. Das
wird an der Genuszuweisung substantivischer Bildungen deutlich:

1. UK (der) *Hass* + 2. UK (die) *Liebe* → **die** *Hassliebe*

In Bezug auf die Position des morphologischen Heads als strukturelles
Merkmal verhalten sich Kopulativ- und Determinativkomposita gleich. Das
ist ein Grund dafür, dass in neueren Wortbildungsbeiträgen die Grenze zwischen beiden Kompositionstypen oft nicht mehr so streng gesehen wird
und Kopulativkomposita aufgrund der oft schwierigen Entscheidung bezüglich des Vorliegens einer echten parataktischen Relation zwischen den UK
als ein Spezialfall von Determinativkomposita behandelt werden (vgl. Eisenberg (2006) und Breindl und Thurmaier (1992)). Diese Bedenken teilen wir
bezüglich der nominalen Kopulativkomposita. Selbst wenn Langs strenge
semantische Bedingungen zutreffen, bleibt die Möglichkeit, die 1. UK auch
als Modifikator zu sehen (vgl. (19)).

(5.19)   a.   *Dichterkomponist* → 'Komponist, der auch Dichter ist,'

         b.   *Strichpunkt* → 'Punkt, der mit einem Strich kombiniert ist',

         c.   *Hassliebe* → 'Liebe, die mit Hass verbunden ist'.

Bei den Nomen wirkt die 2. UK als morphologischer Head so stark, dass sie
auch in Richtung semantischer Head verstanden werden kann und sogar
hyperonymisch als koreferenter Ausdruck für das Kompositum gebraucht
werden kann (vgl. „*Sie kaufte sich einen Hosenrock. Dieser bequeme Rock
war nicht einmal teuer.*" (Römer (2000, S. 44))).

Bei adjektivischen Kopulativkomposita, die die genannten semantischen
Bedingungen erfüllen, ist der Versuch einer determinativen Interpretation ausgeschlossen. **Deshalb wird in diesem Abriss zur Wortbildung zwar
das Kopulativkompositum als eigenständiger Typ betrachtet, allerdings
in erster Linie bezogen auf adjektivische Komposita.** Nur eine Gruppe
i. d. R. zweigliedriger Eigennamen vom Typ *Schleswig-Holstein, Annaberg-*

Buchholz, Hans-Peter, Schmidt-Rotluff vertritt als Substantive reine Kopulativkomposita.

Da zwischen den UK von Kopulativkomposita semantische Gleichrangigkeit besteht, ist ihre Reihenfolge prinzipiell vertauschbar (*süßsauer* vs. *sauersüß*). Bei Zahlen-Komposita und in lexikalisierten Bildungen ist sie jedoch festgelegt (*dreizehn, taubstumm*). Manchmal kann die Reihenfolge der UK durch außersprachliche Konvention bestimmt sein: *die schwarz-rotgoldene Fahne.* Hier haben wir zudem eines der wenigen Beispiele, in denen die binäre Struktur durchbrochen wird und drei koordinativ verknüpfte UK vorliegen.

Problematisch ist die Beschreibung von WBK mit der Struktur 1. UK: A/N/V + 2. UK: V. Traditionell werden sie als Verbkomposita eingeordnet, ungeachtet der Tatsache, dass bei einem großen Teil die beiden UK – untypisch für Komposita – morphologisch und syntaktisch trennbar sind (vgl. (20)).

> (5.20)   *stilllegen* aber *stillgelegt* (statt **gestilllegt*) und *man legte das Bergwerk still* (statt **man stilllegte das Bergwerk*).

Wir schließen uns den entsprechenden Argumenten von Eisenberg (2006), Motsch (2004) und Altmann und Kemmerling (2005) an und betrachten solche Konstruktionen **nicht** als Komposita. Sie werden unter Partikelverbbildung als besondere Erscheinung innerhalb der expliziten Derivation behandelt (s. 5.3.1.1.2). Eine Reihe von ihnen braucht nach der Rechtschreibreform nicht mehr als **ein** Wort betrachtet zu werden (vgl. (21)).

> (5.21)   *blankpolieren* oder *blank polieren,*
> *hochachten* oder *hoch achten,*
> *kennenlernen* oder *kennen lernen,*
> *sitzenbleiben* oder *sitzen bleiben.*

Einige wenige Fälle von V+V-Bildungen müssen jedoch dem Typ Kopulativkompositum zugeordnet werden (die 1. UK erscheint ohne Infinitiv -*en*). Sie werden besonders im Fachwortschatz verwendet bzw. treten in der Belletristik okkasionell auf: *drehbohren, fluchbeten, grinskeuchen.* Zwischen ihren beiden UK besteht eine semantisch-parataktische Relation: Eine Aktivität A wird von einer Aktivität B begleitet. Motsch (2004, S. 144) meint dazu: „Besonders in fachsprachlichen Termini wird das Gesamtgeschehen eher durch das Zweitglied als durch das Erstglied charakterisiert. *spülbohren* ist vor allem 'Bohren', das von 'Spülen' begleitet ist [...]", aber das Erstglied lässt sich dabei nicht als Determinatum interpretieren „in dem Sinne, dass es sich um eine besondere Art des 'Bohrens' [...] handelt ".

5.2.3 Zusammenrückungen

Zusammenrückungen werden hier als besonderer Typ von **Komposita** beschrieben, weil ihre UK ebenfalls Basismorpheme sind und im Gegensatz zu oben beschriebenen verbalen „Pseudokomposita" in keiner Verwendungsweise trennbar sind. Allerdings weichen sie in einigen Merkmalen deutlich von anderen Komposita ab:

- Auch bei Zusammenrückungen liegt wie bei possessivischen Determinativkomposita primär eine exozentrische semantische Relation vor (vgl. *Vaterunser* ('Gebet mit Namen ...'), *Gernegroß* ('Person mit Eigenschaft, gern groß sein, d.h. im Mittelpunkt stehen zu wollen')).
- Zusammenrückungen folgen nicht der Strukturregel X → YX, da ihre rechte UK nicht den morphologischen Head der Bildung darstellt und somit keinen Einfluss auf die Kategorie des Gesamtwortes hat (vgl. N *Taugenichts* (aber 2. UK: Pronomen), N *Nimmersatt* (aber 2. UK: Adjektiv)). Dadurch unterscheiden sie sich eindeutig von Possessivkomposita.

Dass manche substantivische Zusammenrückungen als rechte UK ebenfalls Nomen besitzen (*Wagehals, Fürchtegott*), beeinflusst die Kategorisierung nicht, da sie in ihrem exozentrischen Bezug auf Personen bereits nominal geprägt sind. Auch die Genusvergabe erfolgt nicht über die 2. UK. Olsen (1990b, S. 145) vermutet, dass das Genus über eine Defaultregel zu erklären ist und sich nach dem Bezeichneten richtet: bei Bezug auf Menschen sei es maskulin, bei Bezug auf Objekte (im weiteren Sinne) sei es neutral. Dem beugen sich allerdings solche Zusammenrückungen wie **der** *Rollfix* ('kleiner Handwagen') und **der** *Kehraus* ('letzter Tanz eines Festes', 'Schluss einer Veranstaltung') nicht.

- Zusammenrückungen sind häufig nicht binär strukturiert, sondern können aus drei und mehr UK bestehen (vgl. *Vergissmeinnicht, Tunichtgut*). Diese Komposita gehen auf Syntagmen zurück, meist imperativische Sätze (*Rührmichnichtan, Stelldichein*) und Wortgruppen, die unter Beibehaltung ihrer konkreten grammatischen Ausprägung einfach „zusammengerückt" wurden.

Als Zusammenrückungen betrachtet Erben (2006, S. 37) auch Wörter wie *Sauregurkenzeit*, bei denen eine syntaktische Gruppe zur 1. UK wird. U. E. haben wir es hier nicht mit einem exozentrischen Kompositum zu tun, sondern mit einem endozentrischen Determinativkompositum (metaphorisch für 'entbehrungsreiche Zeit'), dessen 2. UK als Determinatum auch morphologischer Head ist (siehe auch 4.2.1).

5.3   Derivation

Die Derivation ist eine Wortbildungsart, bei der grundsätzlich Wortbildungs-morpheme (Derivationsaffixe) als gebundene Morpheme zur Bildung neu-er Wörter (Derivate) herangezogen werden. Diese können phonetisch-pho-nologisch realisiert bzw. nicht reaisiert sein. Derivate sind ebenfalls binär strukturiert – eine UK ist als Wortbildungsmorphem gebunden, die zweite repräsentiert ein Basismorphem / eine Morphemkonstruktion.

5.3.1   Explizite Derivation

Bei der expliziten Derivation erfolgt die Bildung neuer Wörter mit **phone-tisch-phonologisch realisierten Derivationsaffixen**. Diese können Präfixe, Suffixe oder Zirkumfixe (Kombination von Präfix/Suffix) sein.

Ein Sonderfall bezüglich der phonetisch-phonologischen Affixrealisierung kann die kombinatorische Derivation darstellen, wenn das Suffix als Teil des Zirkumfixes ein Nullmorphem ist. Das Präfix jedoch muss dabei immer rea-lisiert sein (vgl. 5.3.1.3).

Die Positionen der gebundenen, nicht basisfähigen UK gegenüber BM/MK bestimmen die Subklassen der expliziten Derivation: **Präfigierung, Suffigie-rung, kombinatorische Derivation (Zirkumfixderivation).**

5.3.1.1   Präfigierung

Bei der Subklasse ‚Präfigierung' ist die 1. UK gebunden und wird durch ein Wortbildungsmorphem/Präfix realisiert, während die 2. UK prinzipiell **frei** ist, d.h. **Wortcharakter** haben muss;

so *unfreundlich*:
1. UK Präfix *un-* / 2. UK Wort *freundlich*
→ explizite Derivation / Präfigierung.

Aber *Beleg*:
leg- ohne Wortstatus → implizite Derivation (s. 5.3.2.1).

Dabei kann die 2. UK ein freies BM (a) oder eine freie MK (b) sein (vgl. 5.6 und 5.7 auf der nächsten Seite).

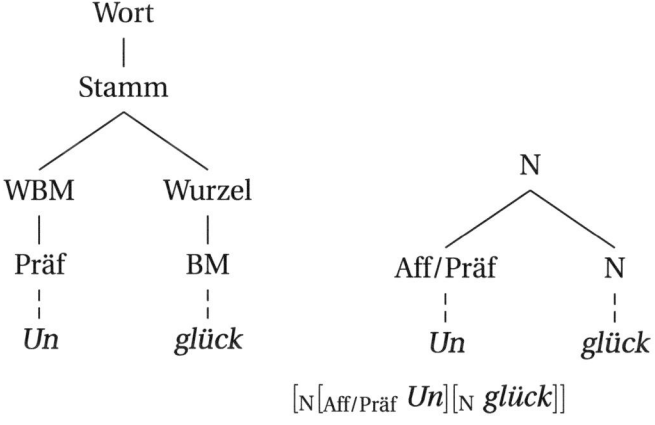

$[_\text{N}[_\text{Aff/Präf} \text{ } \textit{Un}][_\text{N} \text{ } \textit{glück}]]$

Abbildung 5.6: (a) *Unglück*

Es gibt u. E. in der deutschen Gegenwartssprache keine Präfixe, die sich mit allen drei Wortklassen N, V und A verbinden und dabei das Modell ,Präfigierung' realisieren. So tritt das Präfix *un-* nur vor Nomen und Adjektive (*Unrecht, Untreue, unsicher, unklug*). Bei Verben wie *verunreinigen, beunruhigen, veruntreuen* wirkt es nicht in Funktionsgemeinschaft mit *ver-* bzw. *be-* präfigierend (das ist gar nicht möglich), sondern es gehört zu den Basisadjektiven *unrein, unruhig, untreu* (s. auch 5.3.1.3).

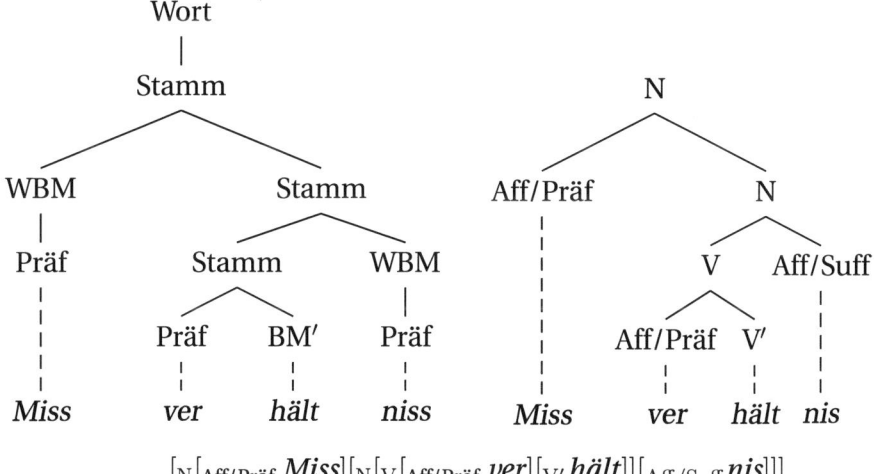

$[_\text{N}[_\text{Aff/Präf} \text{ } \textit{Miss}][_\text{N}[_\text{V}[_\text{Aff/Präf} \text{ } \textit{ver}][_\text{V'} \text{ } \textit{hält}]][_\text{Aff/Suff} \text{ } \textit{nis}]]]$

Abbildung 5.7: (b) *Missverhältnis*

5.3.1.1.1 Morphologischer Head und Präfix

Wenn davon ausgegangen wird, dass der morphologische Head einer binären Wortstruktur die am weitesten rechts stehende Konstituente ist, die
eine Wortkategorie trägt (vgl. Olsen (1990b)), so stellt im Deutschen das
linkspositionierte Präfix keinen Kandidaten für den Head dar. Da hier die
Funktion des morphologischen Heads wie bei Schultink (1988) und Schmidt
(1996) streng darauf bezogen wird, die Kategorie des abgeleiteten Wortes zu
bestimmen, scheidet das Präfix als nicht kategorieprägend für diese Funktion aus (vgl. (22)):

(5.22) $[_A[_{\text{Aff/Präf}}un][_A\,treu]]$, $[_N[_{\text{Aff/Präf}}Un][_N\,treue]]$;
          $[_N[_{\text{Aff/Präf}}Miss][_N\,ernte]]$, $[_V[_{\text{Aff/Präf}}miss][_V\,trauen]]$.

Dies schätzt auch Eisenberg (2006, S. 247) für Nominalpräfixe so ein. Sie
wirken bezüglich des Basisadjektivs bzw. -substantivs nur modifizierend,
z. B. im Sinne einer Graduierung (*erzkonservativ, urgemütlich*) bzw. Negation (*unproduktiv*). Verbpräfixe jedoch betrachtet Eisenberg als Köpfe des Gesamtwortes, da Merkmale wie Festlegung von Argumentstruktur und Theta-
Rollen für ihn zu den Kopfmerkmalen zählen. U. E. bringen Präfixe wie *be-,
ent-, er-, ver-* und *zer-* keine Verben hervor, sondern sie verbinden sich lediglich mit ihnen (vgl. auch Abraham (1995)). Deshalb sollen Morphemkonstruktionen wie *beschriften, entfremden, erblinden, versilbern, zermürben*,
zu denen es keine Simplexverben gibt (vgl. **schriften, *fremden, *blinden,
*silbern, *mürben*), auch nicht dem Wortbildungstyp Präfigierung zugeordnet werden, wie das bei Donalies (2005, S. 27, 119), Donalies (2007, S. 21 ff)
als Ausnahmen zum Prinzip der Rechtsköpfigkeit erfolgt, sondern sie sollen zur kombinatorischen Derivation gerechnet werden (ausführlicher unter 5.3.1.3.2).

Dass neben kategorialen Merkmalen auch distributionelle und semantische Merkmale auf das komplexe Wort übergehen, wird nicht bestritten.
Nur sind es eben keine Merkmale des morphologischen Heads (vgl. die semantisch modifizierende Funktion der linken UK bei Determinativkomposita). Gerade bei der Präfigierung sind die semantischen Merkmale, die vom
Nicht-Head Präfix geliefert werden, für die Gesamtbedeutung besonders relevant. So ist dieser Wortbildungstyp ein wichtiges Mittel zur Aktionsartdif-
ferenzierung bei Verben (vgl. z. B. (23)):

(5.23)   a.   [*er*] [*blühen*] ingressiv (Beginn, Ansatz eines Prozesses),

          b.   [*ver*] [*blühen*] perfektiv (Verlauf und Ende eines Prozesses).

Eine wesentliche semantisch-syntaktische Modifizierungsleistung haben
Präfixe, die Transitivierung bewirken können (vgl. 24). Diese geht mit Argu-
mentveränderung einher (24a,b), sie kann aber auch mit Argumentstellener-
weiterung verbunden sein (24c)):

(5.24) a. *auf den Berg steigen* → den Berg **ersteigen**,

b. *in dem Haus wohnen* → das Haus **bewohnen**,

c. *schlafen* → *(den Termin)* **verschlafen**.

Bezüglich der Präfixleistung aufschlussreich ist ein Rückblick auf das Frühneuhochdeutsche:

Das Präfixverb übernahm häufig eine (meist seltenere) Verwendungsweise des entsprechenden polysemen Simplexverbs. In der Folge verlor dieses die vom Präfixverb übernommene Bedeutungsvariante, so dass das Präfix synchron als Träger der (ursprünglich dem Simplexverb eigenen) semantischsyntaktischen Modifizierung erscheint. So wird *beweinen* seit dem 15. Jh. generell transitiv gebraucht. Mit seiner Etablierung verschwand die transitive Verwendung von *weinen*.

5.3.1.1.2 Präfixverben vs. Partikelverben

Es gibt eine Reihe von Präfixen, die nur Verben selegieren (s. o.). Die synchron wichtigsten sind *be-, ent-, er-, ver-* und *zer-*. Diese Verbpräfixe weisen folgende Merkmale auf:

- Sie sind gebundene Morpheme und besitzen keine freien Entsprechungen.

- Sie sind generell unbetont (vereinzelte Ausnahmen beim Folgen wenigstens einer unbetonten Silbe: 'miss*verstehen* vs. *miss*'trauen).

- Sie sind weder morphologisch noch syntaktisch trennbar. Ihre morphologische Nichttrennbarkeit zeigt sich z. B. darin, dass sie bei der Bildung des Partizips Perfekt direkt mit dem verbalen Basismorphem verbunden sind (vgl. *misstraut, entwurzelt, bestiegen* vs. *an / ge / kommen, auf / ge / holt, mit / ge / bracht*). Geht das entsprechende finite Verb eine syntaktische Zweitstellung ein, so bleibt das Präfix ebenfalls untrennbar mit dem Verb verschmolzen (vgl. (25)):

(5.25) a. *Wir* **bestiegen** *den Gipfel gegen Mittag.* vs.

b. *Wir* **kamen** *gegen Mittag auf dem Gipfel* **an**.

Daneben gibt es präfixähnliche Morpheme wie *über-, unter-, hinter-, voll-, wider-*, die sich von echten Präfixen nur dadurch unterscheiden, dass ihnen freie Morpheme entsprechen. In allen anderen Merkmalen stimmen sie mit Präfixen überein. Sie sollen in Anlehnung an Altmann und Kemmerling (2005) als **Partikelpräfixe** bezeichnet werden. Den Wortbildungstyp betreffend sind Partikelpräfixverben wie *überfordern, unterzeichnen, hinterfragen, vollstrecken* und *widerrufen* eindeutig Präfigierungen.

Als **Partikeln** werden in Kombinationen mit Verben, den sogenannten **Partikelverben**, Morpheme bezeichnet, die in ihren Merkmalen deutlich von Präfixen und Partikelpräfixen abweichen:

- Sie besitzen freie Entsprechungen.
- Sie werden generell betont.
- Sie sind sowohl morphologisch als auch syntaktisch trennbar. Morphologisch sind sie z. B. in Formen des Partizips Perfekt durch das Flexiv *ge-* vom verbalen Basismorphem getrennt (vgl. *abgesagt, angefahren, aufgestellt, zugebunden*). Bei syntaktischer Zweitstellung des finiten Verbs nimmt die Partikel eine gegenüber dem Verb gesonderte Position ein (siehe oben).

Partikelverben sind sehr produktiv. Die Partikelkonstituente findet Entsprechungen in unterschiedlichen Wortkategorien, z. B. (26)

(5.26) a. in Präpositionen: ***abnehmen, anreisen, zuschneiden,***

b. in Adverbien: ***zusammen****brechen,* ***fort****setzen,* ***zurück****weisen,*

c. in Adjektiven: ***festnageln, stilllegen, totlachen,***

d. in Substantiven: ***preis****geben,* ***wunder****nehmen,* ***heim****gehen.*

Auch Partikelpräfixe unterschiedlicher Kategorie können der Partikelkonstituente entsprechen, was folgende Verben verdeutlichen sollen (27):

(5.27) a. *'umfahren* (Partikelverb) – *um'fahren* (Partikelpräfixverb),

b. *'wiederholen* (Partikelverb) – *wieder'holen* (Partikelpräfixverb),

c. *'übersetzen* (Partikelverb) – *über'setzen* (Partikelpräfixverb).

Partikeln tragen ebenfalls zur semantischen Modifizierung der Verben bei (z. B. Umwandlung von Durativa in Ingressiva: *schlafen – einschlafen, fahren – losfahren*; Richtungsänderung bei Bewegungsverben: *setzen – umsetzen*); Transitivierung ist relativ selten. Bei den sogenannten **Doppelpartikelverben** befinden sich zwei Partikeln vor dem Simplexverb. Nach ihrer Wortbildung unterscheidet man zwei Gruppen (vgl. auch (Altmann und Kemmerling, 2005, S. 88f)). Bei der ersten Gruppe erfolgt die Wortbildung in einem Schritt (Doppelpartikel + Verb) (vgl. ***gegenüber****sitzen* (*übersitzen), ***voraus****eilen* (*auseilen)), bei der zweiten Gruppe erfolgt die Wortbildung in zwei Schritten (Partikel + (Partikel + Verb)) (vgl. ***mit****ansehen* (**ansehen**), ***einher****gehen* (**hergehen**)). Auch die Kombination von Partikel und Präfix ist anzutreffen. Allerdings treten beide nicht gleichzeitig (in einem Wortbildungsschritt) vor das Verb, sondern stets bildet ein bereits sprachübliches Präfixverb die Basis (vgl. ***an****erziehen* (*erziehen*), ***ab****erkennen* (**erkennen**), ***um****verteilen* (**verteilen**)).

Besonders bei obigen Verben mit Adjektiven und Substantiven als 1. UK bestehen in der Literatur Unsicherheiten bezüglich des Wortbildungstyps (vgl. auch Römer (2006, S. 116–118)). So sind sie bei Fleischer und Barz (2007) unter den Komposita angeführt. Gegen eine solche Einordnung spricht jedoch das Partikelmerkmal ‚morphologische und syntaktische Trennbarkeit‘, über das Komposita (wie allerdings auch die Resultate der anderen traditionellen Wortbildungstypen) grundsätzlich nicht verfügen, aber: *totlachen – totgelacht – er lachte sich tot; preisgeben – preisgegeben – man gab das Geheimnis preis.*

Hier soll die Bildung von Partikelverben als ein relativ eigenständiger Typ innerhalb der expliziten Derivation **neben** die Präfigierung gestellt werden. Ein wesentliches Argument, die Partikeln mit in den Derivationsprozess einzubeziehen und sie wie Wortbildungsmorpheme zu behandeln, liefert die Tatsache, dass z. B. Partikeln, die mit Präpositionen korrespondieren, genauso wie Präfixe eine Aktionsgemeinschaft mit Suffixen (phonetisch-phonologisch teils realisiert, häufig nicht realisiert) eingehen können und dann als Zirkumfixe wirken (vgl. ***aushändigen, ausnüchtern***; s. auch 5.3.1.3.1, 5.3.1.3.2). Solch eine Aktionsgemeinschaft kann nur von Morphemen der gleichen Klasse aufgebaut werden. Somit kann eine Basismorphem-Suffix-Kombination nicht als Zirkumfix wortbildend sein. Die Partikelverben verdeutlichen in besonderer Weise, wie Elemente einer natürlichen, sich fortwährend weiterentwickelnden Sprache in Übergangsbereichen agieren: Die Wortbildung betreffend stehen sie letztlich im Übergangsbereich von Komposition und Derivation, in ihrem grammatischen Wirken stehen sie im Übergangsbereich von Morphologie und Syntax.

5.3.1.2 Suffigierung

Bei dieser Subklasse der expliziten Derivation besteht die 1. UK aus:

(a) einem BM (frei/gebunden)]

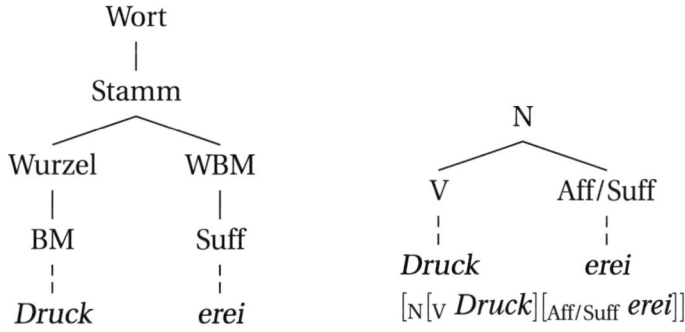

Abbildung 5.8: (a) *Druckerei*

Die 2. UK stellt hier eine Variante des Suffixes *–ei* dar. Es werden Orte bezeichnet (vgl. *Bäckerei, Fleischerei, Käserei, Wäscherei*), zu denen häufig auch ein Nomen agentis existiert (*Bäcker, Drucker, Fleischer*). Ist die 1. UK eindeutig ein verbales Basismorphem, hat das Suffix *–erei* oft eine abwertende Nuance. Das bezeichnete Geschehen wird als unangenehm empfunden wie bei *Singerei, Toberei, Rechthaberei*.

(b) aus einer MK (frei/gebunden)

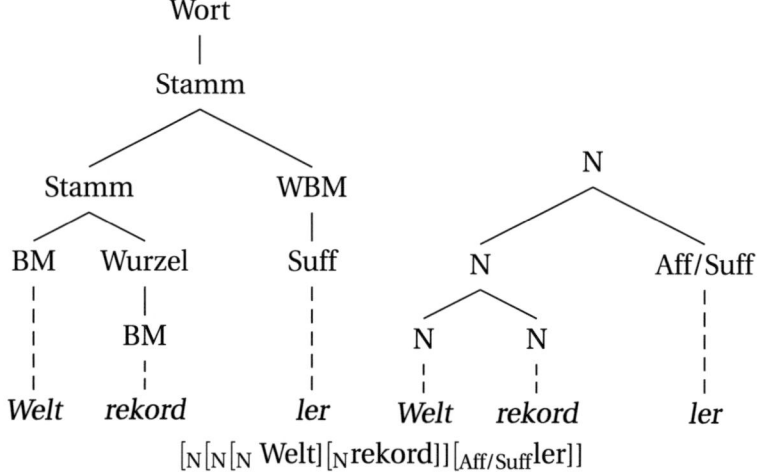

$[_N[_N[_N \text{Welt}][_N \text{rekord}]][_{Aff/Suff}\text{ler}]]$

Abbildung 5.9: (b) *Weltrekordler*

(c) aus einer Wortgruppe².

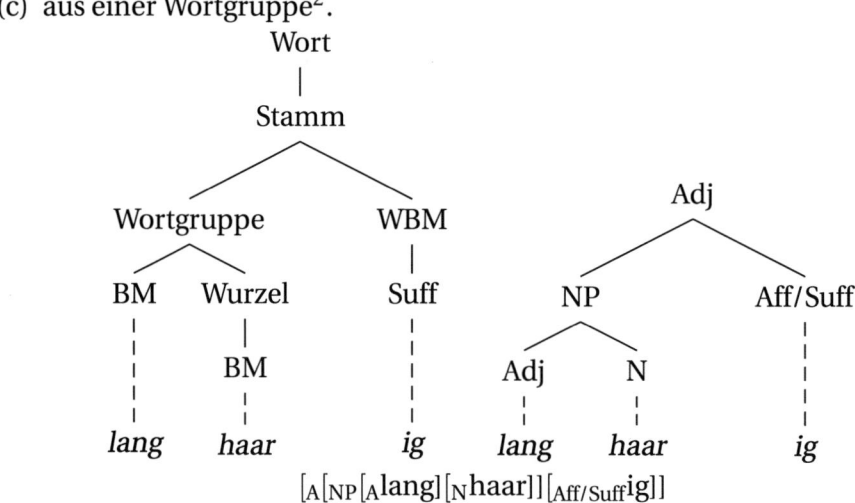

$[_A[_{NP}[_A\text{lang}][_N\text{haar}]][_{Aff/Suff}\text{ig}]]$

Abbildung 5.10: (c) *langhaarig*

---

² Die 2., gebundene UK repräsentiert das Suffix.

Unter den Zusammenbildungen (Typ c) ist das Muster 'Wortgruppe + -*ig*' zur Bildung von Adjektiven besonders produktiv (vgl. 28).

(5.28)   *blauäugig, langlebig, breitschultrig, vierblättrig, mehrsilbig* ('blaue Augen, ein langes Leben, breite Schultern, vier Blätter, mehrere Silben habend').

Aber auch zur Bildung von Nomen wird Typ c herangezogen (vgl. 29).

(5.29)   *Dreimaster, Vierbeiner, Dickhäuter, Viertakter, Wichtigtuer.*

Die rechte UK$_{Suffix}$ als morphologischer Head des Wortes hat kategorieprägende Funktion. Dies zeigt sich meist in der **Änderung** der Kategorie. So werden beispielsweise mit Hilfe der Suffixe *-ung, -er, -keit, -heit, -nis* aus unterschiedlichen Wortkategorien **Nomen**: *Leitung, Helfer, Freundlichkeit, Klugheit, Hemmnis*; mit Hilfe der Suffixe *-bar, -lich, -sam, -isch* aus anderen Kategorien **Adjektive**: *waschbar, kindlich, furchtsam, neidisch*; mit Hilfe der Suffixe *-halber, -lings, -mals, -s* aus anderen Kategorien **Adverbien**: *ehrenhalber, bäuchlings, vielmals, mittags* und mit Hilfe einiger weniger Suffixe wie *-ig, -(e)l, -er* aus anderen Kategorien **Verben**: *sättigen, kränkeln, wildern.*

Aber nicht jede Anfügung eines Suffixes führt zu einer Änderung der Wortkategorie (30):

(5.30)   *Lehrer – Lehrer***in***, Vogel – Vögel***chen***, Tisch – Tisch***ler***, arm – ärm***lich***, tropfen – tröpf***eln***.*

Entscheidend ist, dass das Suffix als 2. UK und Head die Kategorie des Gesamtwortes anzeigt.

Die Semantik der Suffixe ist sehr vielfältig, häufig bestehen zwischen einzelnen Suffixen semantische Oppositionen, wie z. B. bei **-*ig* / -*lich***:

vierzehntägig	vs.	*vierzehntäglich* (z. B. bezogen auf *Kurs*)
'vierzehn Tage lang'		'alle vierzehn Tage'
fremdsprachig	vs.	*fremdsprachlich* (z. B. bez. auf *Vorlesung*)
'in fremder Sprache'		'über eine fremde Sprache'

Häufig kann es zwischen Präfigierung und Suffigierung zu Ambiguität kommen (wie in 31):

(5.31)   *Unverbindlichkeit*

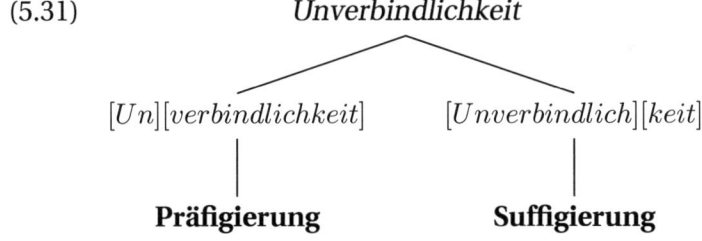

$[Un][verbindlichkeit]$ $[Unverbindlich][keit]$

Präfigierung   **Suffigierung**

In vielen primär an der Bedeutung orientierten Beiträgen zur Wortbildung werden substantivische und adjektivische Konstituenten einer binären Struktur mit affixähnlichen Eigenschaften, aber freien Entsprechungen als **Affixoide** bzw. **Halbaffixe** bezeichnet. Um diese „Übergangszone" zwischen Basismorphem und Präfix (Präfixoid/Halbpräfix) bzw. Basismorphem und Suffix (Suffixoid/Halbsuffix) entspann sich eine rege Diskussion mit unterschiedlichem Ergebnis, je nachdem, ob bzw. inwieweit man die oft zitierten Kriterien für die Zugehörigkeit zu Wortbildungsmorphemen (wie z. B. abstraktere, allgemeinere Bedeutung als das homonyme Basismorphem; starke Reihenbildung; Verlust des Status' als freies Morphem) akzeptierte. Hier soll – unter Umgehung des Terminus „Affixoid" – nur zwischen Basismorphem und Affix (Präfix, Suffix) unterschieden werden. Auch Donalies (2005, S. 27, 119) und Donalies (2007, S. 19 f) verweisen darauf, dass das Erklärungsmodell Affixoid in der neueren Forschungsliteratur weitgehend verworfen wurde. Die klassenbildenden Eigenschaften von Basismorphem und Affix sind in unterschiedlichen Graden ausgebildet – beide Morphemarten verfügen über Zentrum und Peripherie. Das Argument 'Reihenbildung' kann man vernachlässigen, denn auch Konstituenten von Determinativkomposita können dieses Merkmal (bei gleicher Bedeutung) besitzen, zumal, wenn sie relationale Elemente sind (vgl. Olsen (1986a)). Auch bei Determinativkomposita gibt es semantisch idiomatisierte Konstituenten, so dass das Argument der Bedeutungsveränderung sehr differenziert zu betrachten ist.

Bereits zu den **Präfixen** sollen solche Konstituenten gehören,

- die zwar noch einen Nebenakzent tragen können, aber nicht mehr den Hauptakzent und sich so von Erstgliedern heimischer Determinativkomposita unterscheiden,
- deren stark verallgemeinerte Bedeutung **nur noch** in semantischer Nuancierung wie z. B. 'Intensivierung' besteht. Solche Beispiele sind *hochmodern*, *hochintelligent*, *hochsensibel* ('sehr modern, intelligent, sensibel'); *erzreaktionär*, *erzkonservativ*, *erzkommunistisch* ('in hohem Maße reaktionär, konservativ, kommunistisch'); *Affenhitze*, *Hundekälte* ('sehr große Hitze, Kälte') – dieser Typ wird mitunter auch als 'Steigerungsbildung' bezeichnet (vgl. Altmann und Kemmerling (2005)).

Als **Suffixe** sollen solche Zweitglieder betrachtet werden, die – nicht relational (also Bildungen wie *staubfrei, knitterarm, einbruchssicher* ausgenommen) – entgegen den Zweitgliedern von Determinativkomposita das Gesamtwort semantisch und grammatisch nicht allein repräsentieren können (vgl. *Handlungsweise* ('die Weise des Handelns') aber: *probeweise* ('zur Probe'; *-weise*, nicht **die Weise*).

5.3.1.3 Kombinatorische Derivation (Zirkumfixderivation)

Bei dieser Subklasse bilden WBM$_{Präfix}$ + WBM$_{Suffix}$ zusammen eine nicht-wortfähige **diskontinuierliche UK**, d. h., ihre Bestandteile agieren zwar zusammen, sind aber nicht benachbart, sondern umspannen als **Zirkumfix** die andere UK.

Kombinatorische Derivate sind trotz ternär erscheinender Verzweigung **binär** strukturiert. Diese ternäre Verzweigung wird häufig von syntaktisch orientierten Wortstrukturtheorien kritisiert, doch handelt es sich hier nicht wirklich um drei UK, wie sie in Einzelfällen bei Komposita zu finden sind *(schwarz-rot-gold, Vergissmeinnicht).* Das lässt sich strukturell durch Hinzufügen einer zusammenführenden Klammer verdeutlichen (vgl. dazu auch Eisenberg (2006, S. 253f)). Das Suffix als rechter Teil des Zirkumfixes kann phonetisch-phonologisch realisiert (expliziert) bzw. nicht realisiert sein.

5.3.1.3.1 Expliziertes Präfix und Suffix als diskontinuierliche Konstituente

In folgenden Strukturdarstellungen (vgl. Abbildungen 5.11 und 5.12 auf der nächsten Seite) sind Präfix und Suffix als Komponenten der diskontinuierlichen Konstituente expliziert, die andere UK besteht (a) aus einem BM oder (b) aus einer MK (frei/gebunden).

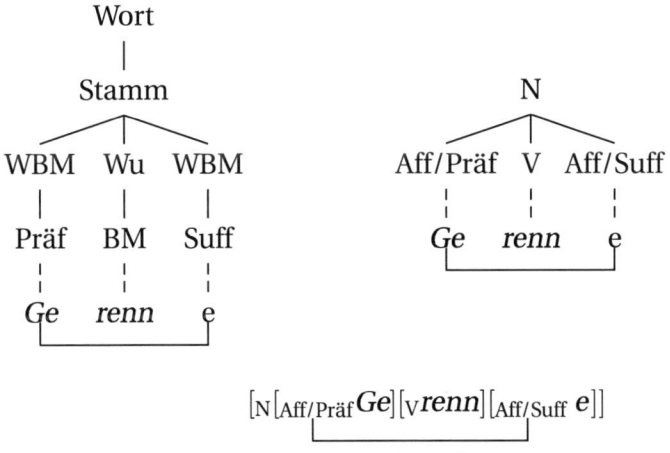

$$[_N[_{Aff/Präf}Ge][_V renn][_{Aff/Suff} e]]$$

Zirkumfix

Abbildung 5.11: (a) *Gerenne*

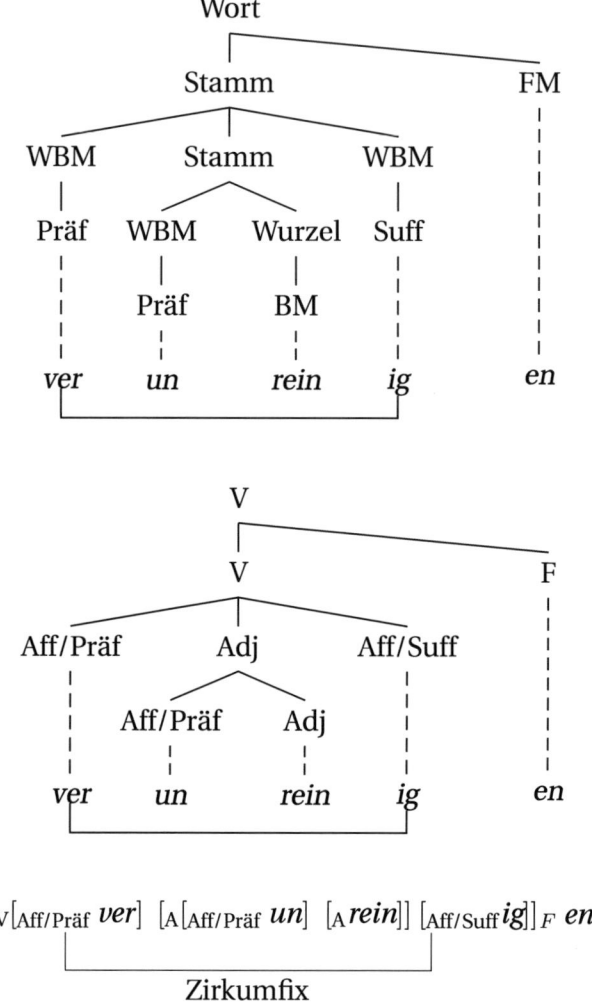

Abbildung 5.12: (b) *verunreinigen*

Morphologischer Head des Wortes ist das Suffix als rechter Teil des Zirkumfixes. Es wirkt in der Regel kategorieverändernd – zumindest die heute produktiven Bildungen betreffend. Das Präfix als linker Teil des Zirkumfixes hat wiederum vorwiegend semantisch modifizierende Funktion.

Die wichtigsten Kombinationen von Präfix und Suffix als Zirkumfix sind

- zur Bildung von Nomen: *Ge- -e (Gelaufe, Gesinge)*,
- zur Bildung von Adjektiven: *ge-/be- -t, un- -lich, ge- -ig (geblümt, benachbart, unausweichlich, geräumig)*,
- zur Bildung von Verben: *be-/ver- -ig (beschönigen, vereidigen)*.

Dabei geht ein Teil von Bildungen, die gegenwartssprachlich als adjektivische kombinatorische Derivate betrachtet werden, sprachhistorisch auf Formen des Partizips Perfekt inzwischen untergegangener Verben zurück (vgl. *betagt*: mhd. *betaget* zu *sich betagen* 'alt werden' (ebenso *bejahrt, vernarrt*)). Auch unter synchronem Aspekt kommt es leicht zu Verwechslungen:

Nur Adjektive, die der partizipialen Struktur entsprechen, ohne einem verbalen Paradigma zu entstammen, sind das Ergebnis kombinatorischer Derivation. Bei den Adjektiven *beherzt (*beherzen)* und *verfrüht (*verfrühen)* z. B. bilden *be-/ver- -t* ein echtes Zirkumfix, während bei *bezahlt* und *verzweifelt* das *-t* (nur) Flexiv des Partizips Perfekt der Verben *bezahlen* und *verzweifeln* ist. Im Hinblick auf Verben betonen Fleischer und Barz (2007, S. 313) zu Recht: „Verben, bei denen die suffigierte Form auch ohne Präfix geläufig ist *(ver-/ängstigen, ver-/prozessieren, ent-/schädigen, zer-/stückeln)*, werden als deverbale Präfigierungen betrachtet." (1. UK = Präfix; 2. UK = Verb)

Häufig haben synchron als kombinatorische Derivate ausgewiesene Bildungen ihren Ursprung in alten, heute nicht mehr existenten suffigierten Verben, die dann präfigiert bzw. mit Partikeln kombiniert wurden (vgl. (32)):

(5.32)   a.   **be***willigen* – mhd. *willigen,*

         b.   **an***schuldigen* – mhd. *schuldigen,*

         c.   **an***heimeln* – mhd. *heimeln.*

5.3.1.3.2 Nullsuffix als rechter Teil der diskontinuierlichen Konstituente

In der linguistischen Forschung gibt es immer wieder Diskussionen, wie man Verben mit nominaler und adjektivischer Basis vom Typ *bemuttern, verarzten, ermatten, verarmen* in ihrer Bildungsweise theoretisch erklären soll. Es sei da auf Donalies (2005, S. 120 f) und Donalies (2007, S. 21 ff) verwiesen, die drei Erklärungsversuche erörtern:

– die Annahme, dass es so etwas wie ***muttern**, ***arzten**, ***matten**, ***armen** als hypothetische „virtuelle Zwischenform" (Stiebels (1996)) gibt,

– die Annahme einer Präfixkonversion (Auseinandersetzung mit dieser Einordnung vgl. Matzke (1998)) und

– die Annahme, dass Präfixe doch morphologischer Head sein können (der sich Donalies ebenfalls anschließt, vgl. auch 5.3.1.1.1).

Wir sehen jedoch noch eine vierte Erklärungsmöglichkeit, die sich aus unserem theoretischen Konzept ergibt. Ausgehend vom Prinzip der strengen Rechtsköpfigkeit bzw. der Unfähigkeit von Präfixen in der deutschen Gegenwartssprache, die kategoriale Prägung einer Wortstruktur zu beeinflussen, wird für Fälle wie *bemuttern, ermatten, verarzten* die Existenz eines Nullsuffixes als rechter Teil des Zirkumfixes angenommen (vgl. auch Olsen (1990a, S. 208–209) und Abraham (1995, S. 100)). Dieses wirkt wie phonetisch-phonologisch realisierte Suffixe (vgl. Abbildung 5.13) und sichert die kategoriale Einordnung des Gesamtwortes (vgl. Abbildung 5.14).

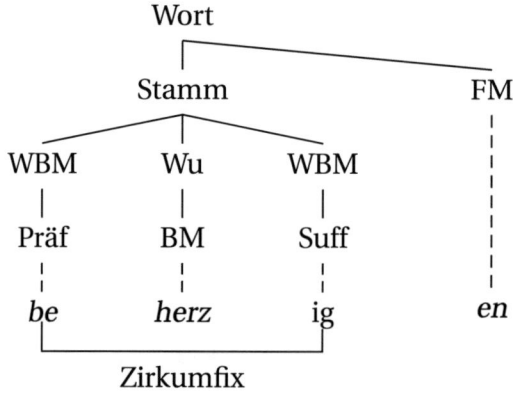

Abbildung 5.13: (a) *beherzigen*

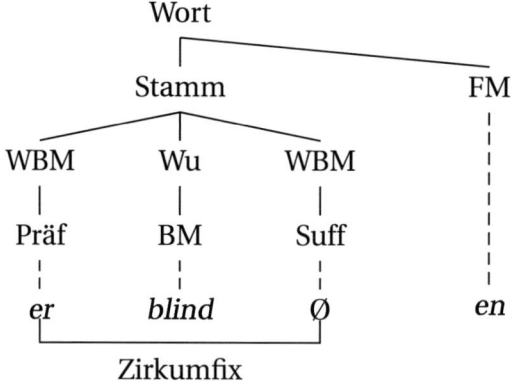

Abbildung 5.14: (b) *erblinden*

Es sind zwei Klassen von Nullsuffixen als rechter Teil des Zirkumfixes anzusetzen:

1. ein <u>nominalisierendes</u> Ø-Suffix (*Ge-wisper-Ø*),
2. ein <u>verbalisierendes</u> Ø-Suffix (*er-matt-Ø(en)*, *be-rente-Ø(n)*).

Bei den Strukturen unter (1.) handelt es sich um verbale Basen mit unbetontem *-el* oder *-er* als gegenwartssprachlich produktives Muster: *Gebettel, Gedrängel, Gefiedel, Geholper, Geknister, Geläster* (in der Regel mit der Semantik 'dauerndes Betteln, Drängeln, …', häufig negativ bewertet).

Um die älteren, bereits usualisierten und häufig lexikalisierten Bildungen des *Ge-Ø*-Musters mit verbaler/nominaler Basis (*Gebräu, Geräusch, Gewächs, Gebälk, Gestein, Gestirn*) entspann sich in der Wortbildungsliteratur eine rege Diskussion (vgl. z. B. Plank (1986) und Olsen (1991), außerdem Neef (1996)). Kernproblem der Diskussion, auf die hier nicht weiter eingegangen werden kann, ist die Position des morphologischen Heads in den betreffenden Bildungen. Festgestellt werden kann aber zumindest, dass das *Ge- -e/Ø*-Modell sprachhistorisch eine wechselvolle Entwicklung genommen hat, die in ihren Ausprägungen nicht einheitlich zu beurteilen ist.

Die Strukturen unter (2.) stellen ein produktives Muster dar, sicher auch beeinflusst von dem Umstand, dass im Deutschen kaum phonetisch-phonologisch realisierte Suffixe für die Verbbildung zur Verfügung stehen. Die Basiskategorie dieser kombinatorischen Derivate sind Nomen (*beflecken, bemuttern, beziffern, verschlüsseln, verabschieden, verbrüdern*) und Adjektive (*befähigen, betreuen, erkalten, verflachen, vereinsamen, verdummen*).

Auch hier finden sich zahlreiche Fälle, die unter heutiger Sicht als kombinatorische Derivate eingeordnet werden, ursprünglich aber Präfigierungen untergegangener Verben darstellten, (vgl. 33):

(5.33)   *verfinstern* – mhd. *vinstern* ('finster werden'), ebenso *befremden* (mhd. *vremden*), *bedachen* (mhd. *dachen*), *beengen* (mhd. *engen*), *beherbergen* (mhd. *herbergen*), *beurlauben* (mhd. *urlauben*).

Kombinatorische Derivate mit Nullsuffix sind selbst wiederum Basis für weitere Ableitungsprozesse (*Befähig / ung, Verharmlos / ung, Vergesellschaft / ung, Betreu / er*).

Bei der graphischen Umsetzung dieser Wortstrukturen muss beachtet werden, dass jeweils die 1. UK auch entsprechend dargestellt wird, da sonst das Kopfprinzip verletzt würde und es zu defekten Strukturen käme (vgl. die Darstellung von *Vernetzung* in Abbildung 5.15 auf der nächsten Seite).

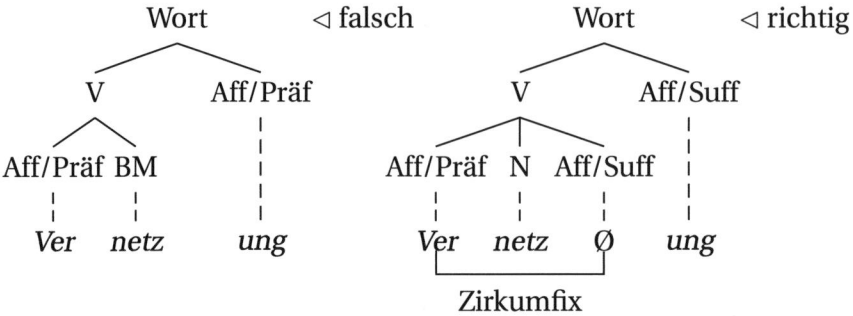

Abbildung 5.15: *Vernetzung*

In Analogie zum Präfix gehen auch Partikelpräfixe und Partikeln als linke
Teile des Zirkumfixes die Verbindung mit einem Nullsuffix ein, während beide in Kombination mit einem phonetisch-phonologisch realisierten Suffix
nur vereinzelt auftreten (*überwältigen, aushändigen*). Dabei werden sie zur
Bildung von Verben herangezogen. An der Bildung von Nomen sind sie als
Zirkumfix-Bestandteile nicht beteiligt, wie *Angequatsche, Weggelaufe, Rum-
gekampel* zeigen (vgl. auch Donalies (2007, S. 79)).

Partikelpräfix + Ø-Suffix (34):

> (5.34)   *eingemeinden, umgarnen, umarmen, überbrücken, unterkellern*

Partikel + Ø-Suffix (35):

> (5.35)   *ausbooten, ausnüchtern, ausufern, absahnen, anfeinden, auf-
> rauen, auftischen, einbürgern, einsargen, einschüchtern.*

Viele interessante Details hierzu finden sich in Fehlisch (1998) am Beispiel
der von ihr als „denominale ein-Verben" bezeichneten Zirkumfixverben.

5.3.2   Implizite Derivation

Als ein Gegenpol zur expliziten Derivation soll die **implizite** Derivation alle
Bildungsweisen subsumieren, die **ohne** ein phonetisch-phonologisch realisiertes Wortbildungsmorphem operieren, sondern grundsätzlich als wort-
bildende Konstituente ein Nullsuffix aufweisen. Damit soll dieser große Bereich innerhalb der Wortbildung nicht als „Ausnahmebereich" dargestellt
werden, in dem die wesentlichen Wortstruktur- und Wortbildungsregeln
des Deutschen nicht greifen, sondern es soll der Versuch unternommen
werden, für diesen Typ ebenfalls einen **kombinatorischen** Wortbildungsprozess anzunehmen, wie es Olsen (1990b) bereits für die Konversion vor-
geschlagen hat. Unter Einbeziehung der Erkenntnisse von McCarthy (1981)

und Marantz (1982), die die Berechtigung eines phonologisch nicht festgelegten Affixes aus der Phonologie ableiten, postulierte Olsen (1990a, S. 213)
(in Anlehnung an Marchand (1964, 1969)) für denominale bzw. deadjektivi-
sche Verben:

> Ein vollspezifiziertes Morphem . . . , das mit einer leeren phonolo-
> gischen Melodie versehen ist, verbindet sich mit nominalen oder
> adjektivischen Basen zur Ableitung von Verben . . .

Dabei könnten sich phonologisch leere Köpfe in Wortstrukturen verhalten
wie explizite Suffixe – anders als es für leere Köpfe in der Syntax angenommen wird (vgl. Olsen (1992, S. 8)).[3] Das Einbeziehen der impliziten Derivation in die auf Kombination beruhenden Wortbildungsmechanismen bedeutet: Auch auf die Modelle der impliziten Derivation wird die für Komposition und explizite Derivation verbindliche Wortstrukturregel X → YX bezogen.
Das heißt wiederum:

- Wir haben es auch hier mit endozentrischen, binären Strukturen zu
  tun, obwohl die primären Daten nicht klar darauf schließen lassen,
  wie *Lauf, Griff, härten* zeigen (Olsen, 1992, S. 7).
- Auch hier gilt das Prinzip der Rechtsköpfigkeit. Das Nullsuffix ist morphologischer Head der Wortstruktur und so für ihre kategoriale Festlegung verantwortlich.

Wie es innerhalb der expliziten Derivation alternierende Möglichkeiten
der Suffix-Realisierung (unter Einbeziehung eines Nullsuffixes) gibt – vgl.
Schrei-erei vs. *Ge-schrei-Ø, Winsel-ei* vs. *Ge-winsel-Ø, be-lob-ig*(*en*) vs. *be-
vorrat-Ø*(*en*) – so könnte man in einem weiter gefassten Rahmen, einem
weiteren Verständnis auch die Muster der impliziten Derivation als alternative Möglichkeit zu Bildungen mit phonetisch-phonologisch realisiertem
Suffix verstehen. Es könnten dann in eine Reihe gestellt werden z. B. (36):

(5.36)   *rein → rein-ig*(*en*) und *weit → weit-Ø*(*en*)
         ('machen, dass . . . rein, weit ist')
         Ei → ei-er(*n*) und *Diener → diener-Ø*(*n*) ('verhalten wie . . .'),
         erwerben → Erwerb-ung und *ertragen → Ertrag-Ø*
         ('Resultat von . . .').

Mit dem kombinatorischen Ansatz auch für implizite Derivate wird es möglich, dem durch die Begleiterscheinungen sprachhistorischer Entwicklung

---

[3]   Damit würden hier die strengen Lizensierungsbedingungen für leere Kategorien der Syn-
      tax hinfällig – das von Olsen (1990a) noch angenommene sogenannte Klammerparado-
      xon, bei dem die Strukturdarstellung der semantischen Interpretation widerspricht, wür-
      de gegenstandslos.

(Lexikalisierung, Idiomatisierung) ohnehin schon schwer genug nachvollziehbaren, komplexen Prozess der deutschen Wortbildung einen gemeinsamen Rahmen zu geben und die einzelnen Wortbildungstypen nach relativ einheitlichen Kriterien zu behandeln. Bei aller Skepsis, die diesem Modell in der Wortbildungsforschung z. T. entgegengebracht wird, ist andererseits „der Vorteil, ‚alle vermeintlichen nicht-kombinatorischen Wortbildungstypen auf eine zugrundeliegende kombinatorische Operation reduzieren' zu können, nicht gering zu veranschlagen" (Erben, 2006, S. 65). Durch implizite Derivation werden besonders Verben und Nomen gebildet (vgl. (37):

(5.37) a. *süßen* $[_V[_A süß][_{Aff/Suff(+V)} Ø]](en)$

b. *salzen* $[_V[_N Salz][_{Aff/Suff(+V)} Ø]](en)$

c. *Kauf* $[_N[_V kauf][_{Aff/Suff(+N)} Ø]]$

✴ 5.3.2.1 Hauptvarianten der impliziten Derivation

Hauptvarianten bei der Nominalisierung sind

(a) Verb (1. UK) + Ø-Suffix (2. UK) = N
(b) Adjektiv (1. UK) + Ø-Suffix (2. UK) = N

Diese Varianten können sich wiederum unterscheiden bezüglich des Einbringens von Flexionsmorphemen in das implizite Derivat.

Bei (a):
- Das Infinitiv-Flexionsmorphem *-en* ist nicht Bestandteil der Derivationsbasis. Fleischer und Barz (2007) sprechen in diesem Fall von Verbstammkonversion.
  Die 1. UK ist als verbale Konstituente ein Basismorphem (*treff-, dreh-*) oder eine Morphemkonstruktion (Stamm), bestehend aus:
  - Präfix + BM (*erwerb-, befehl-*),
  - Partikelpräfix + BM (*unterhalt-, widerruf-*) oder
  - Partikel + BM (*abwasch-, aufbau-*).

  Die 2. UK wird durch das Nullsuffix besetzt, das die Binarität der Wortstruktur garantiert und den Kategorienwechsel V → N bewirkt (vgl. Abbildung 5.16 auf der nächsten Seite).

zerfallen → (der) *Zerfall*

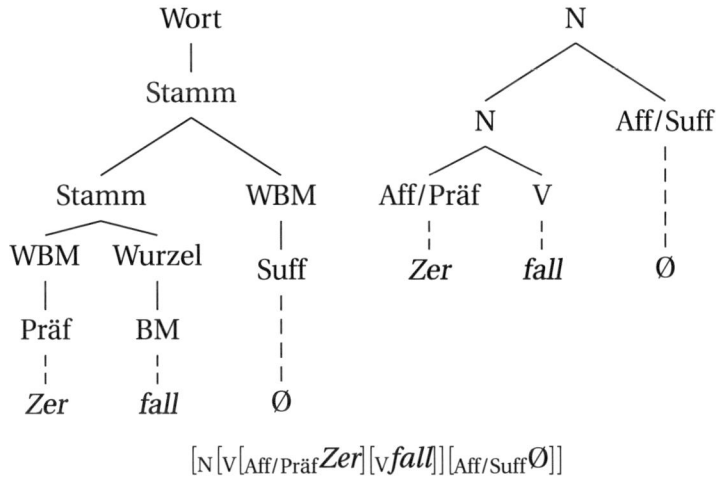

$$[_N[_V[_{Aff/Präf}Zer][_Vfall]][_{Aff/Suff}Ø]]$$

Abbildung 5.16: *Zerfall*

In diesen Typ werden auch nominale Bildungen einbezogen, die eine Änderung des Stammvokals zeigen (38):

(5.38)   *wachsen – Wuchs, finden – Fund, werfen – Wurf.*

Diese in historischen Wortbildungsprozessen wichtige Markierung bezog sich auf die Derivation vorwiegend starker Verben. Da die Bildungsweise nicht mehr produktiv ist, soll sie hier keine separate Subklasse darstellen, wie das in anderen Wortbildungsdarstellungen z. T. der Fall ist (vgl. implizite Derivation als stammvokaländernder Wortbildungstyp bei Fleischer und Barz (2007), Eisenberg (2006) und Eichinger (2000)). Unter synchronem Aspekt ist ihr mit dem dargestellten *zerfallen → Zerfall* der Kategorienwechsel in Verbindung mit dem Fehlen des Infinitiv-Flexivs gemeinsam. Obwohl Nomen aus starken Simplexverben nicht mehr entstehen, sind komplexe Nomen aus solchen Verben, die mit Präfixen, Partikelpräfixen und Partikeln kombiniert sind, heute weit verbreitet (vgl. (39)).

(5.39)   *bewachsen → Bewuchs, widersprechen → Widerspruch, aussteigen → Ausstieg.*

- Die verbale Derivationsbasis bringt das Infinitiv-Flexionsmorphem *-en* mit in das Nomen ein (bei (Fleischer und Barz, 2007, S. 211 f) 'Infinitivkonversion'). Dieses agiert nicht mehr als solches und soll deshalb – unserem theoretischen Ansatz folgend (vgl. S. 113 f, 117) – als Fugenelement (FE) betrachtet werden (vgl. Abbildung 5.17).

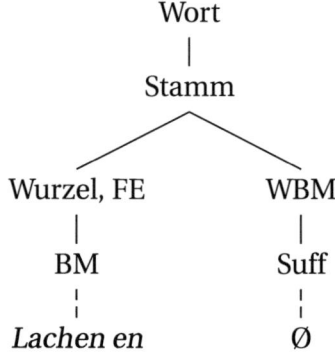

Abbildung 5.17: *das Lachen*

Die Flexion erfolgt wie bei starken Neutra, aber ohne Pluralbildung (vgl. *lachen → Lachen, des Lachens, des Lernens, …*).

Bei (b):

- Das Adjektiv als Derivationsbasis bringt kein Flexionsmorphem in das implizite Derivat ein.

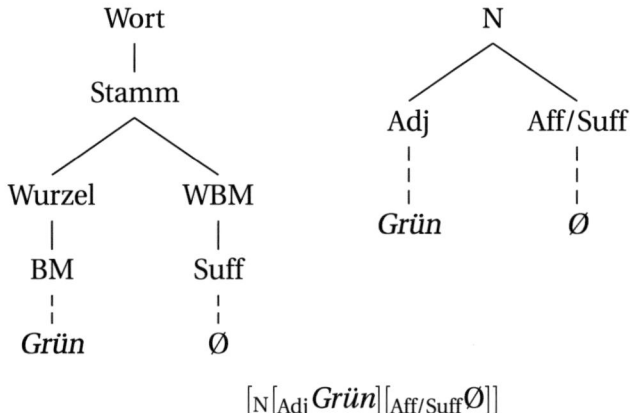

$$[_N [_{Adj} Grün] [_{Aff/Suff} \varnothing]]$$

Abbildung 5.18: *grün → (das) Grün*

Es ändert sich durch die Derivation lediglich die Wortkategorie, wofür wiederum die phonetisch-phonologisch nicht realisierte Suffix-Konstituente verantwortlich ist. Auf diese Weise werden besonders Farb- und Zahladjektive zu Nomen (vgl. *schwarz → Schwarz, zwei → Zwei* und siehe Abbildung 5.18 auf der vorherigen Seite sowie die Abbildung 5.19).

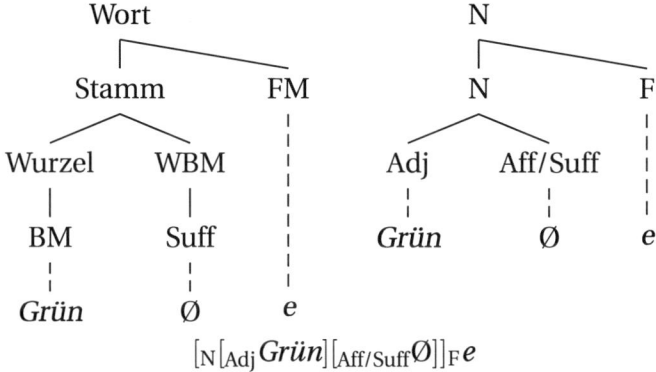

$$[_N[_{Adj} Grün][_{Aff/Suff}\varnothing]]_F e$$

Abbildung 5.19: *grün → (das) Grüne*

- Das adjektivische Deklinationsmorphem wird mit ins Nomen eingebracht, welches dann ebenso wie Adjektive stark/schwach flektiert (vgl.(40)):

    (5.40) a. *ein grüner Politiker → ein Grüner* (stark),

    b. *der grüne Politiker → der Grüne* (schwach),

    c. *ein grünes Kleid → ein Grünes* (stark),

    d. *das grüne Kleid → das Grüne* (schwach).

Hauptvarianten bei der Verbbildung sind
    (a) Nomen (1. UK) + Ø-Suffix (2. UK) = V
    (b) Adjektiv (1. UK) + Ø-Suffix (2. UK) = V
Da in beiden Varianten das implizite Derivat verbal geprägt ist, muss in der verbalen Grundform (Infinitiv Präsens Aktiv) das Flexionsmorphem *-en / n* hinzutreten (vgl. (41)):

    (5.41) N → V: *Leim → leimen, Öl → ölen, Zucker → zuckern;*
            A → V: *kühl → kühlen, weit → weiten.*

Es sei nochmals darauf verwiesen, dass *-en / n* kein WBM$_{Suffix}$ und somit nicht Bestandteil des Wortstammes ist. In der Verbflexion wird *-en / n* durch die Flexionsmorpheme der jeweiligen Konjugationsform ersetzt (*salzen, er salzt, salzte*), wovon Wortbildungsmorpheme nicht betroffen sind (*reinigen, er reinigt, reinigte*) (vgl. Abbildung 5.20).

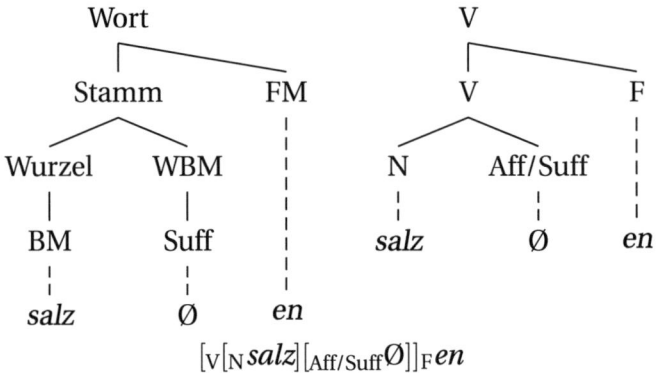

$$[_V[_N salz][_{Aff/Suff}\emptyset]]_F en$$

Abbildung 5.20: *Salz → salzen*

Ein interessantes Phänomen ist, dass bei der impliziten Verbbildung in der Regel nur Derivate aus morphologisch einfachen Wörtern entstehen. Das gilt besonders für Adjektive, wo komplexe Basen generell ausgeschlossen sind (vgl. **waschbaren, *freundlichen, *untreuen*). Da die Menge einfacher Adjektive relativ klein ist (Neubildungen von Adjektiven sind komplexer Natur), ist auch die Menge der deadjektivischen Verben gegenüber denominalen Bildungen begrenzt. Hier bietet die Zirkumfixderivation unter Beteiligung des Nullsuffixes eine produktive Ausweichmöglichkeit (vgl. *befähigen, vereinfachen, vereinsamen, verharmlosen, veruntreuen*).

Bei denominalen Verben findet man vereinzelt komplexe Basen, teils Nomen mit dem Suffix *-er (berlinern, töpfern)*, teils Komposita (*frühstücken, schlafwandeln*). Die in der Wortbildungsliteratur häufig vorgenommene Unterscheidung zwischen sogenannter lexikalischer bzw. morphologischer Konversion und syntaktischer Konversion wird hier in dem Sinne aufgehoben, dass beide unter einem anderen Aspekt subsumiert werden: dem der Wortkategorienprägung des Nullsuffixes als 2. UK. Trotzdem soll der im Allgemeinen gemachte Unterschied kurz erläutert werden: Der in der Literatur geläufige Terminus 'Konversion' bezeichnet im nichtkombinatorischen Ansatz solche Wortbildungstypen, die nicht in irgendeiner Weise (z. B. durch Affix, Vokalwechsel) formal auf eine Basis beziehbar sind (vgl. Eisenberg (2006, S. 294)). **Lexikalische** (morphologische) Konversion wird dabei auf solche Wortbildungsprozesse bezogen, bei denen keine syntagmatisch mo-

tivierten Flexionsmorpheme der Derivationsbasis in das neue Wort übergehen. Es wirken stärkere kategoriale Einschränkungen. Gemeint sind Kategorienwechsel V → N (*stauen → Stau*), A → V (*rund → runden*) und N → V
(*Film → filmen*).

Bei **syntaktischer** Konversion werden Flexionsmorpheme in das neue Wort
überführt. Der Prozess ist umfassender und ohne Einschränkungen, wobei
„eine ganze Kategorie bzw. eine bestimmte morphologische Form betroffen
ist" (Altmann und Kemmerling, 2005, S. 39). So kann der substantivische Infinitiv von allen Verben gebildet werden, kaum kommt es dabei zu Lexikalisierung und Idiomatisierung (vgl. Eisenberg (2006, S. 296)). Jedes beliebige
Adjektiv einer ursprünglich nominalen Gruppe, stark/schwach dekliniert,
kann aus der Wortgruppe heraustreten und unter Beibehaltung seiner Flexionsmorpheme zum Nomen werden.

Da in dieser Einführung die implizite Derivation (im engeren Sinne), die
sich auf Wortbildung mittels Stammvokaländerung bezieht, keine Rolle
spielt – Basis ist hier ja ein anderes, binäres Konzept (s. 5.3.2) – gilt es noch
eine begrenzte Gruppe von Kausativa einzuordnen, die nicht mit Kategorienwechsel, wohl aber mit Vokaländerung verbunden ist (42):

(5.42)   *fallen → fällen, saugen → säugen, trinken → tränken, …*

Man könnte sie mit den Iterativa vom Typ (43)

(5.43)   *hüsteln, spötteln, tänzeln, tröpfeln, lächeln, köcheln*

vergleichen, bei denen das Suffix *-el* zwar keine Kategorienänderung, aber
Umlautung des Stammvokals bewirkt. Parallel wäre zu überlegen, diese
Kausativa als implizite Derivate zu beschreiben, deren phonetisch-phonologisch nicht realisiertes Suffix (Nullsuffix) zwar Vokaländerung mit sich
bringt, aber die Wortkategorie beibehält.

5.3.2.2   Das Problem der Ableitungsrichtung

Da die 2. UK bei der impliziten Derivation phonetisch-phonologisch nicht
realisiert ist, können sich aus synchroner Sicht Schwierigkeiten bei der Ermittlung der Ableitungsrichtung ergeben. Nehmen wir z. B. das Nomen
Fisch, das mit dem Verb *fischen* korrespondiert. Es stellt sich die Frage nach
der Primärbildung: Ist das Nomen aus dem Verb abgeleitet oder umgekehrt?
Im Allgemeinen greift man bei der Beantwortung auf ein semantisches Kriterium zurück: Ein Wort A ist von einem Wort B abgeleitet, wenn A seine Semantik erst durch den Bezug auf B erhält (vgl. auch Eisenberg (2006, S. 299)).
Fischen als 'Fische fangen' setzt die Existenz des Nomens *Fisch* voraus (also

ist *fischen* ein implizites Derivat mit der Derivationsbasis *Fisch*). Parallele
Fälle sind (44).

(5.44)   *Feile → feilen, Film → filmen, Stempel → stempeln.*

Anders ist es bei dem Wortpaar *Schau – schauen.* Das Nomen bezeichnet
einen Veranstaltungstyp, bei dem optische Wahrnehmung eine vordergrün-
dige Rolle spielt. *Schau* ist somit durch *schauen* semantisch motiviert und
nicht umgekehrt (*schauen* bedeutet nicht 'eine Schau veranstalten'). Allerdings gibt es auch Grenzfälle, bei denen in der synchronen Analyse beide
Ableitungsrichtungen zu akzeptieren sind wie etwa im Verhältnis *Ruf – rufen.* Zur Unterstützung des semantischen Kriteriums können zusätzlich einige strukturelle Fakten herangezogen werden (teils diachrone Zusammenhänge berücksichtigend):

- Nomen, die außer dem Basismorphem noch ein Präfix enthalten, das
  sich nur mit Verben verbindet, können auch nur vom Verb abgeleitet
  sein, vgl. *Entscheid, Ertrag, Verbrauch.*
- Nomen wie *Fund, Griff, Tritt,* deren Stammvokal abgelautet ist, können strukturell nur durch die Ableitungsrichtung V → N erklärt werden, da sie aus Ablautformen des Verbparadigmas entstanden sind
  und nicht umgekehrt (vgl. **funden, *griffen, *tritten*; vgl. auch Olsen
  (1986b, S. 122)).
- Da im Deutschen das Ableitungsschema V → A nicht produktiv ist,
  während A → V zumindest begrenzt anzutreffen ist, gehen Verben wie
  kürzen, leeren, schwärzen, weißen auf die entsprechenden Adjektive
  zurück.

Die Frage nach der Ableitungsrichtung ist auch relevant bei den Prozessen der sogenannten **Rückbildung**, die mittels Suffixtilgung „aus komplexen Wortstrukturen morphologisch reduzierte Derivationen anderer Wortklassen ableiten" (Erben, 2003, S. 93) wie z. B. das historisch später belegte
Kleinstadt aus dem früher belegten *kleinstädtisch*. Diese retrograde Ableitung spielt in unserem Abriss insofern keine Rolle, als es sich vorwiegend
um eine Erscheinung der diachronen Wortbildungslehre handelt. Erben verweist jedoch auf ihre wenn auch sehr begrenzte Berechtigung in synchronen Beschreibungen als einem Verfahren, „wo Wortbildung nicht als Aufbau, sondern auffälligerweise als Reduktion von Morphemgefügen ... zu
begreifen ist" (Erben, 2003, S. 99). Voraussetzung für diese Möglichkeit ist
die morphologisch-semantische Motiviertheit eines suffigierten Wortes anderer Kategorienzugehörigkeit. In unserem Rahmen würde sich das Nomen
Beweis als implizites Derivat aus dem Verb *beweisen* beschreiben lassen,
das Verb *zwangsräumen* durch Suffixtilgung von *-ung* als Rückbildung aus
dem Nomen *Zwangsräumung*, das die semantische Motivationsbasis dar-

stellt. Die Tilgung von -*ung* und die Kombination mit einem verbalisierenden Nullsuffix würden nach unserem Modell die morphologischen Voraussetzungen für das Verb *zwangsräumen* bilden.

5.4   Kurzwortbildung

Die Kurzwortbildung ist ein **reduzierendes** Wortbildungsverfahren.
Hatten wir es bei Komposition und Derivation bisher mit Prozessen zu tun, deren Ergebnisse Wortbildungsprodukte mit in der Regel binärer Struktur waren, die X → YX folgten, so sind Kurzwörter im Allgemeinen nicht binär strukturiert, d. h., die fürs Deutsche bisher geltende Regel greift in diesem Bereich der Wortbildung nicht. Eine kategoriale Änderung der Ausgangsbasis tritt ebenso wenig auf wie deren semantische Modifikation (vgl. hierzu auch Fleischer und Barz (2007, S. 52)). Kurzwörter sind die einzigen Wortbildungsprodukte, die **ausschließlich** durch den Prozess der Kürzung aus anderen – im Wesentlichen bedeutungsäquivalenten – Wortschatzelementen entstehen (vgl. Kobler-Trill (1994, S. 137)). Sie verfügen nicht nur über eine gekürzte graphische Form, sondern sie sind auch phonemisch-phonetisch realisiert. Somit fallen Formen wie *usw., bzw., vgl., ca.* als reine Schreibkürzel nicht unter den Begriff des Kurzwortes (vgl. Kobler-Trill (1994, S. 13) und Bellmann (1980, S. 369)), sondern vertreten den eigentlichen Bereich der Abkürzungen. Die vollständige Ausgangsform – die Vollform – kann sowohl ein Einzelwort als auch eine lexikalisierte Wortgruppe (Wortgruppenlexem) sein, aus der bestimmte Teile für die Bildung des Kurzwortes ausgewählt werden. Im Einzelnen sind diese Vollformen meist mehrgliedrige Komposita (*Bruttoregistertonne* → *BRT*), vielsilbige Fremdwörter (*Akkumulator* → *Akku*) sowie attributive und koordinierte Wortgruppen bzw. die Kombination dieser Möglichkeiten (*öffentlicher Personennahverkehr* → *ÖPNV*; vgl. Greule (1996, S. 196 f)).

Auf diese Weise werden für eine (besonders in Fachsprachen) funktionierende Kommunikation kürzere, im Wesentlichen gleichbedeutende Wörter bereitgestellt. Mitunter drücken sich in der gekürzten Form aber ganze Bedeutungskomplexe aus. So bezeichnet ein *Ökolabel* einen Aufkleber/Aufdruck auf Waren, der anzeigt, dass sie umweltverträglich hergestellt wurden (vgl. Liimatainen (2008, S. 261)).

Das Kurzwort existiert im Wortschatz parallel zur Vollform, wobei letztere in der Frequenz ihrer Verwendung mehr oder weniger eingeschränkt wird. Bei fremdsprachigen Kurzwörtern war/ist meist die entsprechende Vollform im Deutschen nicht in Gebrauch (vgl. (45)).

(5.45)   a.   *PIN* für engl. *Personal identification number*

b.   *BSE* für engl. *Bovine Spongioform Encephalopathy*

Greule (1996, S. 197 f) empfiehlt für eine Kurzwort-Typisierung die Berücksichtigung folgender Kriterien:

– die Qualität der Segment in der Kurzform und
– auf die jeweilige Vollform bezogen – die ursprüngliche Position der Segmente sowie
– ihre Kontinuität bzw. Diskontinuität.

Andere, zum Teil unterschiedliche Klassifikationsversuche findet man beispielsweise bei Bellmann (1980, S. 370 ff), Kobler-Trill (1994, S. 20 ff), Donalies (2007, S. 100 ff) und Liimatainen (2008, S. 258 ff).

Wir wollen zunächst die Kurzwörter (KW) nach folgenden Aspekten klassifizieren (s. nachfolgende Abbildung):

– Wie viele Segmente einer Vollform sind von der Kürzung betroffen?
– Was an Segmenten einer Vollform bleibt übrig?

Kurzwörter

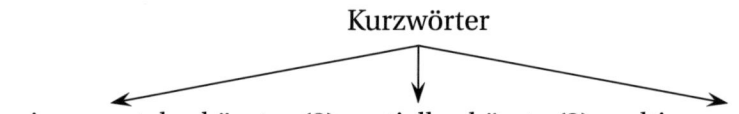

(1) unisegmental gekürzt   (2) partiell gekürzt   (3) multisegmental gekürzt

(1) Bei **unisegmentalen** Kürzungen wird die Vollform nur in einem Segment gekürzt. Das so entstandene Kurzwort besteht aus einem zusammenhängenden (kontinuierlichen) Segment seiner Vollform. Je nach seiner ursprünglichen Position in der Vollform kann man weiter untergliedern in:

- **Kopfwörter** (eine Vollform wird auf ihren Anfang verkürzt):
  Abi (tur), Akku (mulator), Demo (nstration), Abo (nnement), Jumbo (jet)
- **Endwörter** (eine Vollform wird auf ihr Ende verkürzt):
  Achim < Joachim, Bus < Omnibus, Cello < Violoncello
- **Rumpfwörter** (eine Vollform wird auf einen mittleren Teil verkürzt):
  Lisa < Elisabeth, Basti < Sebastian

Eine Art kombiniertes Wortbildungsverfahren im Übergangsbereich von Kürzung und expliziter Derivation liegt bei solchen Beispielen vor, wo die Vollform auf ihren Anfang verkürzt wird und gleichzeitig *i*-Suffigierung erfolgt, da die Kurzform allein nicht existiert (vgl. (46)).

(5.46)   *Pulli < Pullover (*Pull), Gorbi < Gorbatschow (*Gorb), Profi < engl. Profesional (*Prof).*

Alle Kurzwörter, die durch Kürzung mehrerer Segmente ihrer Vollform entstehen bzw. in denen mehr als ein Segment ihrer Vollform übrig bleibt, gehören den partiellen oder multisegmentalen Kurzwörtern an.

(2) Bei **partiellen** Kürzungen – der einzigen Gruppe mit UK-Struktur – wird die komplexe Vollform, ein Determinativkompositum, ebenfalls nur in einem Segment gekürzt, das andere Segment der Vollform bleibt vom Kürzungsprozess verschont. Bei dem gekürzten Segment handelt es sich um die 1. UK des Kompositums, das Determinans. Die 2. UK, das Determinatum, bleibt erhalten (47):

> (5.47)   a.   *U-Bahn < Untergrundbahn*
>
>   b.   *V-Mann < Verbindungsmann*
>
>   c.   *E-Mail < Electronic Mail*
>
>   d.   *Schukostecker < Schutzkontaktstecker*

Um von partiellen Kurzwörtern sprechen zu können, darf die gekürzte Form nicht bereits als isoliertes Kurzwort gleicher Bedeutung existieren, ansonsten hätten wir es primär nicht mit Kürzung, sondern – wie bei *OP-Schwester* und *Uni-Leitung* – mit Komposition zu tun:
Kurzwort *OP* (< *Operation*) + Nomen *Schwester*
→ Determinativkompositum
Kurzwort *Uni* (< *Universität*) + Derivat *Leitung*
→ Determinativkompositum

Die in der Literatur häufig als „Kopf-Schwanz-Wörter" bezeichneten Bildungen (z. B. bei Altmann und Kemmerling (2005, S. 41)) vom Typ *Ku(rfürsten)damm, Deo-(dorant)-Spray* wären dann entweder den partiellen Kurzwörtern (*Kudamm*) oder den Komposita mit Kurzwort als 1. UK (*Deospray, Deoroller*) zuzuordnen. Komposita des Types *O-Beine* (1. UK ist nur ein Buchstabe: 'Beine in Form eines O') müssen von partiellen Kürzungen wie in (47a - c) streng unterschieden werden.

(3) Bei **multisegmentalen** Kürzungen wird die Vollform in mehreren Segmenten gekürzt. Mindestens zwei Segmente der Vollform, die meist nicht zusammenhängen (also diskontinuierlich sind), bleiben bestehen (vgl. Kurzwort *Kita* gegenüber der Vollform *Kindertagesstätte*).
Nach der Qualität der ausgewählten Segmente lassen sich die meisten Bildungen weiter differenzieren in

- **Buchstabenkurzwörter** (die Segmente des Kurzwortes bestehen aus einzelnen Buchstaben).

  Die größte Zahl Buchstabenkurzwörter sind **Initialkurzwörter** (auch als **Acronyme** bezeichnet), bei denen eine komplexe Vollform auf ihre

Anfangsbuchstaben gekürzt ist. Je nach Aussprache wird unterschieden in Buchstabenkurzwörter

- mit alphabetischer Aussprache:
  EG < Europäische Gemeinschaft
  IQ < Intelligenzquotient
  BND < Bundesnachrichtendienst
  IOK < Internationales Olympisches Komitee
  GmbH < Gesellschaft mit beschränkter Haftung
- mit phonetisch gebundener Aussprache:
  TÜV < Technischer Überwachungs-Verein
  UNO < engl. United Nations Organization

- **Silbenkurzwörter** (die Segmente des Kurzwortes entsprechen dessen Silben, nicht zwingend den Silben der Vollform):
  Juso < Jungsozialist, Kripo < Kriminalpolizei, Stasi < Staatssicherheit

- **Mischkurzwörter** (sie stellen in geringer Zahl eine Mischung aus Buchstaben- und Silbenkürzungen dar):
  Edeka < Einkaufsgenossenschaft deutscher Kolonialwarenhändler

Donalies (2007, S. 101) verweist an Beispielen wie *K-Frage* (Vollform *Kanzler-Frage*) und *Ü-Wagen* (Vollform *Übertragungswagen*) darauf, dass besonders bei partiellen Kürzungen Schwierigkeiten in der Bedeutungserschließung auftreten können. Liimatainen (2008, S. 278) bekräftigt dies am Beispiel *KUK* (Vollform *Kationenumtauschkapazität*) für die Gruppe der Buchstabenkurzwörter besonders in den Fachsprachen, wo nur Insider effektiv kommunizieren können. Dem Interesse an Verständlichkeit steht das Interesse an sprachökonomischer Ausdrucksweise gegenüber, neben der Raffung (*Bund für Umwelt und Naturschutz Deutschland → BUND*) ist das Kurzwort wiederum offen für verschiedene Wortbildungsprozesse, besonders für die Komposition (*TÜF-Plakette, Fußball-WM, schiri-tauglich*).

Nicht unter die Kurzwortbildungen sollen eingeordnet werden

- Morphemkonstruktionen mit Konfixen als Bestandteilen (vgl. *Biochemie, Psychothriller*). Sie werden je nach Wortbildungsverfahren den Komposita oder den expliziten Derivaten zugeordnet.

- Wortkreuzungen (-kontaminationen, -mischungen). Sie stellen keine Kurzform zu einer umfangreicheren und bedeutungsäquivalenten Vollform dar, sondern haben Neubenennungscharakter mit oft expressiver Wirkung (vgl. *Kurlaub < Kur + Urlaub, Milka < Milch + Kakao, Medizyniker < Mediziner + Zyniker*).

5.5 Wortbildungsarten im Deutschen (Übersicht)

1. Komposition (Zusammensetzung von Basismorphem / Morphemkonstruktion mit 2 unmittelbaren Konstituenten)

1.1 Determinativkompositum
Hypotaktisches Verhältnis der UK:
1. UK = Determinans, 2. UK = Determinatum.

a) Modifikator-Kopf-Relation (ohne zusätzliche Merkmale)

Typ: *Haustür → Haus* (1. UK) / *tür* (2. UK)

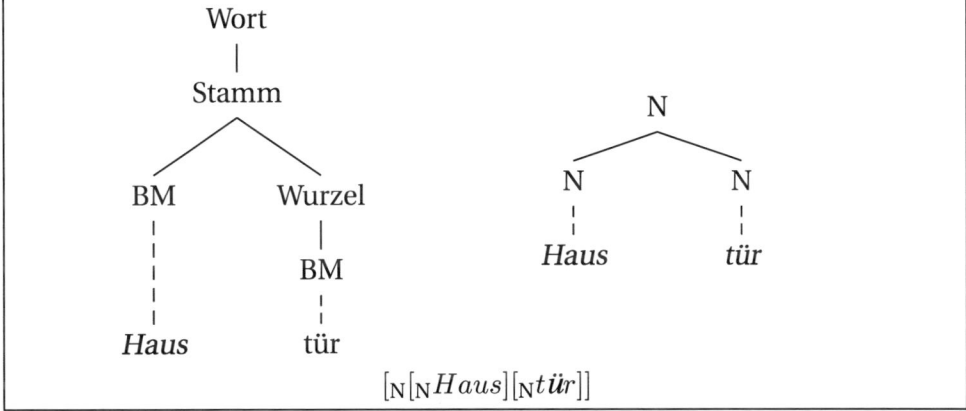

$$[_N[_N Haus][_N t\ddot{u}r]]$$

b) Zusammenbildung (Phrasenkomposition)
Besonderheit: 1. UK = Wortgruppe oder Satz.

Typ: *Großmannssucht → Großmanns* (1. UK als WG) / *sucht* (2. UK)

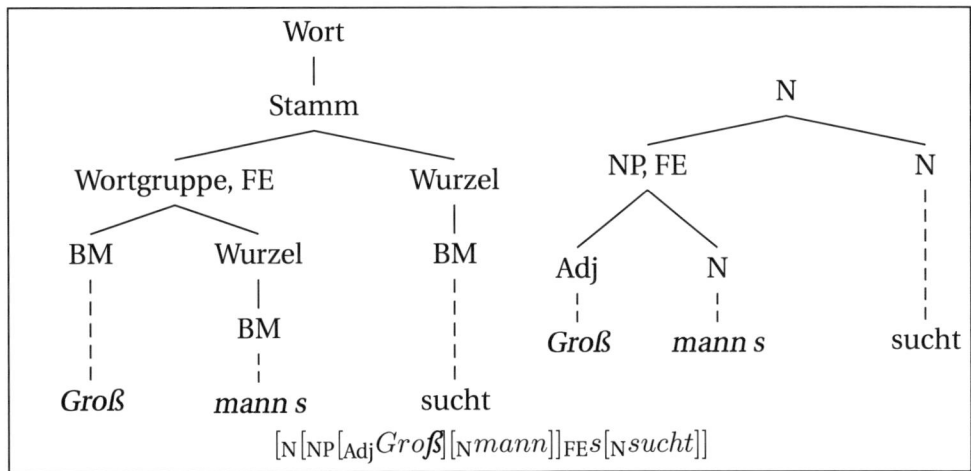

$$[_N[_{NP}[_{Adj} Gro\beta][_N mann]]_{FE}s[_N sucht]]$$

c) Konfixkompositum

Besonderheit: Gebundenes BM fremder Herkunft als UK.

Typ: *Prototyp → Proto* (1. UK, Konfix) / *typ* (2. UK)

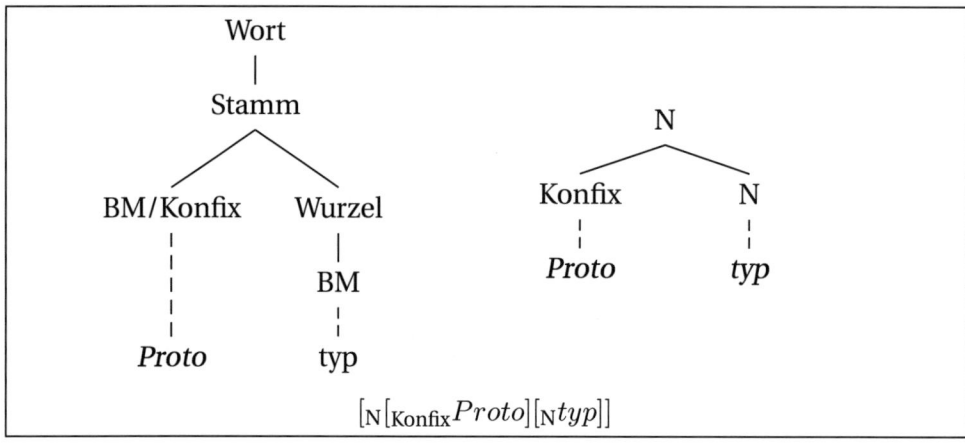

$$[_N[_{Konfix}Proto][_Ntyp]]$$

d) Rektionskompositum

Besonderheit: 1. UK = Argument der 2. UK.

Typ: *Volkszählung → Volks* (1. UK) / *zählung* (2. UK)

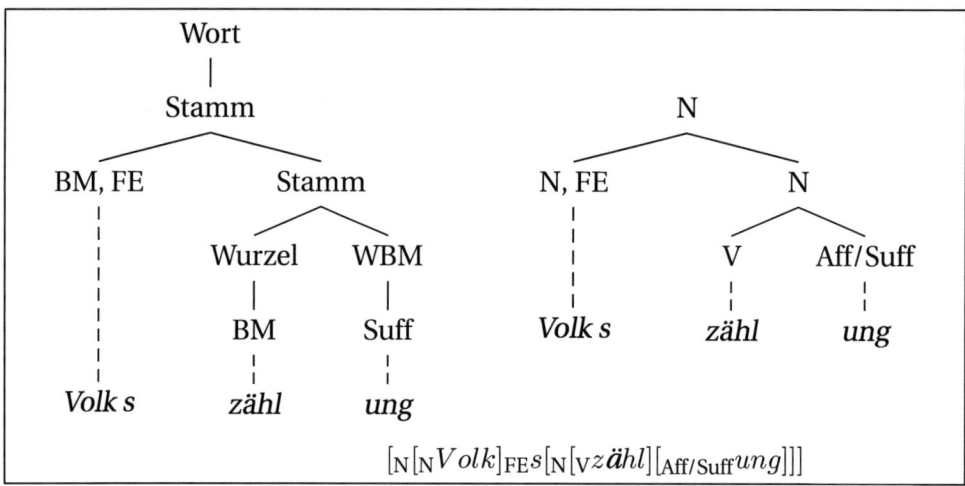

$$[_N[_NVolk]_{FE}s[_N[_Vz\ddot{a}hl][_{Aff/Suff}ung]]]$$

e) Possessivkompositum

Besonderheit: Semantischer Kopf außerhalb des Wortes (exozentrisch), grammatischer Kopf = 2. UK.

Typ: *Löwenzahn* (=Pflanze) → *Löwen* (1. UK) / *zahn* (2. UK)

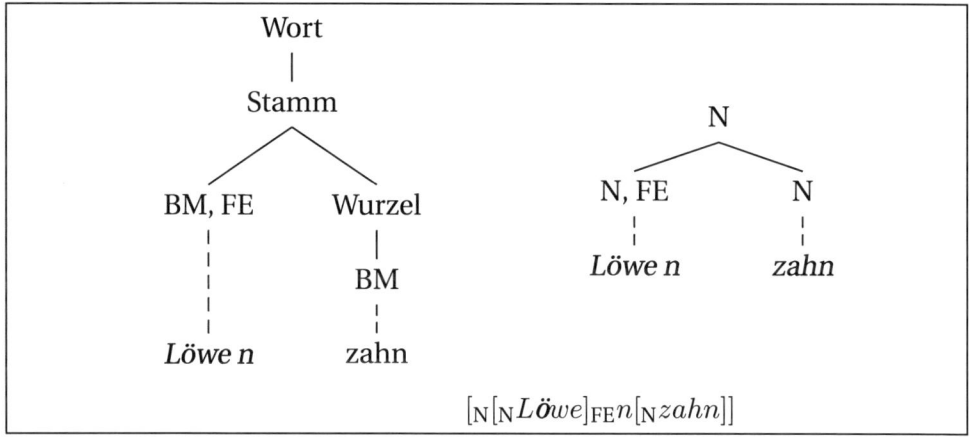

$$[_N[_N L\ddot{o}we]_{FE}n[_N zahn]]$$

1.2 Kopulativkompositum

Besonderheit: Parataktisches Verhältnis der UK.

Typ: *fünfzehn* → *fünf* (1. UK) / *zehn* (2. UK)

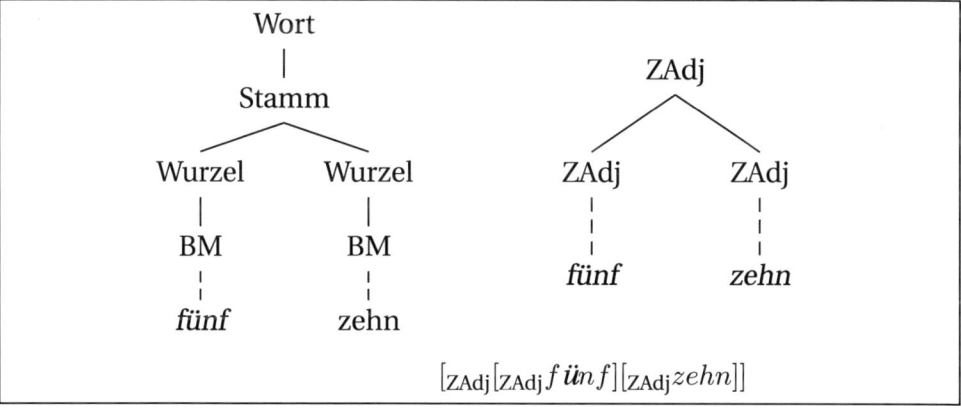

$$[_{ZAdj}[_{ZAdj}f\ddot{u}nf][_{ZAdj}zehn]]$$

1.3 Zusammenrückung

Besonderheit: Exozentrisches Kompositum aus syntaktischer Gruppe; letzte UK ist kein morphologischer Head.

Typ: *Gernegroß → Gerne* (1. UK) / *groß* (2. UK)

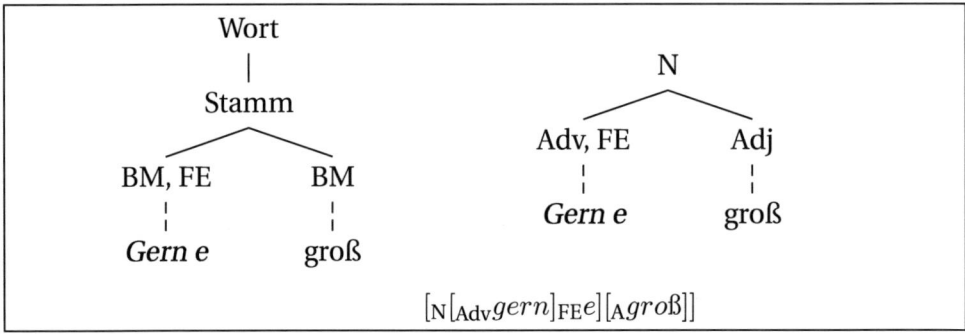

$$[_N[_{Adv}gern]_{FE}e][_Agroß]]$$

2. Derivation (Ableitung)

2.1 Explizite Derivation (Derivation durch Affixe bei Vorhandensein von 2 unmittelbaren Konstituenten.)

Präfigierung
1. UK = Affix/Präfix.

Typ: *Unschuld → Un* (1. UK) / *schuld* (2. UK)

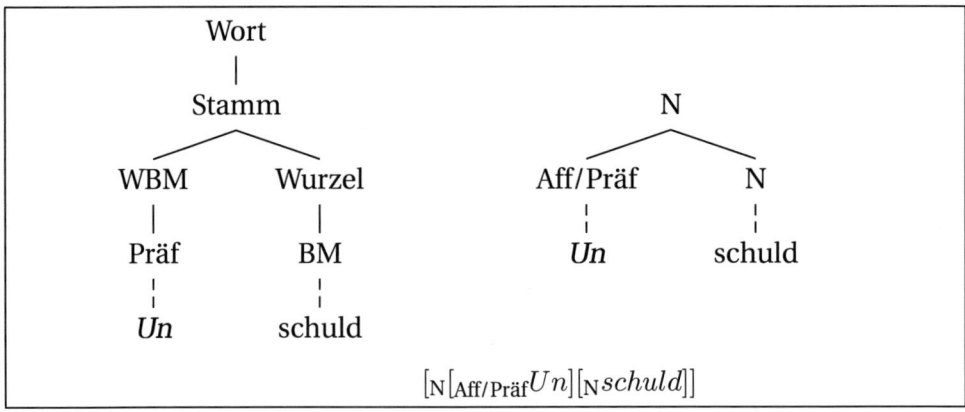

$$[_N[_{Aff/Präf}Un][_Nschuld]]$$

Suffigierung

2. UK = Affix/Suffix.

Typ: *Lesung → Les* (1. UK) / *ung* (2. UK);
Zweiteiler → Zweiteil (1. UK als Wortgruppe) / *er* (2. UK)

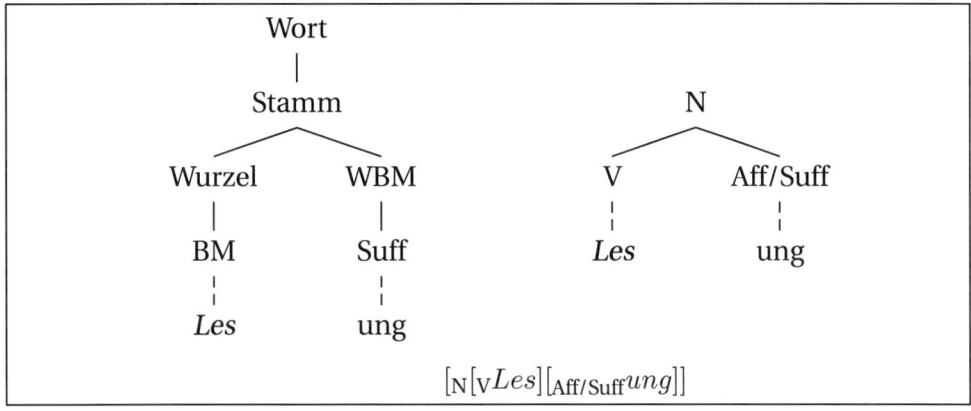

Kombinatorische Derivation

Diskontinuierliche Konstituente aus Präfix und Suffix als Zirkumfix.

Typ: *Gelaufe → Ge-e* = UK, *lauf* = UK

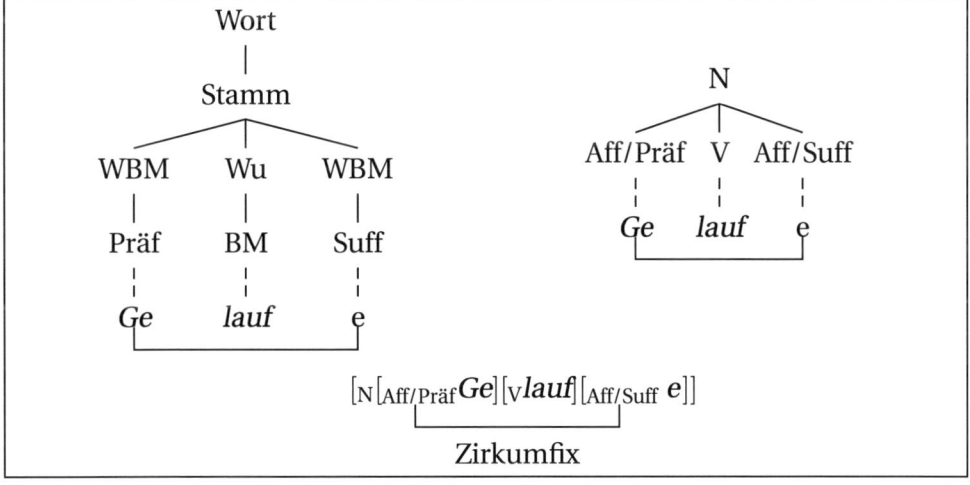

2.2 Implizite Derivation

Derivation ohne phonetisch-phonologisch realisiertes Affix, da 2. UK ein Null-Suffix ist.

Typ (a): *belegen* → *Beleg* → *Beleg* (1. UK) /Ø(2. UK)
Typ (b): *Öl* → *ölen* → *öl* (1. UK) / Ø(2. UK) / *en* (FM)

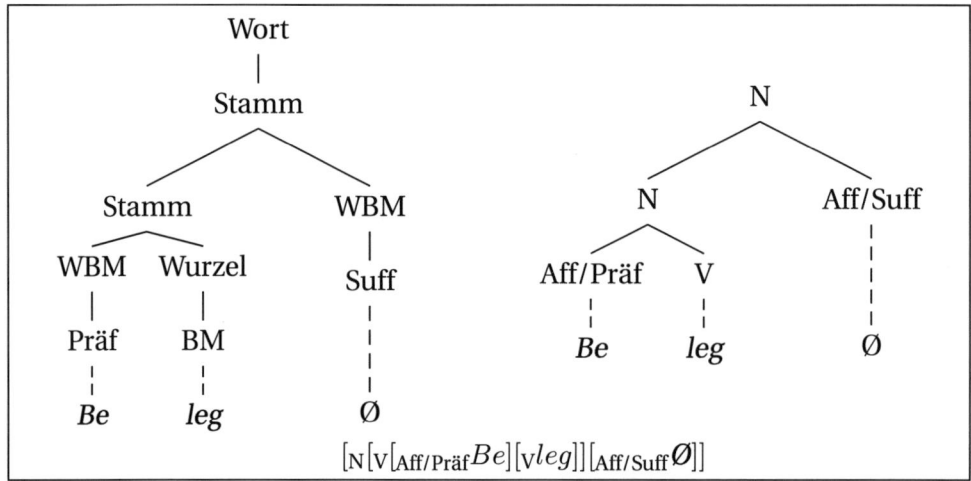

3. Kurzwortbildung

3.1 Unisegmentale Kürzung

Kurzwort aus einem kontinuierlichen Segment der Vollform:

– **Kopfwort** vom Typ *Abi(tur)* besteht aus dem Anfang der Vollform.

– **Endwort** vom Typ *Bus < Omnibus* besteht aus dem Ende der Vollform.

– **Rumpfwort** vom Typ *Lisa < Elisabeth* besteht aus dem Mittelteil der Vollform.

3.2 Partielle Kürzung

Kurzwort als einzige Gruppe mit UK-Struktur, wobei nur die 1. UK gekürzt ist. Typ: *V-Mann < Verbindungsmann – V* (1. UK) / *Mann* (2. UK)

3.3 Multisegmentale Kürzung

Kurzwort aus diskontinuierlichen Segmenten der Vollform:

– **Buchstabenkurzwort** mit alphabetischer bzw. phonetisch gebundener Aussprache vom Typ *IQ < Intelligenzquotient,*

– **Silbenkurzwort** vom Typ *Kripo < Kriminalpolizei,*

– **Mischkurzwort** (Kombination von Buchstaben- und Silbenkurzwort) vom Typ *Edeka < Einkaufsgenossenschaft deutscher Kolonialwarenhändler.*

5.6   📖   Literaturhinweise

Eine ausführliche Darstellung des deutschen Morpheminventars liefern
Fleischer und Barz (2007). In ihrer umfassenden, synchron orientierten
Wortbildung der deutschen Gegenwartssprache geben sie nicht nur über die
heimischen Wortbildungsmorpheme ausführlich Auskunft, sondern auch
über Fremdmorpheme. Dies ist auch bei Lohde (2006) der Fall, wobei in
sein Lehrbuch zahlreiche Übungen eingehen. Ebenso kann man sich bei Eisenberg (2006), Donalies (2005) und Altmann und Kemmerling (2005) informieren, die auch einen Überblick über alle Wortbildungsarten geben und
sich mit bestehenden Forschungsmeinungen auseinandersetzen. Das Gleiche gilt für Donalies' *Wortbildung der deutschen Gegenwartssprache* (2007),
das sich durch Anschaulichkeit und Übersichtlichkeit auszeichnet. Während Fleischer und Barz (2007) und Lohde (2006) besonders bei der Verbbildung nicht zwischen Präfix und Partikel unterscheiden, differenzieren diese
Autoren stärker. Erben (2006) betrachtet die deutsche Wortbildung sowohl
unter synchronem als auch unter diachronem Aspekt. Die umfangreichste Beschreibung der deutschen Wortbildung in mehreren Bänden liegt mit
der *Deutschen Wortbildung* (1973-1992) des Instituts für Deutsche Sprache vor. Motsch (2004) wählt für seine *Deutsche Wortbildung in Grundzügen* einen streng lexikalistischen Ansatz und widmet sich besonders den
semantischen Grundlagen von Wortbildungsregularitäten. Mit Fragen der
Wortstruktur und der Gültigkeit des kombinatorischen Ansatzes für alle wesentlichen Wortbildungsprozesse im Deutschen setzt sich besonders Olsen
(1990a,b, 1992) auseinander. In vielen Einzeluntersuchungen, u.a. Eschenlohr (1999) und Neef (1996), wird die bejahende Position zur Binarität und
Rechtsköpfigkeit im Deutschen hinterfragt und teils durch andere Lösungs-
ansätze ergänzt. Mit der Bildung von Kurzwörtern und ihrem bevorzugten
Gebrauch in der Fachkommunikation setzen sich in Einzeluntersuchungen besonders Kobler-Trill (1994), Steinhauer (2000) und Liimatainen (2008)
auseinander. Eine umfangreiche Aufgabensammlung mit Lösungsteil legen
Barz, Schröder, Hämmer und Poethe (2004) in *Wortbildung – praktisch und
integrativ* vor.

5.7   Übungsaufgaben

Zu 1.1 Zerlegen Sie folgende Wörter in Morpheme, bestimmen Sie diese:
    frischer Fisch, (eine) *freundliche Bedienung, Arbeitslosigkeit, beleidi-
    gen, drogensüchtig, Hundebiss, Größe, Nachtigall, Mikrofilm, Wortbil-
    dungsart.*

Zu 1.2 Segmentieren Sie binär in die unmittelbaren Konstituenten:
Handtasche, Handhabung, Handballmannschaft, vierhändig (Klavier spielen), *Wirkungslosigkeit, Beliebigkeit, sprachwissenschaftlich, hochwissenschaftlich, Frühaufsteher, Straßenbahner, beleibt, Winkelmesser, Taschenmesser, Unabhängigkeit, Dreitagebart.*

Zu 2   Bestimmen Sie die Art des Kompositums und stellen Sie seine interne Struktur in Morphem-, Kategorien- und Klammerschreibung dar:
Landesprüfungsamt, Dreikönigsfest, süßsauer, Dreikäsehoch, Bedeutungslehre, Stellenausschreibung, Schwarzkittel.
Entscheiden Sie zwischen Rektionskompositum und Nichtrektionskompositum:
Zigarrenraucher, Gelegenheitsraucher, Parteibeitritt, Umweltschutz, Schnellreinigung, Textilreinigung, Personenfahndung, vitaminreich.

Zu 3.1 Bestimmen Sie den Subtyp der expliziten Derivation und geben Sie die Wortstruktur in der verlangten Schreibung an (M = Morphemschreibung, K = Kategorienschreibung, [= Klammerschreibung):
annehmbar (M), *unverträglich* (K), *Einzeller* ([ ), *Getöse* (K), *beerdigen* (M), *dreispurig* ([), *Kinderlosigkeit* (M), *blödeln* (K) *Missachtung* ([).
Weshalb können folgende Bildungen trotz Vorhandensein eines Präfixes primär nicht dem Wortbildungstyp *Explizite Derivation /Präfigierung* zugeordnet werden?
Befehl, Behelf, Bericht / Erhalt, Ertrag, Erwerb / Verleih, Verweis, Verzehr.
Unterscheiden Sie zwischen Präfixverb, Partikelpräfixverb und Partikelverb:
wegnehmen, bestellen, umschmeicheln, zerfließen, umbuchen, umschreiben, enttarnen, auslachen, verführen, hinterlegen, aufzählen, geloben, stillhalten, vollenden.
Unterscheiden Sie zwischen Präfigierung, kombinatorischem Derivat und grammatischer Wortform Partizip II:
beraten, beauftragen, befreien, entsagen, entmutigen, entledigen, ermüden, erfrieren, ertrinken, beleibt, bemüht, verarmen, vertreiben, bestrumpft, verfestigen, beklebt, zerfleischen, zerrinnen, behaart, genarbt, gemalt.

Zu 3.2 Geben Sie von folgenden impliziten Derivaten die Wortstruktur in der verlangten Schreibung (M, K, [) an:
Wurf (M), *geigen* (K), (das) *Blau* ([), (ins) *Blaue* (fahren) (M), *Verhör* (K), *reifen* ([).

Zu 4   Klassifizieren Sie folgende Kurzwörter nach der Kürzungsart ihrer Segmente und bestimmen Sie den Subtyp!
ZDF, Thea, Dia, Schiri, Limo, Ufo, DAAD, Azubi, Lok, Gitte.

Zu 5   Welche Wortbildungsart verkörpern folgende Bildungen mit den Basismorphemen *rot, grün* und *kalt*?
(die) *Rote*, (die) *Röte, sich röten, ziegelrot, rot – grün, Rotschwänzchen, Begrünung, hellgrün, grünlich, Grünschnabel, Grünpflanze, grünstichig,* (die) *Kälte, erkalten, nasskalt, Kaltblüter, eiskalt, kaltschnäuzig.*
Stellen Sie die Bildungen mit *rot* in Morphemschreibung dar, die Bildungen mit *grün* in Kategorienschreibung und die Bildungen mit *kalt* in Klammerschreibung!

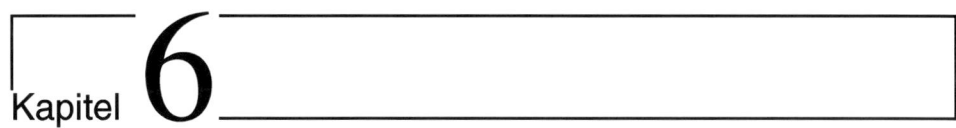

Kapitel 6

Wortbedeutungen: Merkmale und Beschreibungen

6.1 Merkmale von Wortbedeutungen

6.1.1 Zum Problem der Wortbedeutung

Was Bedeutungen sind, ist genauso umstritten wie die Frage nach den angemessenen Methoden zu ihrer Beschreibung. J. Barwise und J. Perry leiten ihr Buch „Grundlagen der Situationssemantik" in diesem Sinne auch ein:

> Semantik zu betreiben, d. h. sprachliche Bedeutung zu erforschen, ist ein notorisch schwieriges Geschäft – man begibt sich damit regelmäßig aufs Glatteis. Die Feststellung, daß sinnvolle Ausdrücke Bedeutung tragen, ist nichts als eine Tautologie; dennoch hat sich als äußerst schwierig erwiesen, wesentlich mehr über diese Eigenschaft von Bedeutung zu sagen. (Barwise und Perry, 1987, S. 3)

Wir wollen denen zustimmen, die der Meinung sind, dass es nicht nur eine Bedeutungsdefinition gibt, weil es sich bei Bedeutungen um komplexe Phänomene handelt.

> Die Aufgabe, zu explizieren, *was Bedeutung ist*, kann nur durch die Semantiktheorie in toto geleistet werden, ähnlich wie die Zahlentheorie, eventuell sogar die Mathematik insgesamt, als Explikation des Begriffs „Zahl" gelten müssen. Daher kann man auf

die Frage „Was ist Bedeutung?" keine direkten und vollständigen Antworten erwarten (Lang, 1983, S. 73).

Sowohl die Bestimmung des Bedeutungsbegriffs als auch die Wahl der Beschreibungsmethode ist funktional bestimmt. Das heißt, dass die Zwecke der Fragestellungen die Antworten bestimmen. Für die Ausdrucksausbildung im Deutschunterricht sind andere Antworten nötig als für die Zwecke der automatischen Übersetzung. Eine Bedeutungsbeschreibung sollte aber mindestens die folgenden sechs Aspekte berücksichtigen:

- das Beschreibungsdenotat (= die Extension),

- das usuelle Wissen über das Denotat (= die Intension),

- die Art des Bezuges auf das Denotat (= die Denotation),

- die Zeichenverwender (den Sprechenden und Hörenden),

- die Verwendungssituation,

- das verwendete Sprachsystem.

Wenn wir uns beispielsweise eine Situation vorstellen und die relevanten Aspekte markieren, könnte es folgendermaßen aussehen:

Bei einem Spielplatzbesuch (= Verwendungssituation) stellt ein kleines Mädchen ihrer Oma (= Zeichenverwender) eine Frage, indem es erst auf ein Klettergerüst (= Denotat) zeigt (= Denotation) und sie danach fragt „Was?" (= Sprachsystem). Mit den verwendeten Lexemen kommt das Wissen bzw. Nichtwissen (= Intension) zu den Schallbildern (= Formative) ins Spiel. Das Wissen zum Lexem „Klettergerüst" determiniert gleichzeitig das Denotat.

6.1.2 Lexikalisches Bedeutungswissen

Das lexikalische Bedeutungswissen schließt verschiedene Kenntnisse ein, die beim Sprachgebrauch zur Verfügung stehen.

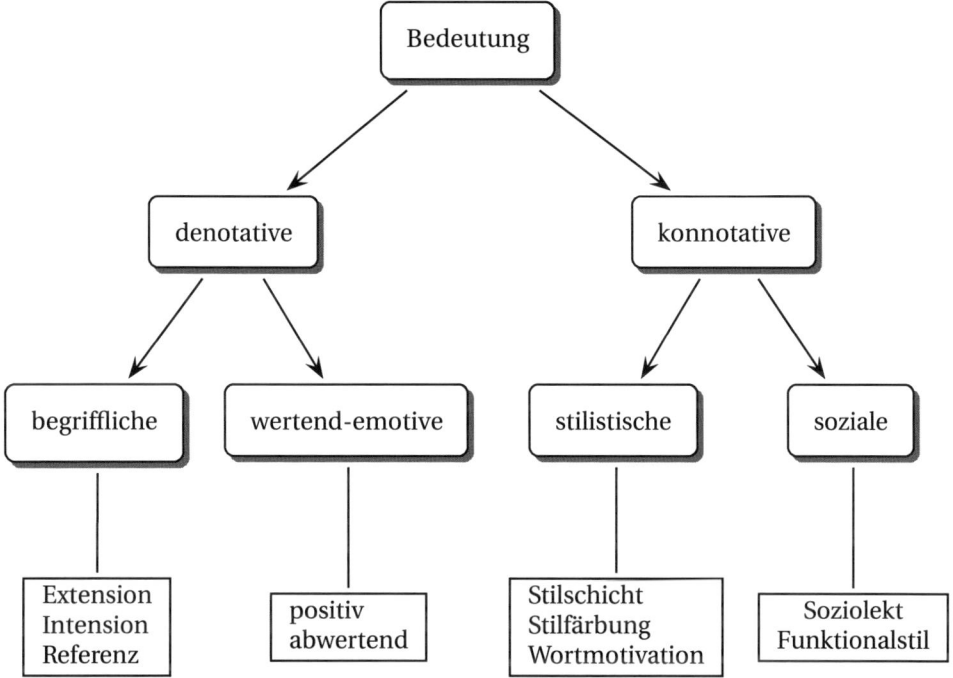

Abbildung 6.1: Bedeutungswissen

Die in der obigen Übersicht (6.2) abgetrennten Bedeutungskomponenten können folgendermaßen charakterisiert werden:

- **Die denotativ-begriffliche Bedeutung** gibt an, auf welches „Objekt" (beispielsweise einen Kastanienbaum) sich das Wort (*Kastanie*) beziehen kann (extensionale Bedeutung). Dieser Referenzakt wird durch das gedankliche Abbild des „Objektes", durch den Begriffsinhalt (intensionale Bedeutung) möglich.

  (6.1) a. *Referenz*: Diese Kastanie (wird eingehen)

  b. *Extension*: 'Baum'

  c. *Intension*: 'mit Stamm, Krone, Ästen, Blättern, Blütenkerzen oder Kastanien, ...'

- **Die wertend-emotionale Bedeutung** kommt durch die Möglichkeit zustande, dass die Sprecher/innen den Kommunikationspartner/innen ihre Emotionen auch im Wortschatz sprachlich sichtbar machen können (aber nicht müssen). Außerdem stellt der Wortschatz auch bewertende Lexik bereit.

> (6.2)   Dass Österreichs Polizei, pardon: Gendamerie, seit jeher ein besonders wachsames Auge auf all diejenigen wirft, die mit ausländischen oder gar deutschen Autokennzeichen in der Alpenrepublik unterwegs sind, ist allseits bekannt und wird immer wieder lauthals beklagt. Abkassiert wird in nicht immer nachvollziehbarem Maße; die, die es hart trifft, empfinden es als gnadenlos; die die es tun, als konsequent.
> (Süddeutsche Zeitung, 10./11.08. 2002)

In dem kleinen Ausschnitt (2) aus einer Zeitungsglosse wird durch den Autor das Verhalten der österreichischen Polizei in verschiedener Weise negativ bewertet, besonders durch die Lexeme *abkassieren* und *gnadenlos*, die beide den Handlungsträger negativ bewerten. *Gnadenlos* bezeichnet außerdem eine vermeintliche Emotion der handelnden Polizisten.

- **Konnotationen** (Assoziationen) sind Zusatzinformationen, die die Sprechenden über sich und über die historischen und sozialen Bedingungen mit dem Wortschatz „versenden". Sie können durch die Wortmotivierung und/oder das angelagerte Weltwissen ausgelöst werden.

> (6.3)   Großstadt-Frauen suchen reiche Partner
> Frauen aus der Großstadt suchen eher Männer mit Geld. Für Frauen vom Land ist die dauerhafte Bindung wichtiger. Wissenschaftler werteten 2300 Kontaktanzeigen aus 23 Städten aus. Ergebnis: Je größer die Stadt und je höher die Lebenshaltungskosten, [...].
> (Bildzeitung, 14.08. 2002)

In (3) haben wir die neue Wortbildung *Großstadt-Frauen*, von dieser wird, wie es bei der Bildzeitung häufig ist, weil sie wohl den Leser/innen nicht viel zutraut, die Motivierung mitgegeben: Großstadt-Frauen = „Frauen aus der Großstadt". Über Frauen aus der Großstadt haben die Leser/innen sicherlich Wissen und/oder Vorurteile angesammelt. Welches Wissen für das Verstehen des angesprochenen Sachverhaltes relevant ist, wird im Text hervorgehoben: „Je größer die Stadt und je höher die Lebenshaltungskosten".

Zu den Konnotationen rechnet man die **stilistischen Markierungen** der Lexeme. Dies sind vor allem die Markierungen hinsichtlich der Stilschichten, Stilfärbungen und Funktionalstilbereiche.

Die **Stilschichtenmarkierungen** geben an, ob die Lexeme Beschränkungen hinsichtlich des Einsatzes in verschiedenen Kommunikationssituationen haben. Unter der „normalen" Stilschicht wird die schriftliche, neutrale Kommunikation verstanden.

poetisch-gehoben	*die Seele aushauchen*
normal	*sterben*
umgangssprachlich	*aus sein*
umgangssprachlich-salopp	*abkratzen*
vulgär	*den Arsch zukneifen*

Die **Stilfärbungenmarkierungen** betreffen zusätzliche stilistische Informationen, wie nachfolgend angedeutet.

scherzhaft	*verlängerter Rücken*
spöttisch	*der Neunmalkluge*
übertreibend	*vor Ärger die Haare raufen*
verhüllend	*mollig sein*
gespreizt	*geben sie mir bitte Postwertzeichen* (wenn in Alltagssprache verwendet)
…	…

Die **Markierungen der Funktionalstilbereiche** beziehen sich auf die Großbereiche der Sprachhandlungen.

- Presse und Publizistik (Zeitungssprache): *zwecks Freizeitgestaltung, Bildzuschrift erwünscht, …* (vorkommend in Kontaktanzeigen)
- Verwaltung (Amtsprache): *Postzusteller, Bundesverwaltungsgericht, …*
- Künstlerische Kommunikation (Belletristik): *Aar, Leu, Odem, …*
- Alltagssprache: *machen, eins auf die Mütze bekommen, …*

In dem nachfolgenden Beispieltext wird mit den verschiedenen Stilschichten, Stilfärbungen und Textsorten gespielt (4).

(6.4)   Bei der Bewunderung eines bäuchlings auf einem weißen Ziegenfell liegenden Babys hört man nicht selten „welch süßer Popo". Hinter einer attraktiven jungen Frau hergehend, kann man

sich der erotischen Wirkung des „schwingenden Pos" nicht ent-
ziehen. Beim Arzt ist das „Gesäß" Gegenstand von Betrachtung
und Behandlung. „Hintern" ist ein strenges Wort und oft nicht er-
freulich. Welch Vielfalt für denselben Körperteil! Der Gipfel und
das Absolute ist der „Arsch". Je nach Betonung kann man von
Sympathie bis Verachtung alles ausdrücken. Wir sagten früher,
wenn es dunkel war, dass es nicht dunkler werden konnte, „finster wie in einem Bärenarsch". Ein absolut integrer und geschei-
ter Mann sagte einmal, „Arsch" sei in seiner Ausdruckskraft das
schönste und deutscheste aller Wörter.
(Ernst Fritsch. Frankfurter Allgemeine Sonntagszeitung.
30.08. 2009, S. 30)

Soziolektale Markierungen gehören nach dem weiten Bedeutungsver-
ständnis auch zum Bedeutungswissen. So muss beim Einsatz eines Le-
xems beachtet werden, ob Folgendes auftritt:

- eine Beschränkung hinsichtlich der Kommunikationsform (mündlich
  vs. schriftlich): z. B. *Er macht das Essen. vs. Er kocht.*
- eine Beschränkung, die sich aus der dialektalen Markierung ergibt:
  z. B. *Lorke kochen.*
- eine Information über das Alter der Kommunizierenden, z. B. jugendlich *Kochen is cool.*
- eine Information über den Beruf, z. B. *Das Fleisch tranchieren.*
- eine Information über die Hobbys, z. B. *Kochklubmitglied werden.*
- …

Hinweise auf die Zeitlichkeit und die Einstellungen haben wir in (5).

> (6.5)   Der Film ist schon ein Hammer, und die beiden Soundtrack-CDs
>   haben nun fast noch eine gewaltigere Power.
>   (Fokus, 34 (2002), S. 74)

Mit *ein Hammer sein* und *Power haben* bewertet der Rezensent die vorgestellte CD. Er gibt ihr (und sich selbst) damit indirekt die Attribute
„zeitgemäß, aktuell, jugendlich". Dies soll sicher auch durch die Anglizismen erreicht werden.

6.1.3   Syntaktische Worteigenschaften

Vor allem Wissenschaftler, die von der Generativen Grammatik kommen (Jackendoff (1990), Pustejovsky (1993, 1995)), sehen in den syntaktischen Worteigenschaften, die von den Fügungspotenzen herrühren, wichtige lexikalische Bedeutungselemente. In „The Generative Lexicon" fasst Pustejovsky
dazu u. a. Folgendes zusammen (S. 238–239):

1. Interpretationen sollen in Kontexten erfolgen.
2. Es soll eine potentiell infinite Menge von Sememen[1] von finiten Ressourcen abgeleitet werden.
3. Die Bedeutungsbeschreibungen sollten u. a. formal sein, kreuzkategoriell[2] und nicht nur die Restriktionen der Verbsemantik einbeziehen.

In „Semantics and the Lexicon" hatte er vier diesbezügliche Beschreibungsebenen als notwendig angesehen:

a. Die Argumentstruktur (*Argument structure*),
b. Die Ereignisstruktur (*Event structure*),
c. Die Beschaffenheitsstruktur der Argumente (*Qualia structure*),
d. Die Beziehungsstruktur (*Lexical inheritance structure*).

Das Lexem *brother* hat bei ihm (Pustejovsky, 1995, S. 152) die semantische Struktur in Abbildung 6.2.

$$
\begin{bmatrix}
\textit{Bruder} \\
\text{ARGSTR} \begin{bmatrix} \text{ARG1} & \textit{x: human} \\ \text{D-ARG1} & \textit{y: human} \end{bmatrix} \\
\text{QUALIA} \begin{bmatrix} \text{CONST} & = \textit{männlich (x)} \\ \text{FORMAL} & = \textit{Bruder\_von (x,y)} \end{bmatrix}
\end{bmatrix}
$$

Abbildung 6.2: Semantische Struktur

Bezüglich *Bruder* wird ausgesagt, dass es ein relationales Substantiv ist und nach dieser Strukturbeschreibung die Bedeutung hat, ein männlicher Mensch zu sein (x) und in einer Verbindung zu einem anderen Menschen zu stehen (y).

6.1.4 Stereotype Merkmale

Die Stereotypensemantik, die der amerikanische Philosoph H. Putnam in seiner Publikation „The meaning of meaning" entwickelt hat, ist nicht mit der angebrachten Aufmerksamkeit in der Linguistik aufgenommen worden. Sie hat den Vorzug, dass sie neben dem kognitiven auch den sozialen Aspekt der Wortbedeutung berücksichtigt. Sie ist deshalb gut geeignet, die Bedeutung von Wörtern zu beschreiben.

---

[1] Sememe sind die festen Lesarten, Bedeutungen, die im Langzeitgedächtnis den Lautkörpern zugeordnet sind.
[2] Bei einer Kreuzklassifikation müssen alle angenommenen Kategorien auf alle Objekte anwendbar sein.

Putnam nimmt einen materialistischen Standpunkt ein, wenn er in der Extension den objektiven Teil der Bedeutung sieht, der von den Experten ermittelt wird und dem Wahrheitswert zukommt. Die Intension dagegen wird über stereotype Merkmale bestimmt, die auch sprachliche Charakteristika einschließen. Alle diese Merkmale treffen nur auf die prototypischen Vertreter zu. So ist die Flüssigkeit der Saale Wasser, obwohl es weder farblos, noch geruchlos, wahrscheinlich auch nicht geschmacklos ist.

Die **Normalformbeschreibung einer Wortbedeutung** sollte u. E. (in Anlehnung an Putnam) enthalten:

- Die syntaktischen und morphologischen Wortmerkmale ('Verb', . . .).
- Die semantischen Grundkategorien[3] ('Vorgang', 'Gegenstand', 'Stoff', . . .).
- Stereotype Merkmale ('würzend', . . .).
- Die Extensionsbeschreibung ('NaCl', . . .).

Putnams berühmtes Wasserbeispiel erhält danach folgende Beschreibung:

- 'Substantiv';
- 'Stoff', 'Flüssigkeit';
- 'farblos', 'durchsichtig', 'ohne Geschmack', 'durstlöschend' etc.;
- 'H$_2$O (mit und ohne Beimengungen)'.

6.2   Unbestimmtheit der Bedeutung

6.2.1   Einordnung der Problematik

Naive Auffassungen von der Sprache und dem Wortschatz gehen davon aus, dass im Idealfall eine Sprachform mit einer Bedeutung verbunden sein soll. Dies ist weder so noch wünschenswert, weil die Inhalte der Wörter von dem sprachlichen und nichtsprachlichen Kontext abhängig sind bzw. an ihn angepasst werden müssen. Aus diesem Grund sind sie auch vage. So kann in der Regel nicht genau bestimmt werden, ob eine Zimmerecke genau rechteckig ist, bevor man sie bezeichnet. Dies ist in der Alltagssprache auch nicht nötig, da alle Kommunizierenden über die Ungenauigkeiten Bescheid wissen. Auch die Mehrdeutigkeit ist in der Alltagssprache kein Mangel. Sie ermöglicht eine effektive und erfolgreiche Kommunikation. Auffassungen, wie sie die analytische Philosophie in den 20er Jahren des 20. Jahrhunderts vertrat, die es als Aufgabe der Sprachtheorie ansah, die Rekonstruktion einer präzisen und eindeutigen Sprache vorzunehmen, werden heute nicht mehr geteilt. So meinte Carnap:

---

[3]   Die onthologischen Grundkonzepte nach Jackendoff (1983, 50–56).

> Mit der Zeit wurde mir klar, daß unsere Aufgabe die Planung
> von Sprachformen ist. Planen heißt, sich die allgemeine Struktur
> eines Systems auszudenken und an verschiedenen Stellen des
> Systems eine Wahl unter vielfältigen, theoretisch unendlichen
> Möglichkeiten zu treffen, und zwar so, daß die vielfältigen Merk-
> male zusammenpassen und das sich ergebende Gesamtsystem
> bestimmte vorgegebene Anforderungen erfüllt. (Carnap, 1993,
> S. 106)

Die Unbestimmtheit (auch Unterspezifikation genannt) tritt im Wortschatz
in drei Formen auf, auf die nachfolgend eingegangen werden soll. Es sind

1. die Kontextabhängigkeit,
2. die Vagheit und
3. die Mehrdeutigkeit.

6.2.2   Kontextabhängigkeit

Semantisch kontextabhängig sind zunächst einmal alle mehrdeutigen Wörter, weil erst der Kontext für die Hörenden entscheidet, welche Bedeutungsvariante gemeint ist. In dem Beispiel (6) bleibt bei der Kapitelüberschrift
noch offen, ob Zosine ein Sportgerät zum Geburtstag bekommen hat. Erst
durch das Lexem *tanzt* wird klar, dass die andere Lesart gemeint ist, dass es
kein Sportgerät gewesen ist.

(6.6)   Zosines Geburtstagsball
Ein Ball ist für ein junges Mädchen nicht allein ein Erlebnis, es
ist eine Offenbarung. Wenn sie tanzt, [...].
(Tania Blixen: Die Rache der Engel. S. 47)

Die deiktischen Wörter (vor allem Pronomen und Pronominaladverbien),
von Bühler (1982) mit der Zeigefeldmetaphorik charakterisiert, bedürfen eines sprachlichen bzw. außersprachlichen Kontextes, um ihre „offenen semantischen Stellen" zu schließen. Wer nach einer Urlaubsreise einen Zettel
wie in (7) im Briefkasten vorfindet, kann wahrscheinlich damit nichts anfangen, weil unklar ist, wer *ich*, wann *heute* und wo *dort* ist. Wenn es sich um
eine mehrköpfige Familie handelt, kann sie auch mit *dich* nichts anfangen.

(6.7)   Ich warte heute um 18:00 Uhr dort auf dich.

Kontextabhängigkeit ist auch den bewertenden, graduierenden und dimen-
sionierenden Lexemen immanent. Sie erhalten ihren „Wert" erst mit einer
Maßangabe bzw. einem Bezugspunkt und dem Weltwissen (8).

(6.8)   a.   x ist groß.
             x = Johanna (ein Kind von 6 Jahren) = 1,40 Meter
             x = Johanna (eine erwachsene Frau) = 1,80 Meter

        b.   x ist schnell.
             x = ein Auto = fährt über 100 km/h
             x = eine Schildkröte = 2 m/h

6.2.3   Vagheit

Während sich die kontextbestimmte Mehrdeutigkeit bei der Einbettung in
einen Kontext auflöst, bleibt bei den semantisch vagen Wörtern bei ihrer
Verwendung eine semantische Unbestimmtheit. Vage Wörter lassen immer
einen gewissen Interpretationsspielraum zu. Die Logik hat dieses Phänomen u. a. durch die Einführung eines dritten Wahrheitswertes (neben wahr
und falsch noch unbestimmt) zu lösen versucht. Wenn wir an einem Kiosk
das Schild (9) vorfinden, können wir mit Blick auf unsere Uhr den Wahrheitswert genau feststellen.

(6.9)   Wir öffnen um 12:00 Uhr.

Wenn wir aber das Schild (10) angebracht finden, können wir uns vielleicht
nach 15 Minuten fragen, ob überhaupt noch jemand kommt. Die Quelle der
Ungenauigkeit ist das Wort *gleich*.

(6.10)   Wir kommen gleich wieder.

In Anlehnung an Schwarze und Wunderlich (1985) wollen wir drei Klassen
von vagen Wörtern unterscheiden.

- *Relative Wörter* sind die vagesten, weil sie in jedem Kontext alternative
  Interpretationen zulassen (z. B. *oft, gleich*).
- *Überlappende Wörter* besitzen einen exakten Kernbereich und unbe-
  stimmte Übergangszonen (z. B. Farbadjektive wie *gelb – orange – rot*).
- *Punktuelle Wörter* sind exakt definiert, werden in der Alltagssprache
  mit Abweichungen verwendet (z. B. *rechteckig*).

6.2.4   Mehrdeutigkeit

Mehrdeutigkeiten, auch Ambiguitäten genannt, treten bei Lexemen in ver-
schiedenster Form auf, wie die Sprachspiele aus Werbeanzeigen (`www.ono-
line.de/wortspiel/`, Zugriff 16.09. 2009) unter (11) andeuten sollen.

(6.11)   a.   Nur Flaschen müssen immer voll sein.

         b.   Ich bin doch kein Tor.

Als Formen der Mehrdeutigkeit unterscheiden wir:

- **Polysemie** (*einmischen* = 'hineinmischen in etwas' vs. 'an etwas beteiligen')
- **Homonymie** (*Band* ('Buch') vs. 'Stoffstreifen' vs. 'Musikgruppe'))
- **Homophonie** (*wer* – *Wehr*)
- **Homographie** (*Montag(e)* /ˈmoːntaːɡə/ vs. *Montage* /mɔnˈtaːʒə/)

Mehrdeutigkeiten werden in der Regel durch den Kontext aufgelöst. Für die Problematik der Mehrdeutigkeit sind die Homophonie (lautlich identisch, aber in der Schreibung unterschiedlich) und Homographie (unterschiedliche Lautung, aber identische Schreibung) nicht so interessant, da die Formative Hinweise auf die Bedeutungsdifferenz geben, aber nur in einer Kommunikationsform entweder in der Rede oder der Schrift. Bei völlig identischen Formativen werden, je nachdem ob es feste, unterschiedliche Bedeutungsvarianten zu einem identischen Formativ im Lexikon gibt, in der traditionellen Lexikologie Kontextvarianten von Polysemie und Homonymie abgegrenzt. Kontextvarianten beziehen sich auf dieselben Referentenklassen und Konzepte. Durch die Vagheit der Bedeutungen ist es aber nicht immer leicht festzustellen, ob es sich um eine kontextuelle Variante eines Semems oder um ein eigenständiges Semem handelt. So sind sich beispielsweise die Bedeutungswörterbücher uneinig, ob dem Formativ *Offenbarung* zwei oder drei feste Bedeutungen zuzuordnen sind. Zum einen werden 'Bekenntnis', 'plötzliche Erkenntnis' und 'Kundgebung Gottes'[4] abgetrennt. Andererseits werden 'das Offenbaren' und 'Mitteilung göttlicher Wahrheiten oder eines göttlichen Willens'[5] angenommen. „Das große Wörterbuch der deutschen Sprache" fasst also das erste und zweite Semem bei Wahrig zu einem zusammen und sieht in ihnen nur Kontextvarianten.

Wir verstehen unter **Polysemie** die reguläre Mehrdeutigkeit, d. h. mit einem Formativ werden mehrere Bedeutungsvarianten (Sememe) fest verbunden (wie in (12) zu *die Blume*).

(6.12)   Semem 1: 'Pflanze, die Blüten hervorbringt' (*Blumen pflanzen*).
Semem 2: 'Blüte von einer Pflanze' (*An einer Blume riechen*).
Semem 3: 'Duft, Aroma' (*Der Wein hat eine köstliche Blume*).
Semem 4: 'Schaum' (*Die Blume abtrinken*).
Semem 5: 'Schwanz' (Jägersprache: *Vom Hasen die Blume sehen*).

Dabei ist es für die heutigen Sprachverwender/innen unerheblich, ob zwischen den Sememen historisch ein Zusammenhang besteht oder nicht. Das Wissen über etymologische Zusammenhänge gehört nicht zur mutter-

---

[4]   „Der kleine Wahrig". Bertelsmann Lexikon Verlag 2001, S. 681.
[5]   „DUDEN Das große Wörterbuch der deutschen Sprache", Band 5, S. 2427.

sprachlichen Kompetenz (Haß, 2005, S. 174). Wir legen deshalb auch die Etymologie nicht für die Abgrenzung von Polysemie und Homonymie zu Grunde, wie dies Blank (2001, S. 104) tut, wenn er feststellt:

> Polysemie wird hier also als synchronische Konsequenz von Bedeutungswandel gesehen. [...] Damit wäre zunächst auch eine Abgrenzung von der Homonymie möglich, die sich nicht durch Bedeutungswandel, sondern als Folge von Lautwandel ergibt.

Ebenso sehen wir es als nicht machbar an, nach der Enge des Zusammenhangs der Sememe zu entscheiden, weil in den meisten Fällen Zusammenhänge hergestellt werden können. Wie auch bei dem von Conrad (1981, S. 107) u. a. angeführten Beispiel *Bremse* in den Bedeutungen 'Insekt' und 'Hemmschuh', die synchron auf Grund „völlig unterschiedlicher Bedeutung" als Homonyme eingestuft werden. Man könnte aber eine metaphorische Beziehung über das gemeinsame Merkmal „Stachel" konstruieren. Es bestehen zwischen den Sememen typische Relationen (Beispiele bei *Kopf* in (13)).

(6.13)   a.   metaphorische Relation (*ein Kopf* ['(Körper)teil'] vs.
              ein Kohlkopf, ein Brückenkopf ['(Objekt)teil']).

         b.   metonymische Teil-Ganzes-Relation
              (*ein Kopf* ['Körperteil'] vs. *ein Euro pro Kopf* ['Körper']).

Bierwisch (1983) und Lang (1994) haben das Modell der Zweistufensemantik entwickelt. In ihm werden durch Konzeptverschiebung und Konzeptdifferenzierung auch die typischen Verbindungen zwischen den Konzepten aufgezeigt. Man spricht in dieser Hinsicht auch von konzeptueller Mehrdeutigkeit. Man nimmt bei einem Wort eine Bedeutung (Semantische Form) an, die in verschiedenartigen Kontexten unterschiedliche begriffliche Interpretationen (Konzeptfamilien) erfährt. Beim Beispiel *Buch* könnte sich das folgendermaßen darstellen:

1. Die semantische Form: 'Gegenstand' x 'mit Inhalt' y
2. Die Konzeptfamilie:
   - Buch[1]: 'Informationsmittel' (*Das Lehrbuch liegt auf dem Tisch.*)
   - Buch[2]: 'Ding' (*Das nasse Buch ist nicht mehr zu retten.*)
   - Buch[3]: 'Gattung' (*Die Rolle des Buches hat sich durch die Erfindung der elektronischen Medien verändert.*)

Die Einführung von *Buch* in konkrete Texte führt zur „Verschiebung der Konzepte", eines der drei Konzepte wird aktualisiert.

Löbner (2003) beispielsweise, der das traditionelle Polysemie-Homonymie-Konzept vertritt, führt aus:

> Etwas vereinfacht gesagt handelt es sich bei Homonymie um
> Lexeme mit verschiedenen Bedeutungen, die zufällig dieselbe
> Form haben. Von Polysemie spricht man dagegen, wenn ein Le-
> xem ein Spektrum von zusammenhängenden Bedeutungsvari-
> anten hat, wenn also [...] nur „kleinere" Bedeutungsvariation
> vorliegt.

Löbner (2003, S. 59) unterscheidet noch zwischen „totaler und partieller
Homonymie". Totale Homonymie liege dann vor, wenn Lexeme außer in
ihrer Bedeutung in allen Lexemeigenschaften, „insbesondere in ihrem gesamten Formenspektrum" übereinstimmen, wie bei *Weiche*$_1$ ('Gleisverbin-
dung') und *Weiche*$_2$ ('Körperteil'). Partielle Homonyme stimmten nicht in
allen Formen überein, wie bei *Bank*: *Banken* vs. *Bänke*.

Wie schon angedeutet, liegt das Problem bei den sogenannten totalen Homonymen, bei der Bestimmung bzw. Beurteilung des vorhandenen bzw.
hier nicht vorhandenen Bedeutungszusammenhanges.

Von **Homonymen**, von homonymischer Mehrdeutigkeit (Gleichnamigkeit
von Wörtern) sprechen wir nur dann, wenn zu den Bedeutungsvarianten
wesentliche grammatische Unterschiede kommen. Das sind insbesondere
Artikel-, Numerus- und Wortartunterschiede:

- Artikelunterschied *der Erbe, das Erbe; der Leiter, die Leiter,*
- Pluralform *die Banken, die Bänke,*
- Wortartunterschied *das Essen, essen.*

6.3   Methoden der Wortbedeutungsbeschreibung

6.3.1   Enge und weite Modelle der Wortbedeutung
als Beschreibungsgrundlagen

Je nachdem, welche Aspekte der Wortbedeutung (vgl. 6.1.1) besonders akzentuiert werden, können verschiedene Modelle der Wortbedeutung unterschieden werden, denen dann häufig auch spezifische Beschreibungsmo-
delle zuzuordnen sind. Sehr sinnvoll scheint eine Unterscheidung in enge
und weite Bedeutungsmodelle zu sein. Während die engen Modelle auf der
klassischen Logik (Aristoteles und Frege) und Lexikographie fußen, sind die
weiten Modelle zum einen in Anlehnung an die Rhetorik/Stilistik und in
neuerer Zeit an die Pragmatik entstanden. Sie werden deshalb pragmatische Modelle genannt. Als weite Modelle sind zum anderen auch die grammatischen Modelle zu bezeichnen, die versuchen, die wortsyntaktischen Eigenschaften einzubeziehen, hier grammatische Modelle genannt.

Während die engen und grammatischen Modelle oftmals um eine Formalisierung ihrer Beschreibungen bemüht sind, ist das bei den weiten Modellen meist nicht der Fall. Die engen Modelle nehmen, wie Frege es getan hat, eine Unterscheidung von Bedeutung (heute Extension) und Sinn (heute Intension) vor:

> Es liegt nun nahe, mit einem Zeichen (Namen, Wortverbindung, Schriftzeichen) außer dem Bezeichneten, was die Bedeutung des Zeichens heißen möge, noch das verbunden zu denken, was ich den Sinn des Zeichens nennen möchte, worin die Art des Gegebenseins enthalten ist. (Frege, 1994, S. 41)

Frege nahm außerdem noch eine individuelle Vorstellung an, die im Gegensatz zum Sinn aber subjektiv sei und deshalb für Bedeutungserfassungen nicht in Betracht käme.

> Die Bedeutung eines Eigennamens ist der Gegenstand selbst, den wir damit bezeichnen; die Vorstellung, welche wir dabei haben, ist ganz subjektiv; dazwischen liegt der Sinn, der zwar nicht mehr subjektiv wie die Vorstellung, aber doch auch nicht der Gegenstand selbst ist. (Frege, 1994, S. 44)

In der Regel versuchen die engen Modelle dann aber nur die wesentlichsten, unterscheidenden Eigenschaften des Denotats zu erfassen. Alle subjektiven Momente bzw. auch die Verwendungseigenschaften werden aus der Bedeutungsbeschreibung ausgeschlossen. Die engen Bedeutungsmodelle nehmen also zwei Bedeutungskomponenten an: Die **Extension**, die den Bezug auf ein Denotat realisiert, und die **Intension**, die die Informativität ermöglicht. So haben beispielsweise die Lexeme *Streichhölzer* und *Zündhölzer* zwar denselben Sachbezug, sie geben aber unterschiedliche Informationen über diese Gegenstände: Bei *Streichhölzer* wird betont, dass diese Hölzer durch Streichen auf einer rauen Fläche entzündet werden können. Mit der Bezeichnung *Zündhölzer* dagegen wird die Funktion, dass es Hölzer zum Anzünden sind, hervorgehoben. Das Wort *Bundespräsident* hat zu unterschiedlichen Zeiten (in verschiedenen „möglichen Welten") eine andere Extension: 2009 die von Horst Köhler. Während die weiten Modelle und besonders die pragmatisch-kognitiv-basierten Modelle das gesamte enzyklopädische Wissen, das Menschen über ein Denotat angehäuft haben, zur Intension rechnen (in den kognitiven Modellen als Konzept bezeichnet), tun dies enge Modelle (im Besonderen die logische Semantik und die grammatisch-kognitiv-basierten Modelle) nicht. Sie trennen vom Weltwissen das sogenannte Sprachwissen ab, das das einzelsprachliche semantische Wissen erfasst, das für die Abgrenzung der Lexikoneinheiten relevant ist. Lang (1994) argumentiert im Rahmen des „Zwei-Ebenen-Modells" in diese Richtung und unterscheidet semantische von konzeptuellen Strukturen. Lang (1994, S. 26) beschreibt die „semantische Interpretation eines Ausdrucks" als „die Abbildung seiner semantischen Form (SF) auf die Ebene der konzeptuellen Struktur (CS)". Die SF ist „sprachgebunden", „lexikonbasiert" und „kompositionell" (Lang, 1994, S. 27). Die „Binnenstruktur eines Lexikoneintrags in der SF" (als „abgepackte" Strukturbildung) umfasst bei Lang folgende Komponenten:

a) die phonetische Form (phonologische Merkmale)
b) die grammatischen Features (grammatische Charakteristika)
c) die semantische Form (formale, kompositionelle Beschreibung)
d) die Argumentstruktur (thematische Rollenvergabe)

Die CS dagegen ist „sprachunabhängig", „intermodal" und „kombinatorisch". Die CS stellt die begriffliche Struktur dar, die „vor- und außersprachlich" ist (Lang, 1994, S. 27).

Die weiten Modelle dagegen nehmen keine solch strikten Trennungen vor. Sie beziehen die Verwendungs- bzw. grammatischen Eigenschaften und Sprecherintentionen mit ein und sehen die Trennung von Sprach- und Weltwissen auch nicht als relevant an. Sie legen deshalb häufig ein holistisches Wissensmodell zu Grunde, während die engen Modelle mit modularen Ansätzen verbunden werden können (vgl. Kapitel 3.1.1).

Eine andere Art von Modellunterscheidung ist die nach dem dominant angesehenen Wissensaspekt. So gibt es Modelle, die den kognitiven Aspekt von Bedeutungen akzentuieren, und andere, die den sozialen Aspekt hervorheben. Die kognitive Semantiktheorie sieht in den Bedeutungen mentale Entitäten. Schwarz (1992, S. 23) führt beispielsweise u. a. aus: „Man kann [...] drei Aspekte unterscheiden, die mit dem Bedeutungsbegriff verknüpft sind,

1. den Bedeutungsinhalt, d. h. die Menge aller semantischen Informationen, die im mentalen Lexikon gespeichert sind und das semantische Potential eines Sprachausdrucks darstellen,
2. die Repräsentation, d. h. die Art und Weise der Speicherung im Lexikon,
3. die Verarbeitung, d. h. die Aktualisierung der Bedeutungsrepräsentation in bestimmten Referenzsituationen."

Die soziologisch orientierten Auffassungen, wie von Putnam, dem späten Wittgenstein oder Kripke, interpretieren Bedeutungen vor allem als soziale Entitäten, die durch die kommunikative Tätigkeit der Sprachgemeinschaft festgelegt werden bzw. durch Experten, die die bezeichneten Denotate untersuchen. Den Bedeutungen wird so auch eine historische Dimension verliehen, da die Sprachgemeinschaft bzw. die Experten Bedeutungen verändern können (vgl. Kapitel 6.5).

6.3.2   Beispiele für enge Bedeutungsbeschreibungen

Engen Beutungsbeschreibungen ist gemeinsam, dass sie die stilistischen und syntaktischen Verwendungseigenschaften nicht zur Wortbedeutung rechnen und davon ausgehen, dass man das Sprach- vom Weltwissen und das semantische vom syntaktischen Wissen trennen kann und muss. Als Beispiele für enge Modelle sollen hier Bedeutungsbeschreibungen angesprochen werden, die im Rahmen der Lexikographie entstanden sind. Auch die logische Komponentenanalyse und die klassische Semanalyse gehören in diese Gruppe.

6.3.2.1   Bedeutungsbeschreibungen in Wörterbüchern

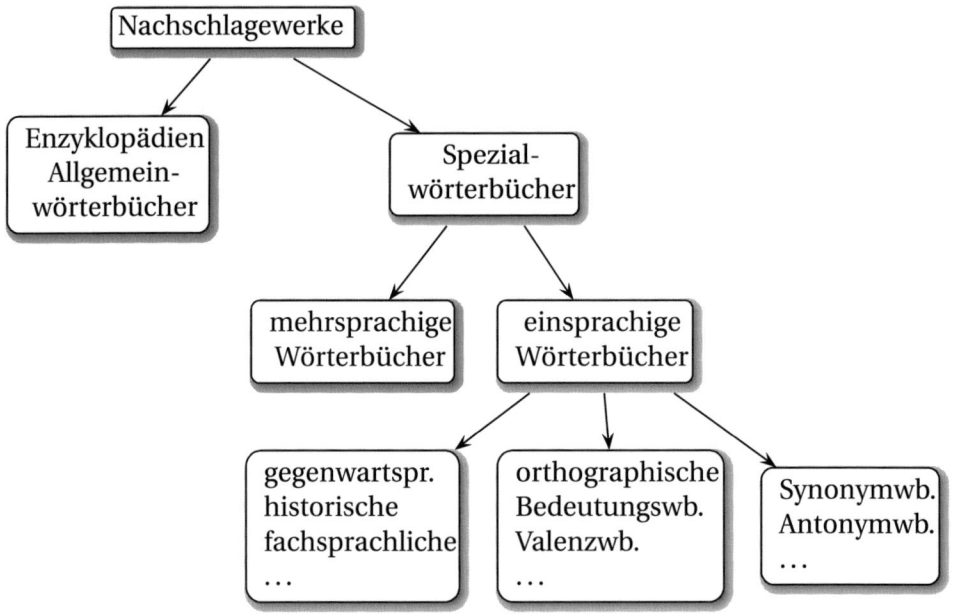

Abbildung 6.3: Nachschlagewerke

Wörterbücher sind Nachschlagewerke, die generell in zwei Gruppen eingeteilt werden: zum einen die Allgemein- und zum anderen die Spezialwörterbücher (in Hinsicht auf die Gemeinsamkeiten und Unterschiede von Lexika und Wörterbüchern vgl. Herbst und Klotz (2003), Kapitel 2.1.3). Nach Herbst

und Klotz (2003, S. 16) haben die uns hier interessierenden Sprachwörter-
bücher (siehe die schematische Abbildung 6.3 auf der vorherigen Seite) drei
wesentliche Funktionen: Sie dienen als Nachschlagewerke bei der Sprachrezeption, Sprachproduktion oder bei der Sprachkorrektur. Die Wörterbücher
sind in der Regel auf diese Funktionen spezialisiert.

Wir möchten uns den einsprachigen, gegenwartssprachlichen Bedeutungswörterbüchern zuwenden. Diese haben die Aufgabe, für den deutschen
Wortschatz die exakten Bedeutungen informativ anzugeben (vgl. Harras
(1991, S. 5)). Diese Aufgabe ist mit zahlreichen Problemen behaftet. So stellen sich u. a. folgende Fragen:

- Was sind die Wörter der deutschen Sprache? (vgl. 1.2.1)

  Es können natürlich nur für semantische Wörter Bedeutungsbeschreibungen gegeben werden. Zum anderen kann nicht jeder Neologismus
  und jedes untergegangene Wort einbezogen werden.

- Was sind Bedeutungen; durch welche Methoden können sie erschlossen und beschrieben werden?

  Wichtig ist hier u. a., dass die Adressaten der Wörterbücher berück-
  sichtigt werden. In der Regel streben die Verlage aus ökonomischen
  Gründen ein breites Publikum an. Das schließt stark formalisierende
  Beschreibungen aus.

- Wie vereinbare ich die Exaktheit der Bedeutungsbeschreibung mit der
  grundlegenden Unbestimmtheit von Bedeutungen? (vgl. 6.2)

- Wie erfasse ich den systematischen Zusammenhang der Wortbedeutungen untereinander?

  Völlig zu Recht hatte de Saussure (1931, S. 143) betont, dass die Wörter erst durch die Sinnrelationen und ihre Verknüpfung zu Wortgruppen und Sätzen ihren vollen Wert erhalten. „Alles [. . .] läuft darauf hinaus, daß es in der Sprache nur Verschiedenheiten gibt. Mehr noch: eine Verschiedenheit setzt im allgemeinen positive Einzelglieder voraus,
  zwischen denen sie besteht; in der Sprache aber gibt es nur Verschiedenheiten ohne positive Einzelglieder."

  Die neuen elektronischen Wörterbuchformen eröffnen viele Möglichkeiten, die Relationen zwischen den Wörtern und Wortbestandteilen
  aufzuzeigen, indem sie den Wortschatz in Hypertextform aufbereitet
  darbieten.

- Welche lexikalischen Wissensbereiche beziehe ich ein? Sollen grammatische, etymologische, konnotative, pragmatische (wie spezifische

Verwendungsbereiche), soziolektale (wie Gruppenlexik) und textuelle (wie Textvorkommenseigenschaften) einbezogen werden?

- Welche Methodik der Wörterbucherstellung wende ich an?

In der Regel gehen die Wörterbuchmacher nach einer induktiven Methode vor. Sie gewinnen die Daten aus einem oder mehreren Korpora, die heute häufig elektronisch aufgearbeitet und auswertbar sind. Die daraus gewonnenen lexikographischen Aussagen (wie Bedeutungsangaben) werden wiederum durch ausgewählte Korpusdaten belegt (gerechtfertigt und gestützt).

Die bekanntesten Bedeutungswörterbücher für die deutsche Sprache sind:

Das Grimmsche Wörterbuch

Das deutsche Wörterbuch wurde von Jacob (1785–1863) und Wilhelm (1786–1859) Grimm 1838[6] begründet. Sie hatten angenommen, dass das Wörterbuch sechs bis sieben Bände umfasse und in zehn Jahren abgeschlossen werden könnte. Dies gelang ihnen nicht, da sie zum einen hohe Maßstäbe an die wissenschaftliche Methodik stellten (Korpus-, Beleg- und Quellenprinzip einhalten[7]) und zum anderen den gesamten Wortschatz seit dem 15. Jahrhundert in seiner inhaltlichen und formalen Entwicklung erfassen wollten. Mit dem eigentlichen Verfassen des Wörterbuchs begannen die Grimms erst 1841. Wilhelm konnte bis zu seinem Tod nur die Lexeme mit dem Buchstaben D bearbeiten und Jacob A, B, C und partiell die F-Lexeme. Erst 1961 konnte dieses großartige Produkt deutscher Geistesgeschichte abgeschlossen werden. Es umfasst 33 Bände.

DUDEN-Bedeutungswörterbuch

„Das große Wörterbuch der deutschen Sprache" wurde in seiner ersten Auflage (1976–1981) in acht Bänden unter der Leitung von Günther Drosdowski erstellt. Es hat sich laut Klappentext zur zweiten Auflage (1993) „zwei fundamentale Aufgaben" gestellt:

> Zum einen soll es den Wortschatz der deutschen Gegenwartssprache mit allen Ableitungen und Zusammensetzungen so vollständig wie möglich erfassen, auch die Umgangssprache einschließlich der derben und gossensprachlichen Ausdrücke sowie die landschaftlichen Varianten und die

---

[6]   Am 6. Oktober 1838 unterschrieb Jacob Grimm auch im Namen seines Bruders bei dem Verleger Salomon Hirzel den Vorvertrag.

[7]   Siehe das von den Grimms verfasste Vorwort zum Wörterbuch.

> sprachlichen Besonderheiten in Österreich und in der deutsch-
> sprachigen Schweiz. Zum anderen soll es den Wortgebrauch
> an Hand von Beispielen und Belegen aus dem Schrifttum
> der Gegenwart und der klassischen Literatur von Lessing bis
> Fontane darstellen.

Im Vorwort wird als Aufgabe benannt:

> Dieses Wörterbuch hat die Aufgabe, die deutsche Sprache in
> ihrer ganzen Vielschichtigkeit zu dokumentieren und damit
> auch bewusst zu machen. Es ist zugleich ein Spiegelbild un-
> serer Zeit und ihrer kulturellen und gesellschaftlichen Ver-
> hältnisse.

Auch hinsichtlich des letztgenannten Aspektes sind die beiden folgenden Wörterbücher interessant, weil sie Spezifika des offiziellen Den-
kens in der DDR reflektieren.

Wörterbuch der deutschen Gegenwartssprache

Das „Wörterbuch der deutschen Gegenwartssprache" in sechs Bänden (Akademie-Verlag (Ost)-Berlin) wurde von Ruth Klappenbach und
Wolfgang Steinitz 1961–1977 herausgegeben. Es gilt als ein Wörterbuch, das für die damalige Zeit moderne lexikographische Standards
angestrebt hat. Neben „der Angabe der Bedeutung des Einzelwor-
tes, seiner stilistischen Kennzeichnung" bemühte es sich auch, „seine
grammatische Kennzeichnung und seine Verwendung im Satz" aufzuzeigen. (Klappenbach und Steinitz, 1961, S. 3)

Handwörterbuch der deutschen Gegenwartssprache

Das „Handwörterbuch der deutschen Gegenwartssprache" in zwei
Bänden wurde von einem Autorenkollektiv unter Leitung von Günther
Kempcke (Akademie-Verlag (Ost)-Berlin 1984) erarbeitet.

Die Praxis der **Bedeutungsbeschreibung in Wörterbüchern** ist sehr unterschiedlich, auch in den hier nur betrachteten Definitionswörterbüchern,
die die Bedeutungen erklären bzw. explizieren. Zu den Lemmata (Wörter,
die definiert werden) werden neben weiteren Angaben (Schreibung, eventuell Lautung und Grammatik) Aussagen zur Bedeutung gemacht. In den
oben genannten bekanntesten Bedeutungswörterbüchern kommen unterschiedliche Definitionsverfahren zum Einsatz (vgl. auch Schlaefer (2002,
S. 96–99)). Dies soll mit Beispielen aus dem großen DUDEN-Bedeutungs-
wörterbuch, die fast alle auf zwei benachbarten Seiten auftreten, (Band 1,
Seiten 144, 145, 263, 402) jeweils belegt werden:

1. Erklärung mit einem bedeutungsgleichen oder -ähnlichen Wort:

(6.14)   a.   allerwärts: überall

b.   Alleinverschulden, das: Alleinschuld

2. Erklärung mit einem negierten, bedeutungsgegensätzlichen Wort:

(6.15)   asomatisch: nicht körperlich, körperlos

3. Erklärung mit einem allgemeineren Wort:

(6.16)   Alleinvertretungsanspruch, der: Anspruch auf die alleinige Vertretung

4. Erklärung durch Angabe des sprachlichen Kontextes bzw. durch Kollokationen:

(6.17)   allewege: was … alles gemacht werden muß, bis es richtige Bauten sind … Da klingelt es a., und egalweg ist etwas zu machen (Kant, Impressum 104)

5. Erklärung durch Angabe typischer Wortzusammensetzungen:

(6.18)   Balte, der: Ew.: Baltenland, das

6. Erklärung unter Einbeziehung metasprachlicher, linguistischer Charakterisierung:

(6.19)   alleräußerst: verstärkend für äußerst

7. Klassische Bedeutungsdefinition:

(6.20)   Alleskleber, der: wasserfester Klebstoff, der die verschiedensten Materialien zusammenklebt

8. Mischform:

(6.21)   Allerlei, das: buntes Gemisch, kunterbuntes Durcheinander; Mischung, Kunterbunt

6.3.2.2   Klassische Bedeutungsdefinition

Die sogenannte klassische Bedeutungsdefinition, die schon auf Aristoteles zurückgeht, nimmt an, dass es möglich ist, eine adäquate Bedeutungsbeschreibung zu finden. Aristoteles meinte, dass die Definition das Wesen einer Sache erfasst und damit besagt, was sie ist. Es wird eine Gleichheit zwischen zu beschreibender Form (Definiendum) und der beschreibenden Form hergestellt (Definiens). Dass dies möglich ist, ist schon vielfach bezweifelt worden. Beispielsweise von Eco (1989), der besonders in den Differentiae (Artmerkmale) und ihrer porphyrischen Baumstruktur (hierarchische Anordnung der Begriffe) das dafür verantwortliche Hauptproblem sieht. Er findet deshalb auch (Eco, 1989, S. 111), „daß die theoretische

Idee einer semantischen Darstellung im Format eines Wörterbuchs unhaltbar ist". Trotzdem geht die Grundstruktur der klassischen Bedeutungsdefinition in die meisten Bedeutungsbeschreibungen in irgendeiner Form ein. Die klassische Bedeutungsdefinition ist dadurch gekennzeichnet, dass das „genus proximum" (die Arteinordnung des Definiendum) und „differentia specifica" (invariante Artmerkmale) ausreichen, um die begriffliche Seite eines Wortes exakt zu bestimmen. Schematisch kann man dies in Anlehnung an Viehweger (1977) wie in Abbildung 6.4 darstellen.

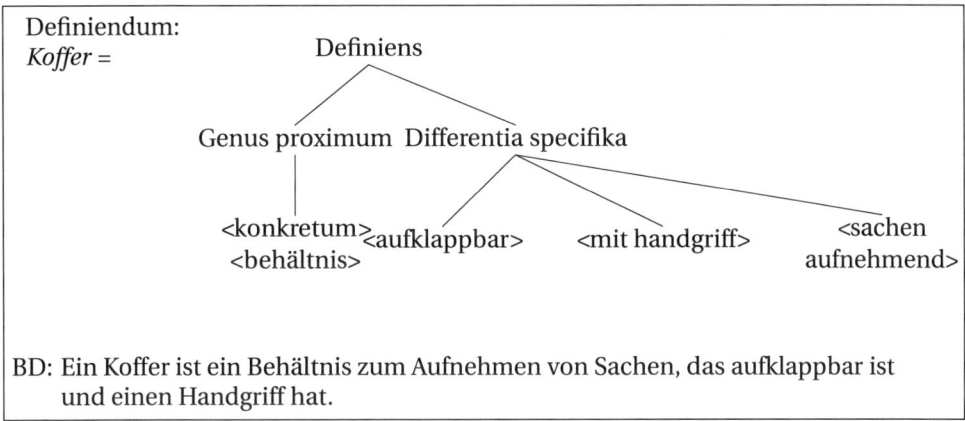

Abbildung 6.4: Klassische Bedeutungsdefinition

Problematisch ist an der klassischen Bedeutungsdefinition vor allem, die relevante Arteinordnung zu finden. Es stellen sich auch die Fragen nach den invarianten Artmerkmalen und danach, wie man mit der Vagheit umgeht. Diskutiert wurde vor allem auch, was ist, wenn eines dieser invarianten Merkmale bei Einzelexemplaren nicht vorhanden ist. Ist ein Koffer noch ein Koffer, wenn der Handgriff abgefallen ist? Ist ein Koffer noch ein Koffer, wenn er als Ablage, als „Tisch" benutzt wird? Die letzteren Fragen kann man dahingehend lösen, dass man davon ausgeht, dass die klassische Bedeutungsdefinition die prototypischen Exemplare beschreibt.

Relativ einfach lassen sich mit diesem Verfahren konkrete Substantive beschreiben, wenn man von den Problemen der Mehrdeutigkeit absieht. Man muss dann für jede feste Bedeutungsvariante eines Wortes eine eigene Definition anfertigen, dabei geht natürlich der Zusammenhang zwischen den Sememen (Bedeutungsvarianten) verloren. Schwierigkeiten bereiten die anderen Wortklassen u. a. hinsichtlich der Arteinordnung. Man könnte hier auf die traditionelle semantische Klassenbeschreibung der einzelnen Wortarten zurückgreifen, vgl. die beispielhaften Auflistungen zu den Substantiven, Adjektiven und Verben in in der nachfolgenden Übersicht.

1. Substantive

Konkreta:
>Individuativa (*ein Apfel, Heinrich Böll*)
>Stoffbezeichnungen (*Schnee, Milch*)
>Kollektiva (*Familie, Besteck*)

Abstrakta:
>Vorgänge (*Prozess, Verkauf*)
>Eigenschaften (*Dummheit, Schönsein*)
>Beziehungen (*Freundschaft, Besitzer*)

2. Adjektive

Eigenschaften (*klein, klug*)
Relationen (*verwandt, missgünstig*)

3. Verben

Tätigkeiten (*arbeiten, verkaufen*)
Vorgänge (*hinfallen, erröten*)
Zustände (*schlafen, liegen*)

Die Einordnung in die Art könnte neben der Angabe der semantischen Klasse auch ein sogenanntes „Überwort", das mehrere speziellere Lexeme zusammenfasst, beinhalten (Beispiele in (22)).

> (6.22)   temperiert: heiß, warm, ...
> bewegen: rennen, werfen, ...

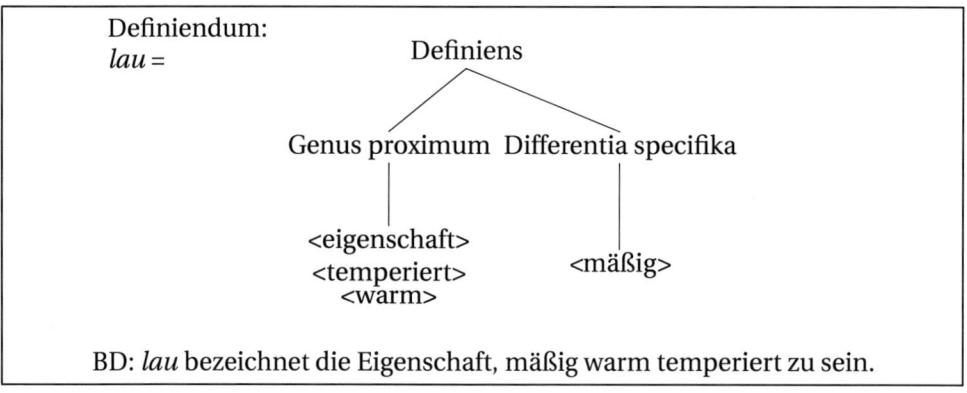

Abbildung 6.5: Klassische Bedeutungsdefinition

6.3.3 Weite, pragmatische Bedeutungsbeschreibungen

Pragmatische Bedeutungsmodelle (wie bei Schippan (2002) und Leech (1981) angenommen) sind solche, die in Bedeutungen nicht nur die Benennungsfunktionen von Wörtern sehen, sondern auch keine Trennung von Sprach- und Weltwissen vornehmen und deshalb als weit bezeichnet werden können. Sie beziehen das für das Glücken einer Kommunikation nötige Welt- und Handlungswissen ein. Sie gehen davon aus, dass Wörter neben der Benennungs- bzw. Identifizierungsfunktion eine bewertende bzw. emotionale Komponente haben. Außerdem rechnen sie die Konnotationen (die Nebensinne) und stilistischen Worteigenschaften zum Wortinhalt. Alle inhaltlichen Wissenskomponenten werden zur Bedeutung gerechnet (vgl. Abbildung 6.2 auf Seite 177).

Das „Unwort" *Rentnerschwemme* hat nach dem pragmatischen Bedeutungsmodell folgende Bedeutungsstruktur:

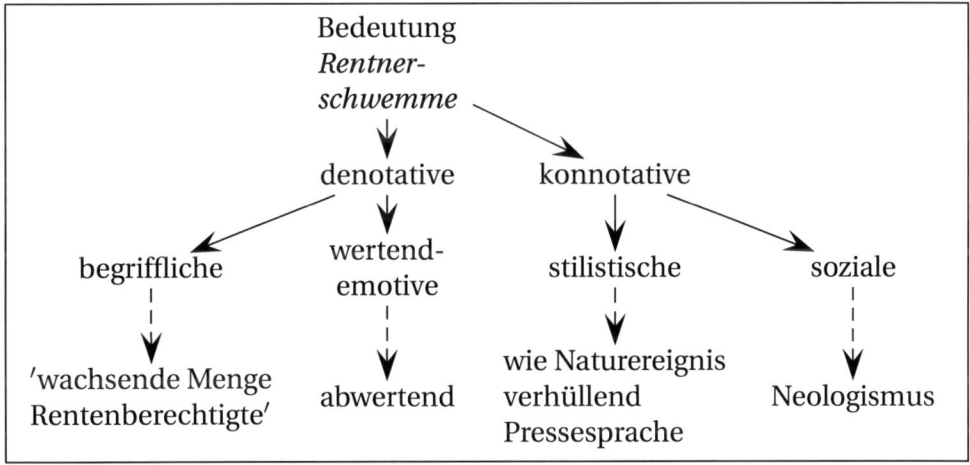

Abbildung 6.6: Beispiel *Rentnerschwemme*

Ein weites, pragmatisch orientiertes Wortbedeutungsmodell ist das von Leech (1981). Leech begründet seine Semantikkonzeption damit, dass er den gesamten Kommunikationsprozess betrachtet. Er unterscheidet deshalb sieben Bedeutungskomponenten:

- Konzeptuelle Bedeutung (Sinn)
  Für *woman* gibt er hier die konzeptuellen Merkmale [+ menschlich], [− männlich], [+ erwachsen] an.
- Konnotative Merkmale (kommunizierte Verweise)
  Zu den konzeptuellen Merkmalen kommen noch die gelernten und

sich ändernden Merkmale, die auf das Denotat referieren, hinzu, z. B. solche, die sich auf physikalische, psychologische und soziale Eigenschaften beziehen. Was der Autor hier für *Frau* anführt, lässt nicht auf einen Autor aus dem 20. Jahrhundert schließen, der Leech aber ist: [Zweifüßler], [Gebärmutter habend], [in Gemeinschaft lebend], [Subjekt mit Mutterinstinkt], [erfahren in Kochkunst], [mit Rock oder Kleid bekleidet]. In der Vergangenheit hätten die Merkmale [emotional], [irrational], [Unbeständigkeit] dominiert.

- Soziale Bedeutung (kommunizierte soziale Umstände: soziale und geographische Charakteristika des Kommunizierenden werden deutlich)
- Affektive Bedeutung (kommunizierte Wertungen und Einstellungen zum Denotat)
- Reflektierte Bedeutung (das Ineinanderreflektieren von Sememen bei einem Wort)
  Leech führt als Beispiel *erection* an, wo die beiden Sememe „Bau eines Gebäudes" und „biologische Erektion" ineinander reflektieren würden.
- Kollokative Bedeutung (semantische Verknüpfbarkeit des aktuellen Semems mit anderen Wörtern)
- Thematische Bedeutung (Thema- oder Rhemasein und semantischer Rollencharakter)

Zu den weiten pragmatischen Modellen sind auch jene zu rechnen, die explizit an den späten L. Wittgenstein („Philosophische Untersuchungen"[8]) anknüpfen und in Bedeutungen Gebrauchsregeln sehen. Dies ist z. B. bei Keller und Kirschbaum (2003, S. 11) der Fall:

> Die Bedeutung eines Wortes ist die Regel (die Konvention) eines Gebrauchs in der Sprache; diese lernt man, wenn man die Sprache lernt. Was ein Sprecher in einer bestimmten Situation mit einer bestimmten Verwendung eines Wortes meint, wollen wir den Sinn dieser Verwendung nennen.

Das Situationswissen wird also in den Sinn einbezogen. Wenn beispielsweise geäußert wird *Diese Publikation ist völlig schwachsinnig*, ist nur durch den Kontext ersichtlich, dass *schwachsinnig* hier nicht seine usuelle Bedeutung 'psychisch krank seiend' hat. Es ist wahrscheinlich auch nicht gemeint, dass die Autoren psychisch krank sind, sondern, dass die Publikation so

---

[8] „432. Jedes Zeichen scheint *allein* tot. *Was* gibt ihm Leben? - Im Gebrauch *lebt* es. Hat es da den lebenden Atem in sich? - Oder ist der *Gebrauch* sein Atem?" (Wittgenstein, 1990, S. 273)

mangelhaft ist, dass sie von psychisch Kranken verfasst sein könnte. Es handelt sich um eine metaphorische Verwendung von *schwachsinnig*.

6.3.4   Komposition, Dekomposition, Ganzheitlichkeit

Neben der Frage, was zur Bedeutung eines Wortes gehört, ist auch umstritten, wie die Beschreibung erfolgen soll, ob sie formalisiert sein sollte oder nicht, ob die Bedeutungen kompositionell, dekompositionell oder ganzheitlich erfasst werden müssen. Auch hier heiligt der Zweck die Mittel. Wenn eine wissenschaftliche Beschreibung angestrebt wird, sollte man sich u. E. aber um Formalisierung bemühen, weil nur so vom Einzelfall zum Generellen und auf neue Fälle nachvollziehbar übergegangen werden kann.

Kompositionelle Bedeutungsauffassungen gehen davon aus, dass Bedeutungen aus Komponenten (Teilen) zusammengesetzt sind und sich die Gesamtbedeutungen aus den Teilen bilden („Fregeprinzip"). Ihnen stehen die ganzheitlichen Modelle gegenüber, die ganzheitliche Muster als Ausgangspunkte für kognitive Vergleiche und semantische Betrachtungen annehmen (siehe Ausführungen zur Prototypensemantik in Kapitel 6.4.2).

Die Dekomposition ist ein semantisches Verfahren, das Bedeutungen nicht paraphrasiert, sondern analytisch beschreibt und somit in Komponenten zerlegt. Wenn man beispielsweise die Bedeutungen der Verben *bezweifeln*, *verheimlichen* und *belügen* vergleicht, bemerkt man, dass sie alle eine Negationskomponente enthalten. Es ist deshalb möglich, sie wie in (23) zu zerlegen. Diese Methode ist geeignet, semantische Komponenten zu ermitteln.

(6.23)   a.   bezweifeln = 'nicht' 'glauben dass'

b.   verheimlichen = 'nicht' 'sagen dass'

c.   belügen = 'nicht' 'sagen die Wahrheit'

6.3.5   Beispiele für kompositionelle Bedeutungsbeschreibungen

6.3.5.1   Logische Komponentenanalyse

Die logische Komponentenanalyse geht vor allem auf den polnischen Logiker K. Ajdukiewicz (1890–1963) zurück und verwendet das Inventar der Kategorialen Grammatik und der Modelltheoretischen Semantik. Sie will nur die logische Form erfassen und stellt in ihrer klassischen Form eine Rekognitionsbeschreibung (Anerkennungsbeschreibung hinsichtlich der Wohlgeformtheit) dar. Sie definiert bedeutungshaltige Wörter auf der Satzebene.

Der Bezug zur Satzebene berücksichtigt vor allem die relationalen Eigenschaften der Wörter. Die Bedeutungen komplexer Ausdrücke werden nach dem „Frege-Prinzip" aus den Bedeutungen der Teilausdrücke ermittelt, das heißt kompositionell.

Auf der Satzebene werden zwei **semantische Grundkategorien** – Name und Satz – unterschieden, die sich nach Ajdukiewicz (1988) durch den Sinn der Wörter ergeben: Namenkategorien (N) bedürfen keiner Ergänzung. Satzkategorien (S) beinhalten im Regelfall Argumente und Funktoren (Prädikate) und haben, wenn sie wohlgeformt sind, einen Wahrheitswert.

Die nachfolgende Übersicht führt die wichtigsten Komponenten auf der Satzebene auf (ausführlicher bei von Heusinger (1991)).

Komponente	Abkürzung	Beispiel
Satz	S	Das blaue Meer rauscht leider immer.
Name	N	Meer
einstellige Prädikate	S/N	rauscht
zweistellige Prädikate	S/NN	überflutet
dreistellige Prädikate	S/NNN	hilft
Artikel	N/N	das
Adjektivattribut	N/N	blaue
Adverb	(S/N)/(S/N)	immer
Satzadverb	S/S	leider

Für den Beispielsatz *Leider rauscht das blaue Meer.* können wir zur Durchführung des Wohlgeformtheitstests die Strukturübersicht in Abbildung 6.7 aufstellen. Der Satz ist wohlgeformt, weil er die Kategorisierung S erhalten kann.

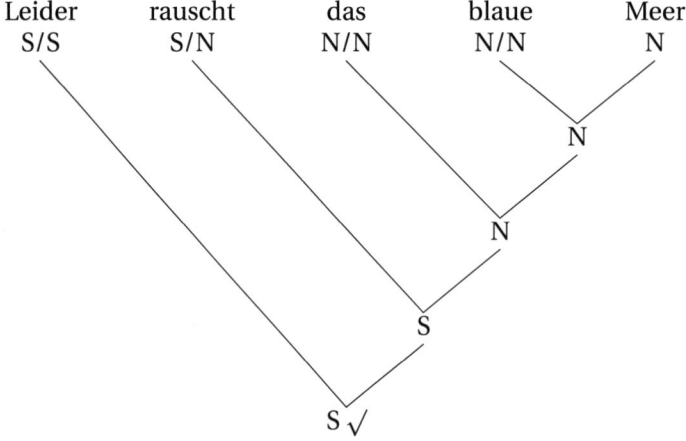

Abbildung 6.7: Wohlgeformtheitsprüfung

Der gesamte zusammengesetzte Ausdruck bestimmt u. a. den Wert von un-
gesättigten Zeichen (Funktoren). So hat das Adverb *immer* im nachfolgenden Satz den Wert (S/NN)/(S/NN), weil es zu dem divalenten Verb *katalogi-
sieren* tritt.

> (6.24)   Ein Wissenschaftsbeamter katalogisiert immer etwas.

Ein komplexer Ausdruck kann erst hinsichtlich seiner Bedeutung (Wahrheit) beurteilt werden, wenn alle Argumentstellen (alle Ns) durch einen
Quantor gebunden sind, d. h. wenn interpretiert wird, um welche Mengen
es sich handelt:

- Ein N kann für eine Teilmenge stehen, es wird dann mit dem parti-
  kulierenden Existenzoperator (auch Partikularisator genannt) quantifiziert. Formalisiert mit v oder $\exists$ (= Es gibt mindestens ein Element x
  in der Menge y, für das gilt ...).
  > (6.25)   Manche / Viele / irren sich in ihren Urteilen und erleben
  >   böse Überraschungen.
- Ein N kann für eine Menge stehen, der Alloperator (auch Generalisa-
  tor) quantifiziert es dann (= Für jedes Element gilt ...), symbolisiert
  durch λ oder $\forall$.
  > (6.26)   Der gesunde Menschenverstand irrt immer!
  >   (http://www.little-idiot.de/teambuilding/DerGesunde
  >   MenschenverstandIrrtImmer.pdf, Zugriff 16.09.2009)
- Ein N kann für ein Individuum stehen, es wird dann mit dem namen-
  bildenden Jotaoperator (auch Kennzeichnungsoperator) quantifiziert
  (symbolisiert durch ι. = Dasjenige x, für das gilt ...).
  > (6.27)   Hier irrt Goethe. (Geflügeltes Wort)

Auf **der Wortebene** können Wörter in semantische Bausteine (Primes) zerlegt (dekomponiert) werden. Darüber, wie diese Bausteine zu gewinnen
sind, gibt es unterschiedliche Auffassungen (vgl. Wierzbicka (1996)). Die
universalistischen Auffassungen gehen davon aus, dass sie aus der semantischen Analyse aller natürlichen Sprachen gewonnen werden sollten (so
z. B. Bierwisch (1967, S. 2)). Andere relativistische Auffassungen betonen in
Anlehnung an W. v. Humboldt die kulturellen Unterschiede zwischen den
Sprachen und wollen sprachspezifische Bausteine annehmen. Es gibt Ansätze, die in den Primes konzeptuelle Gegebenheiten sehen und andere, die sie
nur als Beschreibungsmittel ansehen. In jüngerer Zeit ist vor allem Wierzbicka (1996) mit ihren diesbezüglichen Untersuchungen hervorgetreten. Sie
möchte, um die Bedeutungen der Einzelsprachen zu beschreiben, eine die
„lingua mentalis" repräsentierende Metasprache schaffen, die aus „semantic primitives" besteht, die als „indefinables" anzusehen sind. Die Primes
sind vor allem „indefinable words", d. h. sie besitzen jeweils als signifiant

eine Realisation in den natürlichen Sprachen. Diese „semantic Primitives" gehören in der Darstellung von 1996 zu 22 Gruppen, beispielsweise die der

- mentalen Prädikate: THINK, KNOW, WANT, FEEL;
- Aktionen und Ereignisse: DO, HAPPEN;
- Evaluierer: GOOD, BAD;
- Beschreiber: BIG, SMALL;
- Zeit: WHEN, BEFORE, AFTER;
- Substantive: I, YOU, SOMEONE, SOMETHING, PEOPLE.

Wierzbicka versucht die objektivistische und relativistische Sicht in der Weise zu versöhnen, dass sie auch kulturspezifische Primes annimmt. Andere Forscher gehen in der Dekomposition noch weiter und nehmen Merkmale an, die speziellere Objektcharakteristika kennzeichnen. Beispielsweise kann PEOPLE u. a. noch weiter mit $\pm$ PARENT (Eltern von bzw. Kind von) oder $\pm$ MALE (männlich bzw. weiblich) zerlegt werden. Das relationale Substantiv *Mutter* [N/N] bekäme die Beschreibung in (28a) und das zweiwertige *kochen* [S/NN] die in (28b).

(6.28)   a.   *Mutter*: <people>: <+ parent> <+ weiblich>

b.   *kochen*: X TU-KAUS Y WERD-ZU NEG ROH[9]

Im Rahmen der hier vorgelegten Wortschatzkunde wird auf weitere notwendige Komponenten der logisch adäquaten Beschreibung nicht eingegangen. Sie können sich dazu (z. B. zur Lambda-Abstraktion) u. a. bei Zifonun u. a. (1997) informieren.

6.3.5.2   Semanalyse

Die Idee, Wortbedeutungen in kleinste, universelle Merkmale zu zerlegen, hat viele Väter und dementsprechend gibt es verschiedene Namen für diese Grundbausteine (Marker, Plerem, Noem, . . .). Im deutschsprachigen Raum hat sich das Fachwort Sem, das auf Pottier (1963) zurückgeht, durchgesetzt. Bereits im klassischen Strukturalismus (in der Prager phonologischen Schule und in der Glossematik von L. Hjelmslev) wurde mit distinktiven Merkmalen bzw. Inhaltsfiguren gearbeitet.

Seme sind universelle, überschaubare und eindeutige Bausteine der Wortbedeutung. Sie sind strukturiert, d. h., sie stehen zueinander im Verhältnis der Über-, Neben- und Unterordnung, wie in (29) angedeutet ist.

---

[9]   Zu lesen: jemand tut etwas und bewirkt, dass etwas nicht mehr roh ist.

(6.29)   *Wissenschaftlerin*
        <stofflich>
        <belebt>
        <human> <weiblich> <erwachsen>
        <studiert> <in Wissenschaft tätig>

Kritisch wurde das Verfahren, Bedeutungen mittels kleinster Bausteine beschreiben zu wollen, vor allem deshalb betrachtet, weil der Anspruch dies restfrei und eindeutig tun zu wollen, mit der Eigenschaft der Unbestimmtheit der Wortbedeutungen nicht vereinbar ist.

Blank (2001, S. 20) fasst die bisher geäußerte Kritik zum Status der semantischen Merkmale treffend zusammen:

> Sind sie alle notwendig und inwieweit müssen konkrete Referenten alle Merkmale aufweisen, um als Realisierung des Konzepts bzw. des Semems erkannt zu werden? Anders gefragt: Wann hört der Stuhl auf, ein Stuhl zu sein, und wann beginnt der Bereich des Sessels? Warum können wir einen Hund als solchen erkennen, auch wenn er nur drei Beine hat (widerspricht dem Merkmal [Vierbeiner]) oder tot ist (Merkmal [belebt])?

Wir stimmen Blank auch zu, wenn er darin nur ein Scheinproblem aus der Sicht der Strukturellen Semantik sieht, da mit den Merkmalen die prototypischen Vertreter beschrieben werden. Fundamental ist sein folgender Einwand (Blank, 2001, S. 21):

> Auf der anderen Seite zeigen konkrete Referenten, die ein semantisches Merkmal nicht realisieren, die wir aber dennoch der entsprechenden Kategorie zuordnen und mit dem sprachlichen Zeichen benennen können, doch ein Problem der Merkmalsemantik auf. Der dreibeinige Hund und die kaputte Tasse haben nämlich etwas, was allein mit semantischen Merkmalen nicht erfasst werden kann, etwas 'typisch Hundehaftes', 'typisch Tassenhaftes', was in unseren Augen den Kern der Sache ausmacht. Es kommt hier eine ganzheitliche Wahrnehmung mit ins Spiel, die sich nicht aus den semantischen Merkmalen und nicht einmal aus der Summe der Merkmale ergibt. Damit wird noch einmal klar, dass die Strukturelle Semantik nicht Sachen oder Konzepte, sondern immer nur Wörter einer Einzelsprache und dass sie letztlich nur eine semantische Teilbeschreibung liefern kann.

Die resignative Bewertung der Strukturellen Semantik teilen wir nicht. Wir sehen es als ein positives Faktum an, wenn die Bedeutungen von Wörtern beschrieben werden, und die Strukturelle Semantik beschreibt die Bedeutung von Wörtern und weiter nichts. Mehr will und muss sie auch nicht tun.

Es gibt verschiedene Ansätze, die Merkmale zu klassifizieren und ihre Gewinnung auf eine wissenschaftliche Grundlage zu stellen. Ein wichtiger Versuch, an den wir uns hier anlehnen wollen, ist der von Viehweger (1977), der u. a. den Vorzug hat, dass er die Lexembeschreibung im Satz, in der Verwendung vollzieht. Damit gelingt es, u. a. die Probleme der Unbestimmtheit in den Griff zu bekommen. Es wird damit das sogenannte Kontextprinzip anerkannt, das schon G. Frege als beachtenswert angesehen hat. Er verlangte sinngemäß, dass die Bedeutung von Wörtern im Satzzusammenhang, nicht in ihrer Vereinzelung erfragt werden müsste.

Wir wollen wie Viehweger zwei Hauptarten von Semen unterscheiden, inhaltliche und strukturelle, die mittels eines Algorithmus aufgezeigt werden können, der die Bedeutungen der Wörter im konkreten Satz sichtbar macht.

Algorithmus der Semanalyse

Inhaltliche Semarten

- Objektseme

  Die Objektseme geben die notwendigen Merkmale für die Identifizierung der „Objekte" an (siehe (30)).

- Wertungsseme

  Die Wertungsseme (<positiv>, <negativ>) geben, wenn vorhanden, an, wie die Sprechenden das „Objekt" bewerten.

(6.30)		*Porsche*	*kommt von der Straße ab.*
Objekt- seme		<stofflich> <unbelebt> <auto>	<vorgang> <orientierung verlieren>
Wertungs- sem			<negativ>

- Verallgemeinerungsseme

  Die Verallgemeinerungsseme entsprechen der Quantifizierung in der logischen Bedeutungsbeschreibung.
  <gener> meint die Generalisierung in Richtung einer ganzen Klasse,
  <singul> bezieht sich auf Einzelstücke und
  <partik> auf einige Elemente aus einer Klasse.

(6.31) Aber so *Frauen* (<gener>) wie *Jenny Elvers* (<singul>) so
Möchtegern-Schauspielerinnen (<gener>), davon laufen
bei uns *einige Frauen* (<partik>) in echt rum.
(Rainald Goetz: Abfall für Alle)

• Sprechaktseme (Verzeitungs- und Deixisseme)

Die Deixisseme (<deikt>) treten bei Lexemen auf, die semantisch in
der Weise unterspezifiziert sind, dass sie obligatorisch Informationen
zum Urheber der Äußerung bzw. zum Adressaten (*ich, du, . . .*), etc. benötigen. <deikt>-Seme können, wenn ihr Anker (Bezugspunkt) im verbalisierten Text liegt, in anaphorische (<anaph>) und kataphorische
(<kataph>) modifiziert werden (vergl. dazu Consten (2004)). <anaph>-
Seme sind rückbezüglich.

(6.32) Der US-Schauspieler, Sänger und Tänzer *Patrick Sway-
ze* ist nach jahrelangem Kampf gegen eine Krebserkran-
kung mit 57 Jahren gestorben. *Er* (<anaph>) wurde vor allem mit dem Film „Dirty Dancing" aus dem Jahre 1987
weltberühmt. Trotz *seiner* (<anaph>) Krankheit hatte *er*
(<anaph>) auch in den vergangenen Jahren weiter gearbeitet.
(Süddeutsche Zeitung, 16.09. 2009, S. 1)

<kataph>-Seme sind vorausweisend.

(6.33) Da rockt *er* (<kataph>), *der Herr Wendin.*
(http://www.motor.de/news/1094544;moneybrother_da_ro
ckt_er_der_herr_wendin.html, Zugriff 16.09. 2009)

Die zeitlichen Seme setzen die absolute und relative Zeitbedeutung
fest. Die *absolute Zeitbedeutung* – das Verhältnis zwischen der Hand-
lungs- und der Kommunikationszeit – kann gegenwärtig (<gegenw>),
vergangen (<verg>), zukünftig (<zukunft>) und allgemeingültig (<allg>)
sein. Im Deutschen gibt es keine Eins-zu-eins-Zuordnung von Zeitbedeutung und Tempusformen beim Verb. Die Zeitlichkeit wird deshalb
auch mit lexikalischen Mitteln (Adverbien, . . .) ausgedrückt. In nachfolgenden Beispielen wird dies am Beispiel des Präsens sichtbar.

1. Ich will küssen! Küssen, sag ich! <zukunft>
(Goethe: Westöstlicher Divan)
2. Und nun leb wohl, „Schatz und Augentrost", grüße, küsse und sei
geküßt von Deinem Theodor. <gegenw>
(Fontane: Brief 12.06. 1863)
3. Seit gestern schießt und küßt er wieder: James Bond. <vergan-
gen> (Mannheimer Morgen, 29.12. 1995)

4. Warum küssen sich die Menschen? <allg>
   (Scheffel: Der Trompeter von Säckingen)

Die *relative Zeitbedeutung* zeigt das zeitliche Verhältnis zwischen zwei verbalisierten Handlungen auf. Die Handlungen können gleichzeitig (<gleichz>), vorzeitig (<vorz>) und nachzeitig (<nachz>) ablaufen.

1. Küsse mich, sonst küss' ich dich. <vorz>
   (Gretchen im „Faust")
2. Außerdem habe ich es zugelassen, dass er mich küßt. <nachz>
   (V. Larsen: Die heimlichen Wege der schönen Prinzessin)
3. Heiko (22) umarmt eine DRK-Schwester und küßt sie. <gleichz>
   (Bildzeitung, 08.10. 1989)

- Realitätsgradseme

  Realitätsgradseme geben an, ob eine Aussage von dem Kommunizierenden als reale Feststellung (<.>), als etwas Gewünschtes oder Gewolltes (<!>) oder Unbekanntes (<?>) markiert wird (34) .

  (6.34)   Als alle fort waren, beschloß ich, zu dem Toten hinüberzugehen. <.>
  (E. v. Keyserling: Schwüle Tage)

Strukturelle Semarten beinhalten:

- Den kategorialsemantischen Status der Lexeme (siehe logische Komponentenanalyse)

  Die kategorialsemantischen Seme geben an, ob es sich um eine Satz- oder Namenkategorie bzw. um einen Funktor[10] handelt.

- Argumentstellenrelationen

  Die Seme der Argumentstellenrelation geben bei Funktoren an, ob die Argumentstellen symmetrisch bzw. transitiv zueinander sind.
  Die Relation der Symmetrie (<sym>) liegt dann vor, wenn die Argumente vertauscht werden können (35) .

  (6.35)   Peter und Sven sind gleich groß. =
  Sven und Peter sind gleich groß.
  gleich groß = <sym>

  Asymmetrisch (<asym>) sind die Argumentstellen zueinander, wenn der Argumentstellentausch zum Bedeutungswandel führt (36) .

---

[10] Ein Ausdruck, der einen anderen Ausdruck näher bestimmt.

> (6.36) Peter ist älter als Klaus. =
> *Klaus ist älter als Peter.
> älter = <asym>

Mesosymmetrisch (<mesosym>) ist das Argumentstellenverhältnis, wenn der Argumentstellenaustausch zu Bedeutungsgleichheit führen kann, aber nicht muss (37).

> (6.37) Peter streitet mit Klaus. =
> ?Klaus streitet mit Peter.
> streiten = <mesosym>

Die Relation der Transitivität (<trans>) liegt dann vor, wenn zwei Argumente mit einem dritten in der gleichen Relation stehen (38).

> (6.38) Ein Porsche ist schneller als ein Opel. +
> Ein Opel ist schneller als ein Trabi. =
> Ein Porsche ist schneller als ein Trabi.
> schneller = <trans>

Argumente sind nichttransitiv (<atrans>), wenn die drei Argumente nicht in der gleichen Relation stehen (39).

> (6.39) Peter ist der Vater von Klaus. +
> Klaus ist der Vater von Sven. =
> *Peter ist der Vater von Sven.
> Vater sein = <atrans>

Die Relation der Mesotransitivität (<mesotrans>) liegt vor, wenn die Argumente in der gleichen Relation stehen können, aber nicht müssen (40).

> (6.40) Peter ist ein Freund von Klaus. +
> Klaus ist ein Freund von Inge. =
> ?Peter ist ein Freund von Inge.
> Freund sein = <mesotrans>

Der Algorithmus der Semanalyse nach Viehweger kann über folgende logische Stufen vom Wort zum Satz geführt werden:

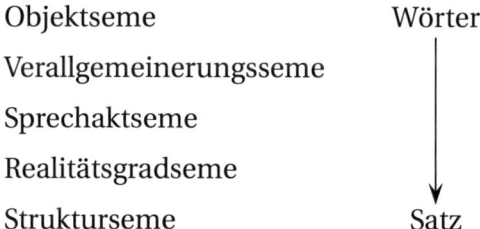

Objektseme	Wörter
Verallgemeinerungsseme	
Sprechaktseme	
Realitätsgradseme	
Strukturseme	Satz

Abschließend soll die Semanalyse eines Satzes am Beispiel (41) veranschaulicht werden (vgl. nachfolgende tabellarische Zusammenstellung).

(6.41)   Mancher Philologe weiß alles besser!

Mancher	*Philologe*	*weiß*	*alles*	*besser*	
(Objektseme) <anzahl> <nicht alle + mehr als eins>	<menschlich> <erwachsen> <studiert> <lehrend / forschend über sprachen>	<tätigkeit> <besitzen> <kenntnisse>	<menge> <jedes element>	<treffender als andere> <abwertend>	
(Verallgemeine-rungsseme) <partik>			<gener>		
(Sprechaktseme) <deikt>		<allgemein>	<deikt>		
(Realitäts-gradseme)					<!>
(Strukturseme) N/N	N	S/NN	N		
		<asym>			
		<atrans>			

Tabelle 6.1: Semanalysebeispiel

6.4 Kognitive Bedeutungsbeschreibungen

6.4.1 Allgemeine Einordnung

Aus der Psychologie wurden in jüngerer Zeit Bedeutungsbeschreibungen in die Linguistik übernommen, weil man damit u. a. hoffte, das Problem der Bedeutungsunbestimmtheit besser einbeziehen zu können. Im Zentrum der Beschreibung steht bei kognitiven Beschreibungen der Begriff (heute meist als Konzept bezeichnet), der häufig nicht von der Bedeutung abgegrenzt wird bzw. gleichgesetzt wird, so auch bei Löbner (2003, S. 24):

> Auch die Bedeutung des Wortes *Hund*, die allgemeine Beschreibung eines Hundes, muss etwas sein, das sich im [...] Kopf befindet. Es muss Wissen sein, das direkt mit dem lautlichen Muster

des Wortes verknüpft ist. Die Bedeutung ist daher eine **mentale**
Beschreibung. Mentale Beschreibungen werden allgemein **Konzepte** genannt.

Die Grenzen zwischen den Begriffen werden als unscharf angesehen, so
dass nicht alle Vertreter einer Kategorie die gleichen Charakteristika haben.
Sie zeichnen sich aber durch die sogenannte Familienähnlichkeit aus. Wittgenstein (1997, S. 66–67) hat dies in den „Philosophischen Untersuchungen" sehr schön am Beispiel des Begriffs „Spiel" dargestellt. Es heißt dort:

> Betrachte z. B. einmal die Vorgänge, die wir 'Spiele' nennen.
> Ich meine Brettspiele, Kartenspiele, Ballspiele, Kampfspiele usw.
> Was ist allen diesen gemeinsam? [...] wenn du sie anschaust,
> wirst du zwar nicht etwas sehen, was *allen* gemeinsam wäre,
> aber du wirst Ähnlichkeiten, Verwandtschaften, sehen, und zwar
> eine ganze Reihe.[...]. Und das Ergebnis dieser Betrachtung lautet nun: Wir sehen ein kompliziertes Netz von Ähnlichkeiten, die
> einander übergreifen und kreuzen. [...] Ich kann diese Ähnlichkeiten nicht besser charakterisieren als durch das Wort 'Familienähnlichkeiten'; denn so übergreifen und kreuzen sich die verschiedenen Ähnlichkeiten, die zwischen den Gliedern einer Familie bestehen: Wuchs, Gesichtszüge, Augenfarbe, Gang, Temperament, etc. etc.

6.4.2 Prototypen

Die Prototypensemantik hat ihre Ursprünge in der Prototypentheorie der
experimentellen, kognitiven Psychologie (Rosch vor allem). Sie wurde jedoch auch von Philosophen (Wittgenstein, Putnam), Sprachwissenschaftlern (Paul, Erdmann) und strukturellen Linguisten (Greimas, Portier u. a.)
vorbereitet. Die Termini *Familienähnlichkeit* und *Stereotyp* meinen Ähnliches wie *Prototyp*. Gemeinsam ist allen, dass am aristotelischen Objektivismus gezweifelt wird. Man glaubt nicht, dass eine abgegrenzte Menge von
notwendigen Eigenschaften konstitutiv für das Aufstellen und Erkennen einer Kategorie ist. Man geht deshalb nicht von der logischen Wesensanalyse
aus, sondern stellt referentielle Ähnlichkeiten ins Zentrum der Kategorisierungen. Außerdem hat man u. a. durch psychologische Experimente festgestellt, dass nicht alle Begriffe gleich wichtig für das Kommunizieren und das
Erlernen der Sprachen sind. Es gibt welche, die werden im Kommunikationsprozess schneller erkannt bzw. zugeordnet als andere.

Die Analyse der Farbwörter war auch sehr wichtig für das Entstehen kognitiver Bedeutungsmodelle. Die Untersuchungen von Berlin und Kay (1969) erbrachten folgende Ergebnisse:

- Es gibt zentrale, prototypische und randständige Vertreter einer Farbe (blutrot vs. pink).
- Die prototypischen Farben haben universellen Status.
- Die einzelnen Sprachen haben zwar unterschiedlich viele Grundfarbenwörter, sie haben aber wahrscheinlich typische Hierarchien: wie schwarz/weiss < rot < gelb < blau < braun < grau/orange/lila/rosa.

Blutner (1995, S. 230) meint, dass die psychologischen Mechanismen der Kategorienbildung „auf die typischen oder charakteristischen Merkmale der Kategorien" zurückzuführen seien. „Ein zu klassifizierendes Objekt wird derjenigen Kategorie zugeordnet, deren Prototyp es am ehesten ähnelt."

Über die Repräsentation der Prototypen gibt es unterschiedliche Auffassungen; diese hier darzustellen, würde den gewählten Rahmen sprengen. Wahrscheinlich ist es auch so, dass nicht alle Begriffe in gleicher Weise gespeichert sind (Merkmalsets, Bilder oder Schemata).

In der klassischen Standardversion wird Prototypikalität als Ähnlichkeit mit einem typischen Referenten (z. B. „beste" Tasse) und/oder als das Vorhandensein aller typischen Merkmale (z. B. „typischer" Vogel) definiert. Dabei wird eine kulturelle Abhängigkeit angenommen. So gibt es in Deutschland einen anderen typischen Vogel („Spatz") oder eine andere typische Obstsorte („Apfel") als in Australien („Zebrafink", „Kiwi").

Der Prototyp zeichnet sich durch folgende Charakteristika aus:

- Er ist der typischste Vertreter seiner Kategorie.

- Er hat die maximale Ähnlichkeit mit den Vertretern seiner Kategorie und die geringste Ähnlichkeit mit Vertretern von Kontrastkategorien.

- Er wird schneller zugeordnet und erkannt.

- Er wird in der Ontogenese eher erworben.

- Er dient als Bezugspunkt für Gedächtnisleistungen.

Die prototypischen Begriffe werden der Basisebene der begrifflichen Kategorisierung zugeordnet. Sie sind deshalb keine komplexen und speziellen Begriffe, wie die Abbildungen 6.8 und 6.9 aufzeigen sollen.

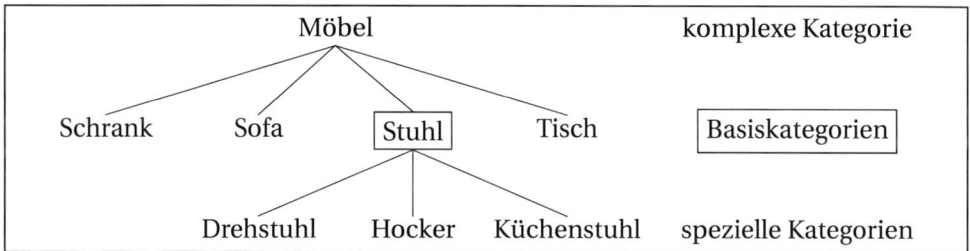

Abbildung 6.8: Begriffsstruktur

Während Möbel ein zu allgemeiner Begriff ist, sind Drehstuhl, Küchenstuhl und Hocker zu spezielle Begriffe, die auch schwer voneinander abgrenzbar sind (Abbildung 6.8).

Fußball ist im deutschen Sprachraum ein typisches Sportspiel, das deutlich von Handball oder Volleyball abgrenzbar ist. Frauenfußball ist noch weniger bekannt und schlecht abgrenzbar von Mädchenfußball, da in den Frauenmannschaften oft sehr jugendliche Frauen spielen (6.9).

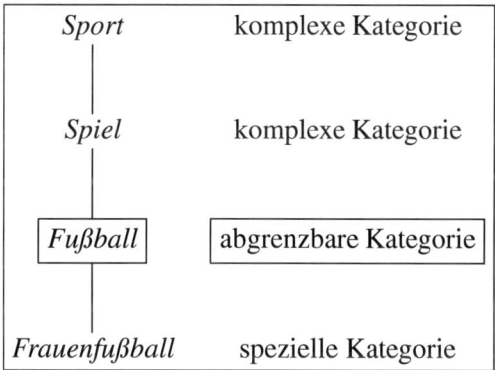

Abbildung 6.9: Komplexität der Begriffe

6.4.3   Frames und Scripts

Während die Prototypentheorie beschreibt, wie wir kognitiv die Wirklichkeit kategorisieren und wie die Begriffe/Konzepte strukturiert sind, beschäftigt sich die Frametheorie damit, wie wir die Konzepte im mentalen Lexikon gespeichert haben, wie sie dort strukturiert und verbunden sind. (Blank, 2001, S. 54) Wie Weiermann (2000, S. 5) zusammengefasst hat, „unterscheidet man prinzipiell zwei Arten von Wissensrepräsentationen:

1. die interne Wissensrepräsentation, die in einem einzelnen menschlichen Gehirn existiert und mit kognitiven Modellen von Objekten unserer Welt operiert;

2. die externe Wissensrepräsentation, die außerhalb des Gehirns existieren kann und damit transferierbar ist. Dessen wichtigste Form ist die Sprache."

Mit der Struktur der Wissensrepräsentationen beschäftigen sich neben der Linguistik auch die „Bindestrichdisziplinen": Die Psycholinguistik fragt nach der internen Wissensrepräsentation im Gehirn und stellt diesbezügliche kognitive Modelle auf. Sie geht davon aus, dass Begriffe in organisierten Strukturen (Netzen) agieren. Es wird zwischen Tatsachenwissen in konzeptuellen Strukturen (Frames) und Prozeduralwissen in Äußerungsnetzen, den Scripts (auch Szenarien, Schemata, Domains genannt), unterschieden. Frames „beschreiben", was es gibt, und Scripts, wie etwas zu tun ist bzw. wie etwas geschieht.

Auch die Computerlinguistik stellt Modelle für die Wissensrepräsentation zur Verfügung und eröffnet vor allem die Möglichkeit, mittels Simulationen Theorien und Modelle hinsichtlich ihrer theoretischen und empirischen Adäquatheit zu überprüfen. Weber (1999, S. 15) stellt „Grundmerkmale semantischer Repräsentationssystem und -elemente" gegenüber:

a) deskriptive (natürlichsprachlich oder künstlichsprachlich basiert) und prozedurale Repräsentationen,

b) strukturale und funktionale/relationale Repräsentationen.

Die Repräsentationen können nach der analytischen Methode vorgehen (dekompositionell) oder nach der synthetischen Methode, die kategorielle Konstruktionen vornimmt, mittels logischer, ontologischer oder konzeptueller Kategorien. Bei dieser analytischen Methode werden die Bedeutungen nicht durch Zerlegungen in kleinere Einheiten (Dekomposition), sondern als Einheiten in Hierarchien oder in Netzen, also aus den Relationen, ermittelt. Da nicht nach der isolierten Einzelbedeutung gefragt wird, wird diese analytische Methodik auch als funktionale Wissensrepräsentation bezeichnet. Sowohl aus der strukturellen Sprachwissenschaft, der Psycho- und der Computerlinguistik sind Erkenntnisse in die Frames- und Scriptskonzeptionen der heutigen Linguistik eingegangen.

Frames

Der Framebegriff wurde 1975 durch Minsky in der hier verwendeten Bedeutung in die Linguistik eingeführt („situationsspezifisches verfügbares 'Wissen', das mit der Verwendung von lexikalisierten Ausdrücken verbunden ist" (Konerding, 1993, S. 165)). Diese Art der Wissensbeschreibung hat ihren Ursprung im Schemabegriff der Kognitionspsychologie und wurde seitdem in vielfältiger Form weiterentwickelt. Psycholinguistische *Begriffsnetze* (wie bei Hoffmann (1986)) nehmen an, dass diese Begriffsnetze unterschiedliche Arten von „Merkmalen" enthalten. Die Abbildung 6.10 zeigt das am Beispiel *Buchstaben*.

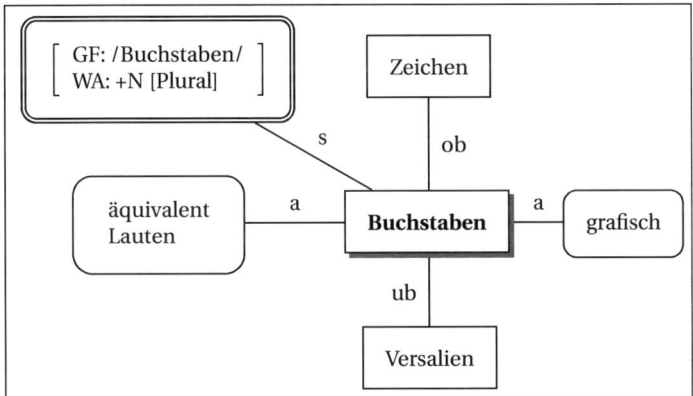

Abbildung 6.10: Framebeispiel

Begriffe, die in unserem Gedächtnis gespeicherten Einheiten, können in verschiedenartige Bestandteile zerlegt werden:

- Begriffliche (sensorische, …) Merkmale. Sie umfassen u. a. Beziehungsmerkmale, die Begriffshierarchien reflektieren: Oberbegriffe [ob], Unterbegriffe [ub], …

- Stereotype Attribute [a] repräsentieren Eigenschaften, die zum Begriff gehören.

- Wertende und affektive [w] Merkmale beschreiben das emotionale und affektive Bewerten von Begriffen, beispielsweise ist der Begriff ÜBERFALL mit Angst verknüpft.

- Sprachliche [s] Merkmale sind die zu einem Begriff gehörenden Wortformen und deren wortgrammatische Eigenschaften.

Frameartige Repräsentationen in der Computerlinguistik gehen davon aus, dass sie Modelle für Gedächtnisstrukturen anfertigen, „die dem Phänomen stereotypischer Erinnerungsmuster" Rechnung tragen (Reimer, 1975, S. 159); Frames setzen sich hier „aus mehreren Slots zusammen, die in manchen Frame-Sprachen auch 'Rollen' genannt werden. Diese Slots stehen dabei jeweils für ein Beschreibungsmerkmal des durch den Frame repräsentierten Konzeptes. Entsprechende Merkmalsausprägungen werden durch

Slot-Einträge dargestellt." (Weiermann, 2000, S. 15) So hat bei Reimer (1975) *Hochgebirge* drei Slots mit den Benennungen „Flora", „Fauna" und „Landschaft". Diese Slots besitzen wiederum Slot-Einträge, die für „Landschaft" sind in der Abbildung 6.11 aufgeführt.

Landschaft			
schroffe Felsen	Steilheit gross	Gestein	...
Geröllhalde	Material Geröll	...	
Schneehalde	Material Schnee	...	

Abbildung 6.11: Slotbeispiel nach Reimer

Scripts

Scripts sind gespeicherte „Drehbücher" für Handlungsabläufe, die es uns ermöglichen, ökonomisch zu kommunizieren. So braucht bei einem Fußballspiel der Schiedsrichter nicht erst erklären, warum und wieso er befugt ist, eine rote Karte zu zeigen, oder er muss den Spielern nicht erklären, was dieses Rote-Karte-Zeigen bedeutet (vgl. Abbildung 6.12).

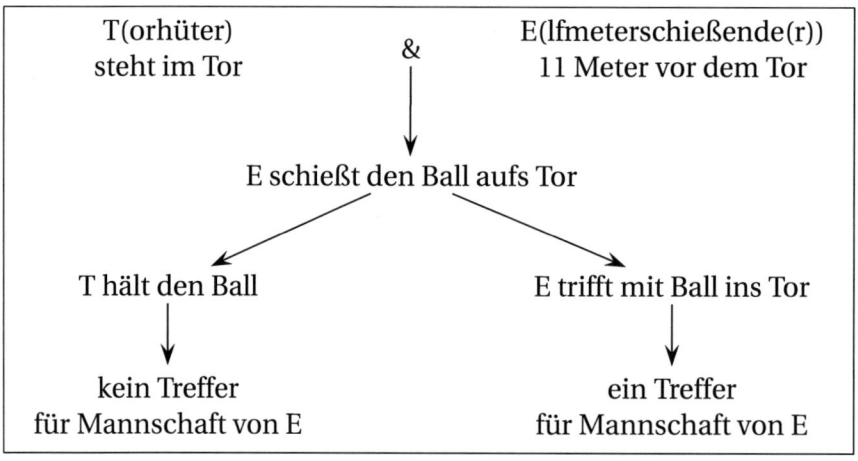

Abbildung 6.12: Scriptbeispiel

Bei der Beschreibung der Scripts wird das beschriebene Ereignis in seiner prototypischen Form in seine Teilereignisse zerlegt. Es werden außerdem die Eingangsbedingungen angegeben, die erfüllt sein müssen, damit die repräsentierte Ereignisfolge überhaupt eintreten kann, und es wird der Ereigniszustand beschrieben, der durch die Ereignisfolge entsteht (Reimer, 1975, S. 209-210).

6.5 Bedeutungswandel

Nach Fritz (1998) hat seit Beginn der 80er Jahre des vergangenen Jahrhunderts die wissenschaftliche Beschäftigung mit der historischen Semantik international deutlich zugenommen. Dabei „zeigt sich eine Tendenz, historische Semantik unter der Perspektive der Sprachwandeltheorie und der Bedeutungstheorie zu betreiben" (Fritz, 1998, S. 860) und diese der Etymologie (Zurückführung der Wörter auf ihre Ursprungsform und Bedeutung) zur Seite zu stellen.

Frühere Theorien – so auch bei H. Paul – legten dem Bedeutungswandel okkasionelle Abweichungen zu Grunde, die unter bestimmten Umständen usuell werden konnten. Bei diesen Erklärungen stand vor allem die Klassifikation (metaphorischer, metonymischer oder euphemistischer Gebrauch beispielsweise als Ausgangspunkt) im Zentrum und weniger der Prozess des Bedeutungswandels. Die diachronen strukturalistischen Semantiktheorien betrachteten besonders die begrifflichen, abgrenzenden Beziehungen zwischen den Wörtern (Wortfeldtheorien) und den Bedeutungswandel innerhalb der Felder.

Ausgehend von der kognitiven Semantik wurde in der jüngeren Vergangenheit verstärkt nach Regularitäten des Bedeutungswandels gesucht. Diesem Konzept war auch A. Blank verpflichtet. Nach ihm können beim lexikalischen **Bedeutungswandel** drei Hauptvorgänge (Blank, 2001) unterschieden werden: der innovative, der reduktive und der verändernde.

Innovativer Bedeutungswandel ist dadurch charakterisiert, dass zu der schon vorhandenen Bedeutung eine neue, feste Bedeutungsvariante hinzutritt. Dabei kommt es zum Entstehen bzw. zum Ausbau der Polysemie. Der Bedeutungswandel kann in drei Prozesse zerlegt werden:

1. Assoziation
2. Innovation
3. Lexikalisierung

Der Assoziationsvorgang kann auf der Ähnlichkeit (Similarität), dem Kontrast oder der Kontiguität (Nachbarschaft) der Denotate oder Zeichen beruhen. So beruhte der innovative Bedeutungswandel des Wortes *Flegel*, das ursprünglich 'bäuerliches Arbeitsgerät' bedeutete, auf Kontiguität (Metony-

mie) bei dem Semem 'Bauer mit dem bäuerlichen Arbeitsgerät' und auf
Ähnlichkeiten bei der heute auch existierenden Bedeutungsvariante 'gro-
ber Mensch'. Der zu Grunde liegende Konzeptvergleich kann wie in Abbildung 6.13 dargestellt werden.

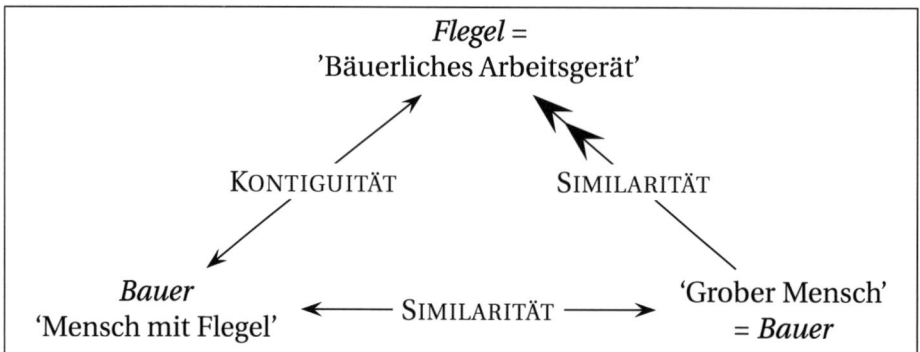

Abbildung 6.13: innovativer Bedeutungswandel

Durch Vergleichen, Assoziieren werden Konzepte in Verbindung gesetzt
und auf diese Weise neue Sememe (Bedeutungsvarianten) geschaffen.

Reduktiver Bedeutungswandel ist dadurch gekennzeichnet, dass eine lexikalisierte Bedeutung ungebräuchlich wird und dann wegfällt. Polysemie
wird hier abgebaut. Dies kann durch sozialen Wandel verursacht werden,
wie bei *(sozialistische) Demokratie*, wo das im „Handwörterbuch der deutschen Gegenwartssprache" angeführte Semem „aus der Diktatur des Prole-
tatriats erwachsender Typ des soz. Staats- und Gesellschaftsgefüges" durch
den Zusammenbruch der sozialistischen Diktatur in der DDR obsolet geworden ist. Reduktiver Bedeutungswandel liegt auch vor, wenn es zur Bedeutungsverengung kommt wie bei (42). Keller und Kirschbaum (2003, S. 1)
verweisen auch darauf, dass *billig* „noch zu Goethes Zeiten ausschließlich
in der Bedeutung von ‚fair' und ‚angemessen' verwendet wurde; ein billiges
Argument war ein angemessenes, kein schlechtes. "

(6.42)   billig – ahd. ANGEMESSEN, PASSEND
billige Preise ≻ angemessene Preise ≻ niedrige Preise
billige Schuhe ≻ Schuhe mit niedrigem Preis
billige Ausrede ≻ einfallslose Ausrede
billig ↪ Bedeutungsverengung mit Wertminderung

Eine dritte Form von Bedeutungswandel (**Bedeutungsveränderung**) liegt
vor, wenn ein Semem seine Bedeutung verändert, z. B. durch erkenntnis-
theoretische oder sozio-kulturelle Veränderungen wie bei *Sternschnuppen*,
die man früher für entzündete, von der Erde aufgestiegene Gase hielt, oder

bei *Homosexualität*, die als Krankheit oder Entartung angesehen wurde. Im Bereich des politischen Wortschatzes spricht man auch von einem Kampf um die Begriffsinhalte, von der „Schlüsselfunktion des Besetzens von Begriffen" (von Polenz, 1999, S. 323). Im Zuge eines öffentlichen Streits wurde in den 1970er Jahren *Wehrersatzdienst* durch *Zivildienst* ersetzt und *Wehrdienst* bekam eine negative Konnotation.

Im Rahmen der kognitiven Semantik sind auch diachrone Arbeiten entstanden, die an **die Prototypentheorie** anknüpfen. Dies trifft auf die Arbeiten von Di Meola (2000) und Heinemann (2001) zur Grammatikalisierung und dem Bedeutungswandel von Präpositionen zu. Heinemann (2001, S. 23) sieht bei mehrdeutigen Wörtern für „die diachrone Semantik [...] als zentrale Bedeutung diejenige [...], die zeitlich überdauert, während periphere Bedeutungen Spezifizierungen darstellen, die sich als nicht allzu beständig erweisen." Diese zentrale Bedeutung muss nicht mit der aus synchroner Sicht geläufigsten, häufigsten Bedeutung übereinstimmen.

Auch im Rahmen kommunikativer bzw. pragmatisch orientierter Betrachtungen kam es zu neuen Einsichten zum lexikalischen Sprachwandel. Stellvertretend seien R. Kellers Erklärungen in Anlehnung an die „Theorie der unsichtbaren Hand" (Keller (2003)) und R. Busses **pragmatischer Ansatz**, der an Grice und die linguistische Diskursanalyse anknüpft, erwähnt (Busse (1987, 1991); Busse und Teubert (1994)).

D. Busse und W. Teubert (1994) sehen in einem **diachronen diskurssemantischen Ansatz** eine Erweiterung der historischen Semantik. Bezüglich der Bedeutungsveränderung werden Wörter als durch inhaltliche Kriterien (Diskurse) konstituierte Textkorpora betrachtet. Es werden vor allem die semantischen Beziehungen im Diskurs betrachtet (Intertextualität). Beispielsweise kann man die Bedeutungsdifferenzierung von *Abfall* vs. *Müll* (Blühdorn (1991)) in Westdeutschland und *Sekundärrohstoff* vs. *Müll* in Ostdeutschland nur im Kontext der Diskussionen um den Umgang mit der Natur und den natürlichen Ressourcen in den 70er und 80er Jahren des 20. Jahrhunderts verstehen. In den sich differenzierenden Lexemen manifestieren sich alternative Sichtweisen und Vorstellungswelten. Hänse (1978, S. 738), Sprachwissenschaftler der DDR, führte aus:

> Dabei erfolgt die Benennung solcher Objekte nach den Merkmalen, die der Kommunikationsgemeinschaft als wichtig erscheinen. Zum Beispiel werden von der Volkswirtschaft dringend benötigte Stoffe heute meist als *Sekundärrohstoffe* bezeichnet. Für dieselben Stoffe ist daneben auch noch das Lexem *Altstoffe* gebräuchlich. Beide Wörter sind referenzidentisch; trotzdem aber können wir sie nicht als semantisch äquivalent betrachten: Sie haben unterschiedliche Benennungsmotive.
> Das Benennungsmotiv von *Sekundärrohstoff* ist mit der Wortbe-

> deutung von *roh*, zusätzlich bestimmt durch *sekundär*, gegeben,
> das von *Altstoff* mit der Semantik von *alt*. [...] Daß diese auf den
> Benennungsmotiv beruhenden Nebensinnassoziationen für die
> Wirkung von Wörtern eine wichtige Rolle spielen können, zeigt
> der Vergleich der Berufsbezeichnungen *Aufkäufer für Sekundär-
> rohstoffe, Altstoffhändler* und (früher) *Lumpenmann*. Entspre-
> chendes wird bei der Gegenüberstellung der heutigen Berufs-
> bezeichnungen *Müllwerker* und der (abwertenden) älteren Be-
> zeichnung *Aschenmann* deutlich.

Wenngleich sich *Sekundärrohstoff* nicht durchgesetzt hat (es ist eine typische offizielle DDR-Bildung, mit überdeutlicher Motivation), so zeigt doch
Hänse den Bedeutungswandel und seine Motivierung bei *Altstoff, Lumpen-
mann* und *Aschenmann*.

Von Interesse für die diachrone diskurssemantische Forschung ist auch das
Entstehen von „Leitvokabeln", die „als diskursstrukturierende und Diskurs-
strömungen benennende Elemente aufgefasst werden, die einen Teil der
diskursiven Beziehungen widerspiegeln." (Busse und Teubert (1994)) Beispielsweise waren dies im politischen Diskurs der BRD *soziale Marktwirt-
schaft* und *Entnazifizierung*.

Innerhalb der Sprachwandeltheorien war und ist ein wichtiger Diskussi-
onspunkt, welche Wichtigkeit **sprachexterne und sprachinterne Faktoren**
beim Sprachwandel haben. Dies ist besonders strittig für den nichtlexika-
lischen Bereich der Sprache. Man unterscheidet in diesem Problemkreis
auch zwischen **grammatischem und funktionalem Wandel**. Wurzel (1994,
S. 8) sieht im Sprachwandel „jede Veränderung des Sprachsystems, ein-
schließlich des dazugehörigen Lexikons." Er ist durch „zwei verschiedene
Bedingungsgefüge, ein Gefüge grammatisch-innersprachlicher und ein Gefüge sozial-außersprachlicher Bedingungen" bestimmt. (Wurzel, 1994, S. 9)
Die grammatisch-innersprachlichen Faktoren betreffen deshalb die Verhältnisse im Sprachsystem und die sozial-außersprachlichen die sozialen, gesellschaftlichen innerhalb der Sprachgemeinschaft. Wenngleich zwischen
beiden Faktoren Zusammenhänge bestehen, können sie aus linguistischer
Sicht getrennt betrachtet werden. Der heute noch im Gang befindliche morphologische Wandel beim Übergang von starken zu schwachen deutschen
Verben (*molk > melkte*) ist durch den fortgeschrittenen Abbau von starken
Verben im deutschen Sprachsystem bestimmt. Der Bedeutungswandel bei
schwul oder *Krüppel* ist dagegen durch die sozialen Verhältnisse, den gesellschaftlichen Normenwandel bestimmt.

Es ist ein Verdienst von Kellers **Theorie der unsichtbaren Hand**, dass ein-
sichtig wurde, dass Sprachwandel meist nicht direkt zielgerichtet erfolgt.

Die Sprache ist „ein Phänomen der dritten Art", weil sie zu den Dingen gehört, welche Ergebnis menschlicher Handlungen, nicht aber Ziel ihrer Intentionen sind (Keller (2003)). Bei den deutschen Geruchsverben haben wir auch das von Keller an den Beispielen *Frau* und *Dame* beschriebene Pejorisierungs-Phänomen. Dies hatte W. Schmidt schon beschrieben: „Eine weitere Triebkraft der Bedeutungsveränderung ist die Tendenz zur rücksichtsvollen Ausdrucksweise" (Schmidt, 1972, S. 196). Um höflich zu sein, wurden bzw. werden Verben, die das Verursachen von Gerüchen ursprünglich neutral bezeichnen – wie *stinken* –, verhüllend oder beschönigend gebraucht. Dieser verhüllende Charakter nutzt sich aber im Laufe der Zeit ab und die Wörter bekommen die Bedeutung des Ausdrucks, den sie beschönigend ersetzen sollten. (Schmidt, 1972, S. 197) Dies ist zur Zeit bei *riechen* der Fall. Neben der neutralen Verwendung (wie in (43a)) kommt es auch zu verhüllendem Gebrauch – an Stelle von *stinken* (wie in (43b)).

> (6.43) a. Um eine Substanz riechen zu können, muss sie „flüchtig"
>   sein.
>   (http://www.Weinserver.at/wissen/verkost/geruch.htm,
>   Zugriff 02.06. 2004)
>
>   b. Sportschuhe riechen
>   (http://www.for-me-online.de/ Zugriff 02.06. 2004)

Es entwickelt sich dabei, von den Sprachbenutzern nicht intendiert, eine „selbstzerstörerische Verwendungsfunktion" der Geruchsverben. Bei diesem Phänomen der dritten Art ist die kausale Konsequenz (Pejorisierung von Geruchsverben) Resultat einer Vielzahl individueller Handlungen, die mindestens partiell ähnlichen Intentionen dienen (Beschönigung bzw. Höflichsein-Wollen).

Andererseits gibt es auch **bewusst herbeigeführten Bedeutungswandel**. Dies ist in Fachsprachen der Fall, wenn Bedeutungen durch Festsetzungsdefinitionen festgelegt werden; wenn man Wörter der Gemeinsprache mit fachsprachlichen Bedeutungen versieht, wird dies auch als Terminologisierung bezeichnet. Dies erfolgte bei zahlreichen linguistischen Fachwörtern (z. B. in der Wortbildung bei *Wurzel, Stamm* oder *Fuge*).

Bei der Sprache des Rechts führen diese Prozesse zu sogenannten semantisch schweren Wörtern (Strauss und Zifonun (1985)), zu Wörtern, die die Kommunikation durch ihre Bedeutungsunterschiede im juristischen und alltäglichen Sprachgebrauch erschweren. Da Gesetzestexte auch für die Normalbürger/innen verständlich sein sollten,[11] kann es zwischen Juris-

---

[11] Im Artikel 20 des Grundgesetzes ist sinngemäß niedergelegt, dass „Vorraussetzungen und Inhalt gesetzlicher Vorschriften so klar und eindeutig formuliert sein müsse, daß für den Betroffenen, vor allem dem Bürger, die Rechtslage erkennbar ist." (Duve, 1981, S. 35)

ten und Laien bei Lexemen, die eine abweichende fachsprachliche Bedeutung bekommen haben, zu Kommunikationsstörungen kommen. Dabei gibt es Wörter, deren fachsprachliche Bedeutung sich gänzlich von der alltagssprachlichen entfernt hat. Dies ist bei folgendem Beispiel der Fall (44).

> (6.44)   Auflassung = „ist die zur Übertragung des Eigentums an einem Grundstück erforderliche Einigung (§ 873 BGB) des Veräußerers und des Erwerbers über den Eigentumsübergang. Sie ist ein abstrakter, sachenrechtlicher Vertrag. Sie muß bei gleichzeitiger Anwesenheit beider Teile vor einer zuständigen Stelle erklärt werden (§ 925 BGB)." (Köbler und Pohl, 1991, S. 40),

Bei einer zweiten Gruppe scheinen sich die fachsprachlichen Bedeutungen an den alltagssprachlichen zu orientieren. In Wirklichkeit hat bei ihnen eine Begrenzung oder Spezifizierung der Bedeutung stattgefunden. Dies ist bei *Besitz* und *Eigentum* so. In der Regel werden diese Lexeme in der Alltagssprache als Synonyme betrachtet, juristisch sind sie aber komplementär zueinander.

> (6.45)   a.   Besitz = „ist (§§ 854 ff. BGB) die tasächliche Gewalt einer Person über eine Sache (unmittelbarer Besitz, z. B. Mieter an einer Mietsache, Dieb an gestohlener Sache). Es ist kein rechts-, sondern ein tatsächliches Verhältnis, das vom Eigentum streng zu trennen ist, jedoch in verschiedener Hinsicht wie ein Recht (§§ 858 ff. 1007, 812, 823 BGB) geschützt wird." (Köbler und Pohl, 1991, S. 73–74)
>
>   b.   Eigentum = „ist im Verfassungsrecht (Art. 14 GG) jede vermögenswerte privatrechtliche Rechtsposition, die überwiegend das Äquivalent eigener Leistung, d. h. des Einsatzes eigener Arbeit oder eigenen Kapitals ist. Im Sachrecht ist Eigentum das Recht, mit einer Sache grundsätzlich nach Belieben zu verfahren (z. B. benutzen, verbrauchen, belasten, veräußern) und andere von jeder Einwirkung auszuschließen. Eigentum in diesem Sinn steht dem Besitz und den beschränkten dinglichen Rechten gegenüber." (Köbler und Pohl, 1991, S. 130)

Bedeutungen können sich auch durch den **Einfluss fremder Sprachen** verändern. Es können z. B. neue Bedeutungsvarianten hinzukommen. So hat Anfang der 60er Jahre des 20. Jahrhunderts das Wort *Bank* unter dem Einfluss der englischen Sprache das Semem 'Ersatzteil- bzw. Vorratslager' (*Datenbank, Samenbank, Blutbank*, …) hinzu bekommen. Bereits das zweite Semem neben 'Sitzgelegenheit', 'Stelle an der Geld aufbewahrt wird', ist entlehnt worden und zwar im 16. Jahrhundert aus dem Italienischen. Im

Englischen kam „*bank* in der Bedeutung 'Ersatzteil- bzw. Vorratslager' in den 30er Jahren unseres Jahrhunderts auf [...] Das Deutsche hat spätestens 1963 diese Entwicklung mitgemacht, doch ist es angesichts der internationalen Entwicklung der Medizin wahrscheinlicher, daß der zeitliche Abstand geringer ist." (Carstensen, 1982, S. 368)

6.6   Literaturhinweise

- Andreas Blank: Einführung in die lexikalische Semantik für Romanisten. Max Niemeyer Verlag: Tübingen 2001.

- Rudi Keller/Ilja Kirschbaum: Bedeutungswandel. Eine Einführung. Walter de Gruyter: Berlin.

- Sebastian Löbner: Semantik. Eine Einführung. Walter de Gruyter: Berlin, New York 2003.

- James Pustejovsky: Semantics and the Lexicon. Kluwer: Dordrecht, Boston, London 1993.

- Hilary Putnam: Die Bedeutung von „Bedeutung" (2. Auflage). Klostermann: Frankfurt a.M. 1990.

- Monika Schwarz/Jeanette Chur: Semantik: Ein Arbeitsbuch (3. Auflage). Gunter Narr Verlag: Tübingen 2001.

- Anna Wierzbicka: Semantics. Primes and Universals. Oxford University Press: Oxford, New York 1996, Kapitel 2 + 3.

6.7   Übungsaufgaben

1. Welche lexikographische Bedeutungsbeschreibung wurde für die folgenden Wörterbucherklärungen gewählt?
   blau: 'ein kornblumenblaues Kleid'
   Kornschnaps: 'umgangssprachlich Kornbranntwein'
   tapfer: 'nicht feige'
   Camping: 'das Leben im Zelt'

2. Fertigen Sie verschiedene lexikographische Beschreibungen für *jähzornig* an!

3. Stellen Sie klassische Bedeutungsdefinitionen für *Lebensretter, leblos, retten* auf!

4. Welchen Stilschichten sind *Bargeld* und *Moneten* zuzuordnen?

   Welche Stilfärbungen liegen bei *Bedürfnisanstalt, auf etwas stehen, Geheimratsecken bekommen* im alltäglichen Gebrauch vor?

   In welchem Funktionalstilbereich werden *Tiefausläufer, eins auf die Mütze bekommen, Widerspruch einlegen* in der Regel eingesetzt?

   Charakterisieren Sie *Elfer, äh* hinsichtlich der soziolektalen Markierung!

5. Worin unterscheiden sich die Bedeutungen der kursiv gedruckten Wörter?

   Ob als Vizekanzler oder auch nach dem Rückzug ins Private: Müntefering ließ nicht los, *mäkelte, moserte* und *mobbte* – was ihn, selbst da, wo die Kritik berechtigt war, auf eine Stufe mit denen stellte, die er kritisierte.
   (Süddeutsche Zeitung, 30.09. 2009, S. 2)

6. Weisen Sie mit dem weiten, pragmatischen Bedeutungsmodell nach, dass *Gewinnwarnung* und *Kollateralschaden* zu Recht als Unwörter bezeichnet wurden!

7. Überprüfen Sie mit der logischen Komponentenanalyse, ob – *Die gelben Rosen duften stark.* – ein sinnvoller Satz ist!

8. Fertigen Sie eine Semanalyse von – *Leni Riefenstahl wird weiterhin von der Öffentlichkeit angeklagt.* – an!
   Analysieren Sie auch die unbestimmten Lexeme!

9. Welche Lexeme sind unbestimmt in der Aussage von Sven Ottke?
   In meinem Leben trifft nur einer die Entscheidungen und das bin ich.
   (Süddeutsche Zeitung: Magazin 34 (2002))

10. Analysieren Sie die Mehrdeutigkeit von *gehen* in dem nachfolgenden Wortspiel.
    Wie geht es deinem Auto? – Es geht. – Ein Auto fährt und geht nicht.
    Wie fährt dein Auto? – Es geht.

11. Liegt primär Polysemie oder Homonymie vor bei *Fuß, Steuer, übersetzen, blau, Note, Bauer*?

12. Welches Lexem steht für den Prototyp eines Fahrzeugs:
    Fahrzeug, Auto, Fahrrad, Rollschuhe, Jaguar?

13. Fertigen Sie von *der Käse* ein Frame an!

14. Ordnen Sie *Kofferpacken* in ein Script ein!

Literaturverzeichnis

ABNEY, Steve P.: *The English Noun Phrase in its Sentential Aspect.* Cambridge, Massachusetts: MIT PHD dissertation, 1987.

ABRAHAM, Werner: *Deutsche Syntax im Sprachvergleich. Grundlegung einer typologischen Syntax des Deutschen.* Tübingen: Stauffenburg Verlag, 1995.

AGRICOLA, Erhard (Hrsg.): *Wörter und Wendungen.* Mannheim, Leipzig, Wien, Zürich: Dudenverlag, 1992.

AGRICOLA, Erhard; FLEISCHER, Wolfgang; PROTZE, Helmut: *Die deutsche Sprache. Kleine Enzyklopädie.* Leipzig: VEB Bibliographisches Institut, 1969.

AITCHISON, Jean: *Wörter im Kopf: Eine Einführung in das mentale Lexikon.* Tübingen: Max Niemeyer Verlag, 1997.

AJDUKIEWICZ, Kazimierz: Die syntaktische Konnexität. In: D. PEARCE, J. WOLENSKI (Hrsg.): *Logischer Rationalismus. Philosophische Schriften der Lemberg-Warschauer Schule.* Frankfurt a. M.: Athenäum Verlag, 1988, S. 1–28.

ALTMANN, Hans; KEMMERLING, Silke: *Wortbildung fürs Examen.* Zweite, überarbeitete Auflage. Göttingen: Vandenhoeck & Ruprecht, 2005.

AMMON, Ulrich: *Die deutsche Sprache in Deutschland, Österreich und der Schweiz. Das Problem der nationalen Varietäten.* Berlin, New York: Walter de Gruyter, 1995.

AMMON, Ulrich, [...] (Hrsg.): *Variantenwörterbuch des Deutschen.* Berlin, New York: Walter de Gruyter, 2004.

ANDROUTSOPOULOS, Jannis K.: *Deutsche Jugendsprache: Untersuchungen zu ihren Strukturen und Funktionen.* Frankfurt a. M. [u. a.]: Peter Lang Verlag, 1998.

AUGST, Gerhard: Typen von Wortfamilien. In: D. A. CRUSE, F. HUNDSNURSCHER, M. JOB, P. R. LUTZEIER (Hrsg.): *Lexikologie / Lexicology. Ein internationales Handbuch zur Natur und Struktur von Wörtern und Wortschätzen.* Bd. 21.1. Berlin, New York: Walter de Gruyter, 2002, S. 681–688.

BABKIN, Aleksander M.: *Leksikograficeskaja razrabotka russkoj frazeologii.* Moskva, Leningrad: Nauka, 1995.

BALDAUF, Christa: *Metapher und Kognition: Grundlagen einer neuen Theorie der Alltagsmetapher.* Frankfurt a. M. [u. a.]: Peter Lang Verlag, 1997.

BARWISE, Jon; PERRY, John: *Situationen und Einstellungen – Grundlagen der Situationssemantik.* Berlin, New York: Walter de Gruyter, 1987.

BELLMANN, Günter: Zur Variation im Lexikon: Kurzwort und Original. In: *Wirkendes Wort* 30 (1980), Nr. 6, S. 369–383.

BERLIN, Brent; KAY, Paul: *Basic Color Terms: Their Universality and Evolution.* Berkeley: University Press, 1969.

BESCH, Werner: *Duzen, Siezen, Titulieren. Zur Anrede im Deutschen heute und gestern.* Göttingen: Vandenhoeck & Ruprecht, 1996.

BETZ, Werner: Lehnwörter und Lehnprägungen im Vor- und Frühdeutschen. In: F. MAURER, H. RUPP (Hrsg.): *Deutsche Wortgeschichte.* Bd. 1. Berlin, New York: Walter de Gruyter, 1974, S. 135–163.

BIERWISCH, Manfred: Some Semantic Universals of German Adjectivals. In: *Foundations of Language* 3 (1967), S. 1–36.

BIERWISCH, Manfred: Semantische und konzeptuelle Repräsentation lexikalischer Einheiten. In: R. RUZICKA, W. MOTSCH (Hrsg.): *Untersuchungen zur Semantik.* Berlin: Akademie Verlag, 1983, S. 61–99.

BLANK, Andreas: *Einführung in die lexikalische Semantik für Romanisten.* Tübingen: Max Niemeyer Verlag, 2001 (Romanistische Arbeitshefte 45).

BLÜHDORN, Hardarik: Entsorgungspark Sprache. Von der linguistischen Beseitigung des Mülls. In: LIEDKE, Frank et al. (Hrsg.): *Begriffe besetzen.* Wiesbaden: Westdeutscher Verlag, 1991, S. 338–354.

BLUTNER, Reinhard: Prototypen und Kognitive Semantik. In: HARRAS, Gisela (Hrsg.): *Die Ordnung der Wörter.* Berlin, New York: Walter de Gruyter, 1995, S. 227–270.

BOHN, Rainer: *Probleme der Wortschatzarbeit. Fernstudieneinheit 22.* Berlin, München, Wien, Zürich, New York: Langenscheidt, 2000.

BOLTEN, Jürgen: ›Fachsprache‹ oder ›Sprachbereich‹? Empirisch-pragmatische Grundlagen zur Beschreibung der deutschen Wirtschafts-, Medizin- und Rechtssprache. In: BUNGARTEN, Theo (Hrsg.): *Beiträge zur Fachsprachenforschung.* Tostedt: Attikon Verlag, 1992, S. 57–72.

BONDARKO, Aleksandr V.: Funktional-semantische Felder. In: J. BUSCHA, R. FREUDENBERG-FINDEISEN (Hrsg.): *Feldergrammatik in der Diskussion.* Frankfurt a. M.: Peter Lang Verlag, 2007, S. 23–34.

BRAUN, Peter: *Tendenzen in der deutschen Gegenwartssprache.* Dritte, erweiterte Auflage. Stuttgart, Berlin, Köln: Verlag W. Kohlhammer, 1979.

BREINDL, Eva; THURMAIER, Maria: Der Fürstbischof im Hosenrock. Eine Studie zu den nominalen Kopulativkomposita. In: *Deutsche Sprache* 20 (1992), S. 32–61.

BÜHLER, Karl: *Sprachtheorie.* Stuttgart: Fischer Verlag, 1982 (UTB 1159).

BUHOFER, Annelies: *Der Spracherwerb von phraseologischen Wortverbindungen.* Frauenfeld: selbst/Diss., 1980.

BUHOFER, Annelies; BURGER, Harald: Phraseologismen im Urteil von Sprecherinnen und Sprechern. In: SANDIG, Barbara (Hrsg.): *Europhras 92 –Tendenzen der Phraseologieforschung.* Bochum: Brockmeyer, 1994, S. 1–33.

BURGER, Harald: Die Charakteristika phraseologischer Einheiten: Ein Überblick. In: D. A. CRUSE, F. HUNDSNURSCHER, M. JOB, P. R. LUTZEIER (Hrsg.): *Lexikologie. Ein internationales Handbuch zur Natur und Struktur von Wörtern und Wortschätzen.* Bd. 21.1. Berlin, New York: Walter de Gruyter, 2002, S. 392–401.

BURGER, Harald: *Phraseologie. Eine Einführung am Beispiel des Deutschen.* Dritte, neu bearbeitete Auflage. Berlin: Erich Schmidt Verlag, 2007.

BUSSE, Dietrich: *Historische Semantik*. Stuttgart: Klett-Cotta, 1987.

BUSSE, Dietrich: Konventionalisierungsstufen des Zeichengebrauchs als Ausgangs-punkt semantischen Wandels. In: BUSSE, Dietrich (Hrsg.): *Diachrone Semantik und Pragmatik*. Tübingen: Max Niemeyer, 1991 (Reihe Germanistische Linguistik 113), S. 37–65.

BUSSE, Dietrich; TEUBERT, Wolfgang: Ist Diskurs ein sprachwissenschaftliches Objekt? Zur Methodenfrage der historischen Semantik. In: D. BUSSE, F. HERMANNS, W. TEUBERT (Hrsg.): *Begriffsgeschichte und Diskursgeschichte*. Tübingen: Westdeutscher Verlag, 1994, S. 10–28.

CARNAP, Rudolf: *Mein Weg in die Philosophie*. Stuttgart: Philipp Reclam jun., 1993.

CARSTENSEN, Broder: Eine neue Bedeutung von *BANK*. In: *Deutsche Sprache* 10 (1982), S. 366–376.

CHOMSKY, Noam: Interview mit G. Grewendorf. In: GREWENDORF, Günther (Hrsg.): *Sprache als Organ – Sprache als Lebensform*. Frankfurt a.M.: Suhrkamp Verlag, 1995, S. 219–236.

CHRISTEN, Helen: Koinè-Tendenzen im Schweizerdeutschen? In: STICKEL, Gerhard (Hrsg.): *Varietäten des Deutschen: Regional- und Umgangssprachen*. Berlin, New York: Walter de Gruyter, 1997 (Institut für deutsche Sprache. Jahrbuch 1996), S. 346–363.

CONRAD, Rudi (Hrsg.): *Kleines Wörterbuch sprachwissenschaftlicher Termini*. Dritte Auflage. Leipzig: VEB Bibliographisches Institut, 1981.

CONRAD, Rudi (Hrsg.): *Lexikon sprachwissenschaftlicher Termini*. Leipzig: VEB Bibliographisches Institut, 1985.

CONSTEN, Manfred: *Anaphorisch oder deiktisch? Zu einem integrativen Modell domänengebundener Referenz*. Tübingen: Max Niemeyer Verlag, 2004 (Linguistische Arbeiten 484).

CRONK, Brian C.; SCHWEIGERT, Wendy: The comprehension of idioms: The effects of familiarity, literalness and usage. In: *Applied psycholinguistics* 13 (1992), S. 131–146.

DEACON, Terrence W.: *The Symbolic Species*. New York: W. W. Norton, 1997.

DERRIDA, Jaques: *Grammatologie*. Fünfte Auflage. Frankfurt a. M.: Suhrkamp Verlag, 1974 (Suhrkamp-Taschenbuch Wissenschaft 417).

DI MEOLA, Claudio: *Die Grammatikalisierung deutscher Präpositionen*. Tübingen: Stauffenburg Verlag, 2000 (Studien zur deutschen Grammatik 62).

DIETRICH, Rainer: *Psycholinguistik*. Stuttgart, Weimar: Verlag J. B. Metzler, 2002.

DIJKSTRA, Ton; KEMPEN, Gerard: *Einführung in die Psycholinguistik*. Bern, Göttingen, Toronto, Seattle: Verlag Hans Huber, 1993.

DITTMANN, Jürgen; SCHMIDT, Claudia (Hrsg.): *Rombach Grundkurs*. Bd. 5: *Über Wörter*. Freiburg im Breisgau: Rombach Verlag, 2002.

DOBROVOL'SKIJ, Dmitrij O.: *Kognitive Aspekte der Idiom-Semantik. Studien zum Thesaurus deutscher Idiome*. Tübingen: Gunter Narr Verlag, 1995.

DOBROVOL'SKIJ, Dmitrij O.: *Idiome im mentalen Lexikon: Ziele und Methoden der kognitivbasierten Phraseologieforschung*. Trier: Wissenschaftlicher Verlag, 1997.

DOBROVOL'SKIJ, Dmitrij O.: Gibt es Regeln für die Passivierung deutscher Idiome? In: I. BÄCKER, D. O. DOBROVOL'SKIJ (Hrsg.): *Das Wort*. Bonn: DAAD, 1999, S. 21–40.

DONALIES, Elke: Hochzeitstorte, laskaparasol, elmas küpe cow's milk, casa de campo, cigarette-filtre, ricasduenas ... Was ist eigentlich ein Kompositum? In: *Deutsche Sprache* 1 (2003), Nr. 31, S. 76–93.

DONALIES, Elke: *Die Wortbildung des Deutschen. Ein Überblick.* Zweite, überarbeitete Auflage. Tübingen: Gunter Narr Verlag, 2005 (Studien zur Deutschen Sprache 27).

DONALIES, Elke: *Basiswissen Deutsche Wortbildung.* Tübingen und Basel: A. Francke Verlag, 2007 (UTB 2876).

DONALIES, Elke: *Basiswissen Deutsche Phraseologie.* Tübingen und Basel: A. Francke Verlag, 2009 (UTB 3193).

DUDEN: *Das Große Fremdwörterbuch.* Bd. 1. Mannheim, Leipzig, Wien, Zürich: Dudenverlag, 1994.

DURCO, Peter: *Probleme der allgemeinen und kontrastiven Phraseologie: Am Beispiel Deutsch und Slowakisch.* Heidelberg: Julius Groos, 1994.

DUVE, Hans E.: Juristisch eindeutig und trotzdem allgemeinverständlich – ein unlösbares Problem. In: *Deutsche Notarzeitschrift* 12 (1981).

ECO, Umberto: *Einführung in die Semiotik.* München: Fink, 1972 (UTB 105).

ECO, Umberto: *Im Labyrinth der Vernunft. Texte über Kunst und Zeichen.* Leipzig: Verlag Philipp Reclam, 1989 (Reclams Universal-Bibliothek 1285).

EHMANN, Hermann: *Jugendsprache und Dialekt.* Opladen: Westdeutscher Verlag, 1992.

EICHINGER, Ludwig M.: *Deutsche Wortbildung. Eine Einführung.* Tübingen: Gunter Narr Verlag, 2000 (narr studienbücher).

EISENBERG, Peter: *Grundriß der deutschen Grammatik.* Bd. 1. Das Wort. Dritte, durchgesehene Auflage. Stuttgart, Weimar: Verlag J. B. Metzler, 2006.

ELSPASS, Stephan: *Phraseologie in der politischen Rede.* Opladen, Wiesbaden: Westdeutscher Verlag, 1998.

ENGELKAMP, Johannes: Mentales Lexikon: Struktur und Zugriff. In: HARRAS, Gisela (Hrsg.): *Die Ordnung der Wörter.* Berlin, New York: Walter de Gruyter, 1995 (Jahrbuch des IDS), S. 99–119.

ERBEN, Johannes: Zur Frage der 'Rückbildung' (retrograden Ableitung) als Möglichkeit der Wortbildung. In: *Zeitschrift für deutsche Philologie* 1 (2003), Nr. 122, S. 93–100.

ERBEN, Johannes: *Einführung in die deutsche Wortbildungslehre.* Fünfte, durchgesehene und ergänzte Auflage. Berlin: Erich Schmidt Verlag, 2006.

ESCHENLOHR, Stefanie: *Vom Nomen zum Verb: Konversion, Präfigierung und Rückbildung im Deutschen.* Hildesheim: Georg Olms Verlag, 1999.

FEHLISCH, Ulrike: Zur Einordnung denominaler *ein*-Verben im deutschen Verbsystem. In: OLSEN, Susan (Hrsg.): *Semantische und konzeptuelle Aspekte der Partikelverbbildungen mit* ein-. Tübingen: Stauffenburg Verlag, 1998 (Studien zur deutschen Grammatik 58), S. 149–247.

FELLBAUM, Christiane (Hrsg.): *WordNet. An Electronic Lexical Database.* Cambridge Mass.: MIT Press, 1998.

FIEHLER, Reinhardt; THIMM, Caja: Das Alter als Gegenstand linguistischer Forschung – eine Einführung in die Thematik. In: R. FIEHLER, C. THIMM (Hrsg.): *Sprache und Kommunikation im Alter.* Wiesbaden: Westdeutscher Verlag, 1998, S. 7–16.

FLEISCHER, Wolfgang: Phraseologie. In: W. FLEISCHER, W. HARTUNG, J.SCHILDT, P. SUCHSLAND (Hrsg.): *Kleine Enzyklopädie Deutsche Sprache.* Leipzig: VEB Bibliographisches Institut, 1983, S. 307–321.

FLEISCHER, Wolfgang: *Phraseologie der deutschen Gegenwartssprache.* Zweite Auflage. Tübingen: Max Niemeyer Verlag, 1997.

FLEISCHER, Wolfgang; BARZ, Irmhild: *Wortbildung der deutschen Gegenwartssprache.* Dritte Auflage. Tübingen: Max Niemeyer Verlag, 2007.

FLUCK, Hans-Rüdiger: *Fachsprachen.* Fünfte Auflage. Tübingen und Basel: A. Francke Verlag, 1996 (UTB 483).

FREGE, Gottlob: *Funktion, Begriff, Bedeutung.* Göttingen: Vandenhoeck and Ruprecht, 1994.

FRIES, Norbert: *Sprache und Emotionen.* Bergisch Gladbach: Verlagsgruppe Lübbe, 2000 (Mensch & Wissen, Domino Band 35).

FRITZ, Gerd: Ansätze zu einer Theorie des Sprachwandels auf lexikalischer Ebene. In: W. BESCH, A. BETTEN, O. REICHMANN, ST. SONDEREGGER (Hrsg.): *Sprachgeschichte. Ein Handbuch zur Geschichte der deutschen Sprache und ihrer Erforschung.* Zweite Auflage. Berlin, New York: Walter de Gruyter, 1998, S. 860–874.

FUHRHOP, Nanna: *Orthografie.* Dritte, aktualisierte Auflage. Heidelberg: Universitätsverlag Winter, 2006.

GALLMANN, Peter: Wortbegriff und Nomen-Verb-Verbindungen. In: *Zeitschrift für Sprachwissenschaft* 18 (1999), Nr. 2, S. 269–304.

GEIER, Ruth; STERNKOPF, Jochen: Zwischen Baum und Charybdis. Wirklichkeit und Wörterbuch in der deutschen Phraseologie. In: *Muttersprache* 6 (2000), S. 137–150.

GLADROW, Wolfgang: Feldergrammatik und Sprachvergleich. In: J. BUSCHA, R. FREUDENBERG-FINDEISEN (Hrsg.): *Feldergrammatik in der Diskussion.* Frankfurt a. M.: Peter Lang Verlag, 2007, S. 35–48.

GLÜCK, Helmut: Deutsch als Wissenschaftssprache. In: HOCHSCHULVERBAND, Deutscher (Hrsg.): *Glanzlichter der Wissenschaft.* Saarwellingen: LUCIUS, 2008, S. 37–43.

GREULE, Albrecht: Reduktion als Wortbildungsprozess der deutschen Sprache. In: *Muttersprache* 106 (1996), Nr. 3, S. 193–203.

GÜNTHNER, Susanne: Sprache und Geschlecht: Ist Kommunikation zwischen Frauen und Männern interkulturelle Kommunikation? In: *Linguistische Berichte* (1992), Nr. 138, S. 123–142.

HAASE, Anke: *Phraseologismen in der Kinder- und Jugendsprache.* Friedrich-Schiller-Universität Jena: Examensarbeit, 1999.

HAIDER, Hubert: *Deutsche Syntax – generativ. Vorstudien zur Theorie einer projektiven Grammatik.* Tübingen: Gunter Narr Verlag, 1993 (Tübinger Beträge zur Linguistik 325).

HÄNSE, Günther: Semantische Merkmale und stilistische Eigenschaften lexikalischer Zeichen und ihre Behandlung im fremdsprachlichen Deutschunterricht. In: *Wissenschaftliche Zeitschrift der Friedrich-Schiller-Universität, Gesellschafts- und sprachwissenschaftliche Reihe* 5 (1978), S. 733–747.

HARRAS, Gisela: Zugänge zu Wortbedeutungen. In: G. HARRAS, U. HASS, G. STRAUSS (Hrsg.): *Wortbedeutungen und ihre Darstellung im Wörterbuch*. Berlin, New York: Walter de Gruyter Verlag, 1991 (Schriften des Instituts für Deutsche Sprache 3), S. 3–96.

HASS, Ulrike: Das Bedeutungsspektrum. In: HASS, Ulrike (Hrsg.): *Grundfragen der elektronischen Lexikographie. elexiko – das Online-Informationssystem zum deutschen Wortschatz*. Berlin; New York: Walter de Gruyter Verlag, 2005, S. 163–181.

HEIDOLPH, Karl Erich; FLÄMING, Walter; MOTSCH, Wolfgang (Hrsg.): *Grundzüge einer deutschen Grammatik*. Berlin: Akademie Verlag, 1981.

HEINEMANN, Sabine (Hrsg.): *Bedeutungswandel bei italienischen Präpositionen. Eine kognitiv-semantische Untersuchung*. Tübingen: Gunter Narr Verlag, 2001 (ROMANICA MONACENSIA 59).

HERBST, Thomas; KLOTZ, Michael: *Lexikografie*. Paderborn, München, Wien, Zürich: Ferdinand Schöningh, 2003 (UTB 8263).

HERRMANNS, Fritz: Kognition, Emotion, Intention. Dimensionen lexikalischer Semantik. In: HARRAS, Gisela (Hrsg.): *Die Ordnung der Wörter*. Berlin, New York: Walter de Gruyter, 1995 (Jahrbuch des IDS 1993), S. 138–178.

HESSKY, Regina; ETTINGER, Stefan: *Deutsche Redewendungen: Ein Wörter- und Übungsbuch für Fortgeschrittene*. Tübingen: Gunter Narr Verlag, 1997 (narr studienbücher).

HEUSINGER, Klaus von: *Kategoriale Unifikationsgrammatiken*. Konstanz: Universität Konstanz, 1991.

HOFFMANN, Joachim: *Die Welt der Begriffe*. Berlin: Deutscher Verlag der Wissenschaften, 1986.

HUNDSNURSCHER, Franz: Das Wortfamilienproblem in der Forschungsdiskussion. In: D. A. CRUSE, F. HUNDSNURSCHER, M. JOB, P. R. LUTZEIER (Hrsg.): *Lexikologie / Lexicology. Ein internationales Handbuch zur Natur und Struktur von Wörtern und Wortschätzen*. Bd. 21.1. Berlin, New York: Walter de Gruyter, 2002, S. 675–680.

JACKENDOFF, Ray S.: *Current Studies in Linguistics*. Bd. 18: *Semantic Structures*. Cambridge: Massachusetts, London: England: The MIT Press, 1990.

KAUSCHKE, Christina: *Der Erwerb des frühkindlichen Lexikons: eine empirische Studie zur Entwicklung des Wortschatzes im Deutschen*. Tübingen: Gunter Narr Verlag, 2000.

KELLER, Rudi: *Zeichentheorie*. Tübingen und Basel: A. Francke Verlag, 1995 (UTB 1849).

KELLER, Rudi: *Sprachwandel*. Dritte, durchgesehene Auflage. Tübingen und Basel: A. Francke Verlag, 2003 (UTB 1567).

KELLER, Rudi; KIRSCHBAUM, Ilja: *Bedeutungswandel. Eine Einführung*. Berlin, New York: Walter de Gruyter, 2003.

KLAPPENBACH, Ruth; STEINITZ, Wolfgang (Hrsg.): *Wörterbuch der deutschen Gegenwartssprache*. Bd. 1. Achte Auflage. Berlin: Akademie-Verlag, 1961.

KÖBLER, Gerhard; POHL, Heidrun: *Deutsch-Deutsches Rechtswörterbuch*. München: C. H. Beck Verlag, 1991.

KOBLER-TRILL, Dorothea: *Das Kurzwort im Deutschen. Eine Untersuchung zur Definition, Typologie und Entwicklung.* Tübingen: Max Niemeyer Verlag, 1994 (Germanistische Linguistik 149).

KOLLER, Werner: *Redensarten. Linguistische Aspekte, Vorkommensanalysen, Sprachspiel.* Tübingen: Max Niemeyer Verlag, 1977.

KONERDING, Klaus-Peter: Wortfeld und das Problem einer sprachwissenschaftlichen Fundierung der Frametheorie. In: LUTZEIER, Peter R. (Hrsg.): *Studien zur Wortfeldtheorie / Studies in Lexical Field Theory.* Tübingen: Max Niemeyer Verlag, 1993, S. 163–173.

KRAIF, Ursula: *Schülerduden, Rechtschreibung und Wortkunde.* Mannheim, Leipzig, Wien, Zürich: Dudenverlag, 2001.

KRIPKE, Saul A.: *Name und Notwendigkeit.* Frankfurt a. M.: Suhrkamp, 1981.

KROHN, Dieter: *Grundwortschätze und Auswahlkriterien.* Göteburg: Acta Univ. Gothoburgensis, 1992 (Acta Universitatis Gothoburgensis. Göteburger Germanistische Forschungen 34).

LAKOFF, George; JOHNSON, Mark: *Metaphors we live by.* Chicago and London: University of Chicago Press, 1980.

LANG, Ewald: *studia grammatica.* Bd. 14: *Semantik der koordinativen Verknüpfung.* Berlin: Akademie Verlag, 1977.

LANG, Ewald: Die logische Form eines Satzes. In: W. MOTSCH, D. VIEHWEGER (Hrsg.): *Richtungen der modernen Semantikforschung.* Berlin: Akademie-Verlag, 1983 (Sammlung Akademie-Verlag: Sprache 37), S. 65–144.

LANG, Ewald: Semantische vs. konzeptuelle Struktur: Unterscheidung und Überschneidung. In: SCHWARZ, Monika (Hrsg.): *Kognitive Semantik / Cognitive semantics.* Tübingen: Gunter Narr Verlag, 1994, S. 25–40.

LAWRENZ, Birgit: *Moderne deutsche Wortbildung. Phrasale Wortbildung im Deutschen: Linguistische Untersuchung und sprachdidaktische Behandlung.* Hamburg: Verlag Dr. Kovac, 2006.

LEECH, Geoffrey: *Semantics. The Study of Meaning. Second Edition.* Harmondsworth: Penguin Books, 1981.

LEISI, Ilse; LEISI, Ernst: *Sprach-Knigge oder Wie und was soll ich reden?* Tübingen: Gunter Narr Verlag, 1993.

LEMNITZER, Lothar; ZINSMEISTER, Heike: *Korpuslinguistik. Eine Einführung.* Tübingen: Gunter Narr Verlag, 2006 (narr studienbücher).

LIIMATAINEN, Annikki: *Untersuchungen zur Fachsprache der Ökologie und des Umweltschutzes im Deutschen und Finnischen. Bezeichnungsvarianten unter einem geschichtlichen, lexikografischen, morphologischen und linguistisch - pragmatischen Aspekt.* Frankfurt a. M., [u. a.]: Peter Lang, 2008 (Finnische Beiträge zur Germanistik 22).

LINKE, Angelika; NUSSBAUMER, Markus; PORTMANN, Paul R.: *Studienbuch Linguistik.* Fünfte, erweiterte Auflage. Tübingen: Max Niemeyer Verlag, 2004.

LÖBNER, Sebastian: *Semantik. Eine Einführung.* Berlin, New York: Walter de Gruyter, 2003.

LÖFFLER, Heinrich: *Germanistische Soziolinguistik.* Zweite Auflage. Regensburg, Münster: Erich Schmidt Verlag, 1994.

LOHDE, Michael: *Wortbildung des modernen Deutschen. Ein Lehr- und Übungsbuch.* Tübingen: Gunter Narr, 2006 (narr studienbücher).

LÖSCH, Wolfgang; PETZOLD, Rainer; REINHOLD, Frank; WIEGAND, Susanne: *Kleines Thüringer Wörterbuch.* Leipzig: Reclam Verlag, 1995 (Reclam-Bibliothek 1521).

LUTZEIER, Peter R.: *Linguistische Semantik.* Stuttgart: Metzlersche Verlagsbuchhandlung, 1985.

LUTZEIER, Peter R.: Wortfeldtheorie. Eine Einleitung zu ihrer Behandlung im Sammelband. In: LUTZEIER, Peter R. (Hrsg.): *Studien zur Wortfeldtheorie / Studies in Lexical Field Theory.* Tübingen: Max Niemeyer Verlag, 1993, S. 1–10.

LUTZEIER, Peter R.: *Lexikologie. Ein Arbeitsbuch.* Tübingen: Stauffenburg Verlag, 2001.

MACKENSEN, Lutz: *Traktat über Fremdwörter.* Heidelberg: Quelle und Meyer, 1972.

MARANTZ, Alec: ReReduplication. In: *Linguistic Inquiry* 13 (1982), Nr. 3, S. 435–482.

MARCHAND, Hans: Die Ableitung desubstantivischer Verben mit Nullmorphem im Englischen, Französischen und Deutschen. In: *Die Neueren Sprachen* 10 (1964), Nr. 13, S. 105–118.

MARCHAND, Hans: *The Categories and Types of President-Day English Word Formation. A Synchronic-Diachronic Approach.* Zweite Auflage. München: Beck, 1969.

MARKEFKA, Manfred: *Vorurteile, Minderheiten, Diskriminierung: ein Beitrag zum Verständnis sozialer Gegensätze.* Siebente Auflage. Neuwied: Luchterhand, 1995.

MARSCHALL, Gottfried R.: Sprachtypische Bauprinzipien von Phrasemen und das Problem der Übersetzung. In: N. FERNANDEZ-BRAVO, I. BEHR, C. ROZIER (Hrsg.): *Phraseme und typisierte Rede.* Tübingen: Stauffenburg Verlag, 1999, S. 201–212.

MARTINET, Andre: *Grundzüge der Allgemeinen Sprachwissenschaft.* Stuttgart: W. Kohlhammer, 1968.

MATZKE, Brigitte: Wohin mit Gesinge, besänftigen, verarzten? Einige grundsätzliche Bemerkungen zu Status und Abgrenzung der kombinatorischen Derivation. In: *Deutsch als Fremdsprache* 35 (1998), Nr. 1, S. 24–27.

MCCARTHY, John: A prosodic Theory of noncatenative Morphology. In: *Linguistic Inquiry* 12 (1981), S. 373–418.

MEIBAUER, Jörg: Lexikon und Morphologie. In: J. MEIBAUER, U. DEMSKE, J. GEILFUSS-WOLFGANG, J. PAFEL, K. H. RAMERS, M. ROTHWEILER, M. STEINBACH (Hrsg.): *Einführung in die germanistische Linguistik.* Stuttgart: J. B. Metzler, 2002, S. 15–69.

MEIBAUER, Jörg: Phrasenkomposita zwischen Wortsyntax und Lexikon. In: *Zeitschrift für Sprachwissenschaft* 22 (2003), Nr. 2, S. 153–188.

MEIER, Helmut: *Deutsche Sprachstatistik.* Hildesheim: Georg Olms Verlagsbuchhandlung, 1964.

MERSCH, Dieter (Hrsg.): *Zeichen über Zeichen. Texte zur Semiotik.* München: Deutscher Taschenbuch Verlag, 1998.

MILLER, Georg A.; BECKWITH, Richard; FELLBAUM, Christiane; GROSS, Derek; MILLER, Katherine: *Introduction to WordNet: On Online Lexical Database.* unpublished, 1993.

MILLER, George A.: *Streifzüge durch die Psycholinguistik.* Heidelberg, Berlin, New York: Spektrum Akademischer Verlag, 1996.

MOTSCH, Wolfgang: Affixoide. Sammelbezeichnung für Wortbildungsphänomene oder linguistische Kategorie? In: *Deutsch als Fremdsprache* 33 (1996), Nr. 3, S. 160–168.

MOTSCH, Wolfgang: *Deutsche Wortbildung in Grundzügen*. Zweite, überarbeitete Auflage. Berlin, New York: Walter de Gruyter, 2004 (Schriften des Instituts für deutsche Sprache).

MÜLLER, Sven: *Probleme des Übergangs zur Sprache*. Marburg: Tectum Verlag, 2000.

NEEF, Martin: Wortdesign: Das Lexembildungsmuster Gehopse und die Kopflosigkeit von 'Ableitungen'. In: *Zeitschrift für Sprachwissenschaft* 15 (1996), Nr. 1, S. 61–91.

NEULAND, Eva: Jugendsprache und Standardsprache. Zum Wechselverhältnis von Stilwandel und Sprachwandel. In: *Zeitschrift für Germanistik, Neue Folge* 1 (1994), S. 78–98.

NEULAND, Eva: *Jugendsprache. Eine Einführung*. Tübingen und Basel: A. Francke Verlag, 2003 (UTB 2397).

NUNBERG, Geoffrey D.; SAG, Ivan A.; WASOW, Thomas: Idioms. In: *Language* 70 (1994), Nr. 3, S. 491–538.

OLSCHANSKY, Heike: *Volksethymologie*. Tübingen: Max Niemeyer Verlag, 1996.

OLSEN, Susan: „Argument-Linking" und produktive Reihen bei deutschen Adjektivkomposita. In: *Zeitschrift für Sprachwissenschaft* 5 (1986), Nr. 1, S. 5–24.

OLSEN, Susan: *Wortbildung im Deutschen*. Stuttgart: Körner, 1986.

OLSEN, Susan: Konversion als ein kombinatorischer Wortbildungsprozeß. In: *Linguistische Berichte* 127 (1990), S. 185–217.

OLSEN, Susan: Zum Begriff des morphologischen Heads. In: *Deutsche Sprache* 18 (1990), Nr. 2, S. 126–147.

OLSEN, Susan: GE–Präfigierungen im heutigen Deutsch. Ausnahmen von der 'Righthand Head Rule'. In: *Beiträge zur Geschichte der deutschen Sprache und Literatur* 113 (1991), S. 333–366.

OLSEN, Susan: Zur Grammatik des Wortes. Argumente zur Argumentvererbung. In: *Linguistische Berichte* 137 (1992), S. 1–32.

OSMAN, Nabil: *Kleines Lexikon untergegangener Wörter*. München: Verlag C. H. Beck, 1999 (Beck'sche Reihe 487).

PALM, Christine: *Phraseologie – eine Einführung*. Zweite Auflage. Tübingen: Gunter Narr Verlag, 1997 (narr studienbücher).

PEIRCE, Charles S.: Die Kunst des Räsonierens (1893). In: PAPE, Helmut (Hrsg.): *Charles S. Peirce. Semiotische Schriften. Bd. 1*. Frankfurt a. M.: Suhrkamp Verlag, 1986, S. 191–201.

PERENNEC, Marie-Helene: Idiome in der politischen Rede. In: N. FERNANDEZ BRAVO, I. BEHR, C. ROZIER (Hrsg.): *Phraseme und typisierte Rede*. Tübingen: Stauffenburg Verlag, 1999, S. 133–144.

PETZOLD, Rainer: Gesprochenes Alltagsdeutsch in der Kleinstadt Tanna bei Schleiz. In: LÖSCH, Wolfgang (Hrsg.): *Beiträge zur Dialektforschung in Thüringen 2001*. Jena, Quedlinburg: Bussert und Stadeler, 2002, S. 73–91.

PFEIFER, Wolfgang (Hrsg.): *Etymologisches Wörterbuch des Deutschen*. Berlin: Akademie-Verlag, 1989.

PIIRAINEN, Elisabeth: Geschlechtsspezifik in der deutschen Phraseologie. In: BÄCKER, Iris (Hrsg.): *Germanistisches Jahrbuch GUS (Das Wort)*. Moskau: Deutscher Akademischer Austauschdienst, 1999, S. 97–122.

PLANK, Frans: Das Genus der deutschen 'Ge'–Substantive und Verwandtes. In: *ZPSK* 39 (1986), Nr. 1, S. 44–60.

POLENZ, Peter von: *Deutsche Sprachgeschichte vom Spätmittelalter bis zur Gegenwart. 19. und 20. Jahrhundert.* Bd. 3. Berlin, New York: Walter de Gruyter, 1999.

PÖRINGS, Ralf; SCHMITZ, Ulrich: *Sprache und Sprachwissenschaft. Eine kognitiv orientierte Einführung.* Zweite, überarbeitete und aktualisierte Auflage. Tübingen: Gunter Narr Verlag, 2003 (narr studienbücher).

POTTIER, Bernard: *Recherches sur l'analyse semantique en linguistique et en traduction mécanique.* Nancy: Université de Nancy, 1963.

PRESTIN, Elke: Theorien und Modelle der Sprachrezeption. In: G. RICKHEIT, TH. HERRMANN, W. DEUTSCH (Hrsg.): *Psycholinguistik / Psycholinguistics. Ein internationales Handbuch zur Natur und Struktur von Wörtern und Wortschätzen.* Bd. 24. Berlin, New York: Walter de Gruyter, 2003, S. 491–505.

PTASHNYK, Stefaniya: Phraseologische Substitution und ihre Funktionen im Text. In: *Wirkendes Wort* 3 (2001), S. 435–454.

PUSTEJOVSKY, James: *Semantics and the Lexicon.* Dordrecht, Boston, London: Kluwer, 1993.

PUSTEJOVSKY, James: *The Generative Lexicon.* Cambridge: MA, London: MIT Press, 1995.

PUTNAM, Hilary: *Die Bedeutung von „Bedeutung".* Frankfurt a. M.: Klostermann, 1990.

REIMER, Ulrich: *Einführung in die Wissensrepräsentation.* Stuttgart: Ulrich Teubner, 1975 (Leitfäden der Informatik).

RIESEL, Elise; SCHENDELS, Evgenija: *Deutsche Stilistik.* Moskau: Verlag Hochschule, 1975.

RÖMER, Christine: Processes of Grammaticalization in Modern German Wordformation. In: *Logos and Language* 1 (2000), Nr. 2, S. 35–47.

RÖMER, Christine: *Morphologie der deutschen Sprache.* Tübingen und Basel: A. Francke Verlag, 2006 (UTB 2811).

RÖMER, Christine; MATZKE, Brigitte: *Lexikologie des Deutschen. Eine Einführung.* Zweite, aktualisierte und ergänzte Auflage. Tübingen: Gunter Narr Verlag, 2005 (narr studienbücher).

RUMMER, Ralf; ENGELKAMP, Johannes: Das mentale Lexikon: Ein Überblick. In: D. A. CRUSE, F. HUNDSNURSCHER, M. JOB, P. R. LUTZEIER (Hrsg.): *Lexikologie / Lexicology. Ein internationales Handbuch zur Natur und Struktur von Wörtern und Wortschätzen.* Bd. 21.2. Berlin, New York: Walter de Gruyter, 2005, S. 1713–1722.

SAUSSURE, Ferdinand de: *Grundfragen der allgemeinen Sprachwissenschaft.* Zweite, überarbeitete Auflage von Ch. Bally und A. Sechehaye. Berlin, Leipzig: Walter de Gruyter, 1931.

SCHERER, Thomas: *Phraseologie im Schulalter: Untersuchungen zur Phraseologie deutsch-schweizerischer Schüler und ihrer Sprachbücher.* Bern, Frankfurt a. M.: Peter Lang Verlag, 1982.

SCHEURINGER, Hermann: Sprachvarietäten in Österreich. In: STICKEL, Gerhard (Hrsg.): *Varietäten des Deutschen.* Berlin: Walther de Gruyter, 1997 (Jahrbuch des Instituts für Deutsche Sprache 1997), S. 332–345.

SCHIPPAN, Thea: *Lexikologie der deutschen Gegenwartssprache.* Zweite Auflage. Tübingen: Max Niemeyer Verlag, 2002.

SCHLAEFER, Michael: *Studien zur Ermittlung und Beschreibung des lexikalischen Paradigmas „lachen" im Deutschen.* Heidelberg: Winter, 1987.

SCHLAEFER, Michael: *Lexikologie und Lexikographie. Eine Einführung am Beispiel deutscher Wörterbücher.* Berlin: Erich Schmidt Verlag, 2002 (Grundlagen der Germanistik 40).

SCHLEICHER, August: *Die deutsche Sprache.* Stuttgart: Cotta, 1860.

SCHLOSSER, Horst D.: *Lexikon der Unwörter.* Gütersloh: Bertelsmann Lexikon Verlag, 2000.

SCHMIDT, Rosemarie: Die „Entübelung" von Wortstrukturproblemen. Zum Head-Status von Präfixen im Deutschen und Schwedischen. In: *Deutsch als Fremdsprache* 33 (1996), Nr. 2, S. 86–91.

SCHMIDT, Wilhelm: *Deutsche Sprachkunde.* Berlin: Volk und Wissen, 1972.

SCHNEIDER, Jan G.: »Macht das Sinn?« – Überlegungen zur Anglizismenkritik im Gesamtzusammenhang der populären Sprachkritik. In: *Muttersprache* 118 (2008), Nr. 1.

SCHNÖRCH, Ulrich: *Der zentrale Wortschatz des Deutschen.* Tübingen: Gunter Narr Verlag, 2002 (Studien zur Deutschen Sprache. Forschungen des Instituts für deutsche Sprache 26).

SCHÖNFELD, Helmut: *Sprache und Sprachvariation in der Stadt.* Oberlungwitz: Akademie der Wissenschaften der DDR, 1989 (Linguistische Studien – Reihe A 197).

SCHULTINK, Henk: Morphological Heads: Evidence from Swahili. In: G. BOOIJ, J. VAN MARLE (Hrsg.): *Yearbook of Morphology 1.* Dordrecht: Foris, 1988, S. 247–258.

SCHWARZ, Monika: *Kognitive Semantiktheorie und neuropsychologische Realität.* Tübingen: Max Niemeyer Verlag, 1992 (Linguistische Arbeiten 273).

SCHWARZ-FRIESEL, Monika: *Sprache und Emotion.* Tübingen, Basel: A. Francke Verlag, 2007 (UTB 2939).

SCHWARZE, Christoph; WUNDERLICH, Dieter (Hrsg.): *Handbuch der Lexikologie.* Königstein / Ts.: Athenäum Verlag, 1985.

SIMMLER, Franz: *Morphologie des Deutschen. Flexions- und Wortbildungsmorphologie.* Berlin: Weidler Buchverlag, 1998.

SIMMLER, Franz: Pseudomorpheme. Ermittlungsmethoden, Typologie und Sprachgeschichte. In: M. HABERMANN, P. O. MÜLLER, H. H. MUNSKE (Hrsg.): *Historische Wortbildung des Deutschen.* Bd. 232. Max Niemeyer Verlag, 2002, S. 75–104.

SOEHN, Jan-Philipp: *Von Geisterhand zu Potte gekommen – Eine HPSG-Analyse von PPs mit unikaler Komponente.* Tübingen: Magisterarbeit, 2003.

SOEHN, Jan-Philipp: *Über Bärendienste und erstaunte Bauklötze. Idiome ohne freie Lesart in der HPSG.* Frankfurt a. M.: Peter Lang Verlag, 2006.

SPANGENBERG, Karl: *Die Umgangssprache im Freistaat Thüringen und im Südwesten des Landes Sachsen-Anhalt.* Rudolstadt & Jena: hain verlag, 1998.

SPENCER, Andrew; ZWICKY, Arnold (Hrsg.): *The Handbook of Morphology.* Oxford, Cambridge: Blackwell, 1998.

STEINHAUER, Anja: *Sprachökonomie durch Kurzwörter. Bildung und Verwendung in der Fachkommunikation.* Tübingen: Gunter Narr Verlag, 2000 (Forum für Fachsprachen-Forschung 56).

STEYER, Kathrin: Usuelle Wortverbindungen des Deutschen. In: *Deutsche Sprache* 28 (2000), S. 101–125.

STIEBELS, Barbara: *Lexikalische Argumente und Adjunkte: Zum semantischen Beitrag verbaler Präfixe und Partikeln.* Berlin: Akademie Verlag, 1996 (studia grammatica XXIX).

STRAUSS, Gerhard; ZIFONUN, Gisela: *Die Semantik schwerer Wörter im Deutschen.* Tübingen: Gunter Narr Verlag, 1985 (Forschungsberichte des Instituts für Deutsche Sprache Mannheim 58).

THUN, Friedemann S. von: *Miteinander reden.* Bd. 1 Störungen und Klärungen. Allgemeine Psychologie der Kommunikation. 46. Auflage. Reinbek bei Hamburg: Rowohlt–Taschenbuch–Verlag, 1981.

TORZOVA, Marina V.: Zur Valenz der Phraseologismen. In: *Deutsch als Fremdsprache* 5 (1983), S. 283–287.

TRIER, Jost: Das sprachliche Feld. Eine Auseinandersetzung. In: A. VAN DER LEE, O. REICHMANN (Hrsg.): *Jost Trier: Aufsätze und Vorträge zur Wortfeldtheorie.* The Hague: Mouton and Co. N. V., 1972, S. 145–178.

VIEHWEGER, Dieter: *Probleme der semantischen Analyse.* Berlin: Akademie Verlag, 1977 (studia grammatica XV).

WAGNER, Franc: *Implizite sprachliche Diskriminierung als Sprechakt. Lexikalische Indikatoren impliziter Diskriminierung in Medientexten.* Tübingen: Gunter Narr Verlag, 2001.

WEBER, Nico: *Die Semantik von Bedeutungsexplikationen.* Frankfurt a. M. [u. a.]: Peter Lang Verlag, 1999.

WEIERMANN, Stefan L.: *Semantische Netze und Begriffsdeskription in der Wissensrepräsentation.* Göppingen: Kümmerle Verlag, 2000.

WIERZBICKA, Anna: *Semantics. Primes and Universals.* Oxford, New York: Oxford University Press, 1996.

WIESINGER, Peter: Sprachliche Varietäten – Gestern und Heute. In: STICKEL, Gerhard (Hrsg.): *Varietäten des Deutschen.* Berlin, New York: Walter de Gruyter, 1997, S. 9–45.

WITTGENSTEIN, Ludwig: *Tractatus logico-philosophicus Philosophische Untersuchungen.* Leipzig: Reclam Verlag, 1990 (Reclam-Bibliothek 1381).

WITTGENSTEIN, Ludwig: *Philosophische Untersuchungen.* Frankfurt a. M.: Suhrkamp Verlag, 1997 (Werkausgabe 1).

WURZEL, Wolfgang U.: Was ist ein Wort? In: R. THIEROFF, M. TAMRAT, N. FUHRHOP, O. TEUBER (Hrsg.): *Deutsche Grammatik in Theorie und Praxis.* Tübingen: Max Niemeyer Verlag, 2000, S. 29–42.

WURZEL, Wolfgang U.: *Grammatisch initiierter Wandel: Sprachdynamik.* Bochum: Universitätsverlag Dr. Brockmeyer, 1994.

ZIFONUN, Gisela; HOFFMANN, Ludger; STRECKER, Bruno: *Grammatik der deutschen Sprache.* Berlin, New York: Walter de Gruyter, 1997.

ZIMMERMANN, Ilse: Die Rolle des Lexikons in der Laut-Bedeutungs-Zuordnung. In: I. ZIMMERMANN, W. MOTSCH (Hrsg.): *Das Lexikon als autonome Komponente der Grammatik: Linguistische Studien, Reihe A, 163.* Berlin: Akademie der Wissenschaften der DDR, 1987, S. 1–27.

ZÜRN, Alexandra: *Anglizismen im Deutschen.* Stuttgart: A. Zürn: Dissertationsschrift, 2001.

B.1   Index der Namen

B.2   Index der Termini